CB136431

CIDADE É PATRIMÔNIO

CIDADE É PATRIMÔNIO

Uma viagem

Lúcia Lippi Oliveira

FGV EDITORA

Copyright © 2021 Lúcia Lippi Oliveira

Direitos desta edição reservados à
FGV EDITORA
Rua Jornalista Orlando Dantas, 9
22231-010 | Rio de Janeiro, RJ | Brasil
Tel.: 21-3799-4427
editora@fgv.br | www.editora.fgv.br

Impresso no Brasil | *Printed in Brazil*

Todos os direitos reservados. A reprodução não autorizada desta publicação, no todo ou em parte, constitui violação do copyright (Lei nº 9.610/98).

Os conceitos emitidos neste livro são de inteira responsabilidade dos autores.

1ª edição – 2021

Preparação de originais: Ronald Polito
Revisão: Michele Mitie Sudoh
Diagramação: Abreu's System
Capa: Isabel Lippi
Imagens da capa: Barcelona: Logan Armstrong, Unsplash; Ouro Preto: Carolina Munemasa, Unsplash; Washington: Jacob Creswick, Unsplash; Belo Horizonte: Thaynara Pellerin, Unsplash; Rio de Janeiro: domínio público, acervo do Instituto Moreira Salles; Belo Horizonte: Luiz Felipe Silva Carmo, Unsplash; Rio de Janeiro: Motta Producoes, Unsplash; Santiago: Muzammil Soorma, Unsplash; Roma: Michael Martinelli, Unsplash; Brasília: Gustavo Leighton, Unsplash; Paris: Rodrigo Kugnharski, Unsplash; Rio de Janeiro: domínio público, acervo do Instituto Moreira Salles; Viena: Dan Visa, Unsplash; Londres; Lucas Davies, Unsplash; Rio de Janeiro: Domínio público, acervo do Arquivo Nacional; Brasilia: Ron Van Oers © Unesco / whc.unesco.org/en/documents/109926; Rio de Janeiro: Marc Ferrez; Viena: acervo pessoal; Londres: Sander Crombach, Unsplash; Brasília: Fabiana Barbosa do N Silva, commons.wikimedia.org/wiki/File:Bras%C3%ADlia_plano_piloto.jpg; Barcelona: Kaspars Upmanis, Unsplash; Roma: Michele Francioso, Unsplash; Rio de Janeiro: domínio público, acervo do Instituto Moreira Salles

Dados Internacionais de Catalogação na Publicação (CIP)
Ficha catalográfica elaborada pela Biblioteca Mario Henrique Simonsen/FGV

Oliveira, Lúcia Lippi, 1945-
Cidade é patrimônio: uma viagem / Lúcia Lippi Oliveira. – Rio de Janeiro : FGV Editora, 2021.
268 p. ; 16x23 cm.

Inclui bibliografia.
ISBN: 978-65-5652-106-0

1. Cidades e vilas. 2. Planejamento urbano – Rio de janeiro (RJ). 3. Patrimônio histórico – Rio de Janeiro (RJ). I. Fundação Getulio Vargas. II. Título.

CDD – 307.76

Elaborada por Márcia Nunes Bacha – CRB-7/4403

"Viajar é multiplicar-se"

Machado de Assis

Sumário

Apresentação

O presente livro resulta de uma dupla paixão. Paixão por viagens e paixão pelas cidades do Velho e do Novo Mundo. E foi pensado como a oportunidade de interligar estes dois amores.

Desde que organizei o seminário "Cidade: urbanismo, patrimônio e cidadania" em 2001, em que foram apresentadas contribuições de importantes especialistas sobre o tema publicadas no livro *Cidade: história e desafios* (2002), meu interesse pelo tema só tem aumentado. Logo a seguir tive a oportunidade de ser convidada por Américo Freire a participar de dois projetos de entrevistas. Foi quando pudemos ouvir e aprender muito com os depoimentos de arquitetos e urbanistas que atuaram e pesquisaram o campo do urbanismo no espaço da cidade do Rio de Janeiro. Tais entrevistas deram ocasião a dois livros: *Memórias do urbanismo carioca* (2002) e *Novas memórias do urbanismo carioca* (2008).

Motivada por tudo isto, montei um curso intitulado "Cidade e Patrimônio" que tive a oportunidade de ministrar para três turmas do mestrado profissional em Bens Culturais e Projetos Sociais, do mestrado acadêmico e do doutorado em História, Política e Bens Culturais no Centro de Pesquisa e Documentação de História Contemporânea do Brasil (CPDOC) da Fundação Getulio Vargas (FGV) em 2014, 2016 e 2018. Apresentar e discutir os temas sobre reforma urbana e patrimônio em sala de aula, selecionar em uma imensa bibliografia textos que possam nos ajudar a compreender o assunto, tentar transmitir às novas gerações tais paixões é igualmente estimulante. A orientação de dissertações e teses a respeito também apresenta desafios particulares.

A pesquisa realizada para a elaboração do livro envolveu basicamente o levantamento, a leitura e a seleção de artigos, livros, teses que apresentam argumentos pertinentes ao tema de cada um dos capítulos do livro. Isto teve que ser feito em um universo bibliográfico enorme que se origina em múltiplos campos do saber — urbanismo, arquitetura, geografia, sociologia, antropologia, ciência política — e que cresce continuamente. Esta atividade contou com a ajuda de uma bolsa de produtividade do CNPq durante os anos de 2014 até 2018.

Sei que há na academia certa "má vontade" com o que é considerado divulgação de um conhecimento. Por outro lado, é muito gratificante poder repassar para um público mais amplo as descobertas, as conexões que puderam ser feitas ao longo da leitura da enorme bibliografia que existe a respeito de cidade e que, como já mencionei, está sendo continuadamente alimentada. Assim, o livro está voltado para um público universitário e para todos os interessados na história das reformas urbanas de algumas cidades nos séculos XIX e XX e nos desafios e soluções atualmente em voga.

Este é o livro que gostaria de ter lido quando comecei a me interessar intelectualmente sobre o tema. Já disse isto a propósito de um livro anterior, *Cultura é patrimônio: um guia* (2008), publicado com a mesma finalidade — divulgação de um saber.

No mais, só tenho a agradecer aos alunos que foram os primeiros a tomar conhecimento dos temas e das questões apresentadas no curso e a responder aos desafios que a literatura sobre cidade apresenta ao leitor. E aos colegas e amigos que leram capítulos e, partilhando de paixão similar, deram sugestões a respeito. Entre eles quero mencionar Bernardo Buarque de Hollanda, Helena Bomeny e Lucia Klein que aceitaram ler e fazer comentários pertinentes às primeiras versões de alguns dos capítulos. Lucia Klein pôde atualizar inúmeras informações a respeito de muitas cidades que visitamos juntas.

Acima de tudo, tenho que agradecer àqueles que pesquisaram, escreveram e publicaram sobre as cidades. Sem eles não teria sido possível fazer o que fiz, ou seja, eu não teria o que "traduzir".

Não foi nem é possível tratar de todas as transformações sofridas pelas cidades nos séculos XIX e XX. Tive que fazer escolhas entre aquelas que passaram por importantes reformas urbanas no século XIX. Escolhi algumas que a literatura já consagrou, como os casos de Barcelona, Viena e Paris. Tratei também o caso de Londres que seguiu trajetória particular. Simultâneo ao processo de reforma, se apresentou o dilema sobre o que preservar e o que destruir. Procurei apresentar também os diferentes modelos de restauração e suas conexões com a restauração praticada na Inglaterra e na França.

Ao chegar às cidades brasileiras tive também que fazer escolhas. Tratei de Belo Horizonte e de Ouro Preto como verso e reverso da decisão de transferir a capital e de construir uma nova capital para o estado de Minas Gerais. Aproximei a reforma da Pampulha em Belo Horizonte à construção de Brasília, cidade do futuro que confrontei com o que aconteceu com o Rio de Janeiro nos anos seguintes à transferência da capital. E assim cheguei ao Rio de Janeiro, cidade que passou por extensa reforma no início do século XX e no início do XXI, quando teve sua zona portuária como objeto de renovação.

Ouvi muitas vezes a demanda pela inclusão do caso do Recife. Não tenho conhecimento suficiente que permita me sentir segura a respeito. Também gostaria muito de ter incluído um capítulo sobre São Paulo; entretanto, a quantidade e a qualidade das pesquisas existentes a respeito desta cidade me desencorajaram.

Ao procurar associar cidade e patrimônio, pude apresentar questões relacionadas com a história da constituição do campo do patrimônio no Brasil e pude destacar o neocolonial como primeira proposta de valorização do passado colonial.

O desenho de cada capítulo foi pensado como um artigo com relativa autonomia, daí o livro poder ser lido em qualquer ordem. Pode-se ver que há alguns temas que estão presentes em um momento e que retornam em outros. Não é necessário ler o capítulo anterior para compreender o que está sendo apresentado a seguir.

Se esta é a história acadêmica deste livro, há uma outra motivação que se relaciona com a minha vida. Nascida no interior do estado do Rio, cresci tendo um fascínio pela cidade grande mesmo avisada desde muito cedo sobre "os perigos da metrópole".

Visitei a praia de Copacabana pela primeira vez em 1954. Cheguei a pé atravessando o túnel Novo. Fiquei encantada. Visitei a Barra da Tijuca quando para se chegar lá era necessário subir pela estrada do Joá e lá do alto ver ao longe aquele imenso espaço de mar, de praia e de vazio, rasgado pela presença de umas barraquinhas onde se comprava milho cozido e caldo de cana.

Vim morar no Rio nos anos 1960, quando a cidade não era mais a capital do país. Vivenciei os engarrafamentos derivados das imensas obras que o governo Lacerda realizava no estado da Guanabara. Assim pude compreender de perto o que diz a música: "Rio de Janeiro, cidade que me seduz/ De dia falta água, de noite falta luz".

Tive por longo tempo um encantamento por esta cidade intercalado por momentos de descrença diante do que vem acontecendo desde os anos 1990.

Posso dizer que, consciente e inconscientemente, o que estudei e li sobre cidades tem a ver com esta paixão originária pelo Rio.

Por outro lado, nunca pude imaginar que escreveria sobre cidade em um momento em que estamos afastados da vida nas ruas da cidade! A quarentena que a Covid-19 me (nos) obrigou a enfrentar ficou menos pesada já que pude viajar virtualmente por cidades que visitei no passado ou pelas que ainda sonho visitar.

O enfrentamento da pandemia que atingiu o mundo em 2020 se apresentou como uma experiência nova no mundo atual. Isto se contrapõe às demandas de mobilidade e de consagração da interação social nos espaços públicos enquanto arena fundamental da sociedade humana.

O isolamento e o distanciamento social forçam as pessoas a trabalhar, a comprar, a estudar e a se divertir em casa. Alterações na vida cotidiana com o trabalho remoto virtual alterando ritmo e horário de trabalho, assim como a maior atenção aos hábitos sanitários incorporando o álcool gel e o lavar as mãos, isto só para mencionar experiências individuais no espaço do cotidiano.

O uso da máscara também se apresenta como desafio já que a máscara esconde, desfigura o rosto. Seu uso positivo se contrapõe ao ditado "tire a máscara da face". O rosto aparece, ou melhor, aparecia como lugar de reconhecimento mútuo permitindo a comunicação.

A barreira ao fluxo de pessoas com a interrupção dos transportes e, consequentemente, do turismo despertou medos, preconceitos e paranoias. Por outro lado, também valorizou a produção, a agricultura e o comércio locais, assim como o fechamento da economia, das fronteiras, produzindo um certo tipo de desglobalização.

Quando imaginava quais seriam as grandes questões do século XXI, eu pensava no lixo produzido pelo alto padrão de vida e na questão das novas migrações que atingem e ameaçam o mundo rico! Ainda que tais questões permaneçam, a pandemia criou outra ordem de problemas e de demandas.

O vírus reduziu a circulação de automóveis, de aviões, de navios e, ao fazer isto, levou à diminuição da poluição ambiental, o que permitiu que animais, golfinhos e pássaros retomassem parte de seus espaços no planeta terra.

Ou seja, estamos vivendo uma transmutação inimaginável!

Referências

FREIRE, Américo; OLIVEIRA, Lucia Lippi (Org.). *Capítulos da memória do urbanismo carioca*. Rio de Janeiro: Folha Seca, 2002.

_____. *Novas memórias do urbanismo carioca*. Rio de Janeiro: FGV, 2008.

OLIVEIRA, Lucia Lippi (Org.). *Cidade: história e desafios*. Rio de Janeiro: FGV/CNPq, 2002.

_____. *Cultura é patrimônio*: um guia. Rio de Janeiro: FGV; CNPq, 2008. (4. reimp., 2015).

_____. Cidade e Patrimônio: o pensamento de Carlos Nelson. In: SEMINÁRIO DE HISTÓRIA DA CIDADE E DO URBANISMO, XV, 2018. *Anais*...

1. Como falar da cidade hoje?

> A cidade é o maior artefato da cultura. E a cidade contemporânea é um fenômeno em dimensões tais que supera todas as experiências sociais precedentes. [Sérgio Magalhães]

> Preservar não é tombar, renovar não é pôr tudo abaixo. [Carlos Nelson Ferreira dos Santos]

As frases acima podem ser consideradas um guia para a abordagem adotada no presente livro. A do arquiteto Sérgio Magalhães reafirma a imensa importância da cidade nos tempos atuais e a do arquiteto e antropólogo Carlos Nelson questiona o sentido do patrimônio.

A cidade é o lócus privilegiado onde diversas representações se mesclam sem que uma delas, a mais nova, envolva a eliminação da anterior. É como se fosse um sítio arqueológico das experiências e representações sociais. Outro modo de dizer isto é falar que a cidade é polifônica, é o lugar, o espaço, o palco de diversas vozes que podem entrar em conflito ou tentar estabelecer algum consenso. Há assim uma disputa sobre o território da cidade envolvendo diversas narrativas e a construção de lugares de memória.

Não é por acaso que o estudo, a pesquisa, a reflexão sobre a cidade, sobre seus habitantes está em alta e se faz presente em diversos campos disciplinares, de diversas perspectivas e variados enfoques. Quero primeiro registrar o importante levantamento documental sobre urbanismo e planejamento urbano no Brasil sob a coordenação geral da arquiteta Maria Cristina Paes Leme (1999) e uma equipe de arquitetas pesquisadoras, cada uma cobrindo as cidades de Belo Horizonte, Niterói, Porto Alegre, Recife, Rio de Janeiro, São Paulo, Salvador e Vitória.

Além de reafirmar a importância da cidade como espaço privilegiado da vida em sociedade, como local onde relações sociais se estabelecem e se modificam ao longo do tempo, é preciso igualmente valorizar a cidade como detentora de vestígios de diversos passados e operadora da memória que se faz presente nos monumentos históricos, nas bibliotecas, nas estátuas, nos conjuntos arquitetônicos, nas estações, nos edifícios, entre outros equipamentos da vida urbana. A cidade se apresenta assim tanto como artefato cultural quanto como sítio arqueológico.

Para além da relevância do espaço territorial da nação, podemos registrar que a nossa vida se passa fundamentalmente em uma cidade, ou mesmo em um bairro e em uma rua. É dessa posição que vemos e apreendemos o mundo, que partimos para uma viagem verdadeira ou imaginária ao longo da vida. Foi a partir dessa premissa que passei a procurar compreender, analisar e historicizar as versões sobre a cidade que se originam em diferentes campos do saber.

O investimento nesse campo teve como ponto de vista a questão do impacto das políticas de patrimônio e das reformas urbanas nas identidades culturais da cidade. Ou seja, como pensar essas duas questões, essas duas experiências históricas (patrimônio e cidade) que, é bom lembrar, estão cada vez mais inter-relacionadas na contemporaneidade. Isso se apresenta como um grande desafio. Tentarei responder a pergunta: como falar de cidade e de patrimônio hoje?

O historiador Ferdinand Braudel, em seu livro *O modelo italiano* (2007), aborda a importância das cidades e da civilização urbana e o enfrentamento entre Estados nacionais e cidades no Renascimento. Cidades, segundo o autor, têm maior flexibilidade do que Estados nacionais. Tal enfrentamento é apresentado como uma corrida entre lebres e tartarugas; historicamente, venceram as tartarugas, ou seja, as monarquias modernas com suas burocracias pesadas devorando as cidades. Os Estados nacionais com suas burocracias ainda predominantes não detêm mais sozinhos a dianteira da vida social. Será que nos dias de hoje as lebres, ou seja, as cidades estão ganhando a corrida? Só que agora as lebres também são gigantescas!

Na virada do século XIX para o XX, o que acontecia nas cidades foi tema fundamental que se fez presente nas origens da sociologia, como será explorado no capítulo 3. As cidades estiveram presentes na preocupação de sociólogos tais como Max Weber, Georg Simmel e, mais tarde, Robert Park, Louis Wirth e toda a chamada Escola de Chicago. Naquele tempo, se tratava de analisar as transformações decorrentes do processo de industrialização e seus efeitos sobre as cidades. As cidades industriais concentravam a nascente classe trabalhadora e recebiam enorme quantidade de migrantes (migração rural-urbana no mesmo país ou entre países).

Agora, na virada do século XX para o XXI, as previsões em relação ao tamanho das cidades são assustadoras. Para alguns, em 2030 teremos no mundo 41 megacidades, isto é, tendo cada uma 10 milhões de habitantes. Serão cidades metrópoles, isto é, um aglomerado extenso e desigual. Também há que se registrar a mudança da pirâmide populacional com o crescimento acentuado da população idosa, o que cria necessidades especiais de espaço e serviços. Diante disto tudo, o arquiteto e urbanista Vicente Loureiro (2020) nos adverte sobre a necessidade de mudar o modo de ver e de atuar sobre as cidades.

As políticas públicas devem enfrentar novos desafios já que o crescimento das necessidades dos habitantes das metrópoles é, de algum modo, geométrico, enquanto as políticas públicas voltadas para saldar o passivo crescem em ritmo aritmético. Neste aspecto, registra o autor, ao se referir especialmente às cidades que compõem a região metropolitana do estado do Rio de Janeiro, que o crescimento horizontal sem limites das cidades cria mais desafios a serem enfrentados. Oferecer trabalho em novas centralidades existentes ou a serem criadas para desafogar a pressão sobre os transportes é um destes desafios. Acople-se a este a questão de agir sobre o crescimento informal, sobre loteamentos clandestinos, ou seja, proibir a ilegalidade urbanística. A população vive à margem das leis, constrói e mora onde há terras disponíveis (em áreas de risco, em favelas, em loteamentos irregulares ou clandestinos), terreno fértil para os "incorporadores" informais, chefes de drogas e/ou milicianos. Ao tentar enfrentar a crise, a população acaba buscando na informalidade uma solução ainda que precária. Tal processo exibe na cidade seu correlato: a carência do Estado, de política pública.

Vicente Loureiro se pergunta ao examinar as cidades da Baixada Fluminense no Rio de Janeiro: "Como fazer urbanismo na terra dos puxadinhos?"

Outra abordagem sobre a atuação na cidade está pressuposta no título de livro de Jaime Lerner, *Acupuntura urbana* (2003). A metáfora serve para pensar e propor pequenas intervenções aplicadas em pontos centrais, nodais da cidade e que podem produzir melhorias que parecem quase impossíveis. Diz o arquiteto que acredita no princípio de que é possível recuperar a energia de um ponto doente por meio da sua revitalização e da área ao seu redor. O renascer de uma cidade pode vir de um prédio, como o caso do Centro Pompidou em Paris ou da recuperação do Porto Madero em Buenos Aires.

A ideia de atuação pontual com a implantação de equipamentos culturais foi implantada nos últimos 50 anos em muitos locais do mundo. Significou alterar a situação de certos locais que padeciam de uma industrialização decadente e do abandono da sua população. Um dos casos mais citados de sucesso de tal tipo de política é o de Bilbao na comunidade autônoma do País Basco que, a partir da instalação do Museu Guggenheim, mas não só dele, passou a ser uma cidade visitada por muitos turistas e se tornou, por assim dizer, uma "cidade cultural". Em relação direta com essas revitalizações pontuais surgem os fenômenos de "espetacularização da paisagem", de "arquitetura de grife" e da "gentrificação". Tais questões que estão imbricadas com as ideias de "cidade cultural" e de "cidade criativa" (Seldin, 2019).

Se este quadro contemporâneo, principalmente nas grandes cidades brasileiras, se apresenta repleto de desafios, vamos mergulhar na história, no passado de algumas cidades na expectativa de que isto possa nos ajudar a refazer nosso olhar sobre os desafios contemporâneos.

Para avançar na compreensão do fenômeno urbano, quero mencionar alguns textos sobre cidade e urbanismo que nos ajudam a mapear, a escolher um caminho diante da enorme aventura de compreender o mundo urbano.

Entre eles, o da historiadora Maria Stella Bresciani. Ela participou e coordenou a parte brasileira de um projeto intitulado *L'aventure des mots de la ville*, sendo também organizadora do livro *As palavras da cidade* (2001). A professora Bresciani tem uma longa e produtiva tradição de estudos e pesquisas sobre a história das cidades, cabendo lembrar seu antigo e relevante livro *Londres e Paris do século XIX: o espetáculo da pobreza* (8. ed., 1994), que integrou a memorável coleção Tudo é História da Editora Brasiliense.

No livro *As palavras da cidade*, a autora ressalta que a cada forma de analisar a cidade corresponde distinta narrativa sobre a cidade. Em cada tempo há questões específicas que definem a abordagem e a atuação sobre a cidade. Cada campo disciplinar fala da cidade e/ou atua sobre ela a partir de certas preocupações centrais. E quais foram, segundo Bresciani, as principais preocupações ao longo do tempo, valendo lembrar que a emergência de uma preocupação não invalida as anteriores?

Desde o século XVIII, a preocupação já era com fluxos, entradas e saídas, ruas, construções. Assim, a forma de atuar era regular, embelezar, redesenhar/

alargar ruas. Criar acessos fáceis, ligações entre bairros permitindo livre circulação de mercadorias.

No século XIX se acopla à circulação a necessidade de algum nível de conciliação entre patrões e empregados, questão que tornou possível sonhar com cidades projetadas. Houve intervenções nas cidades existentes ainda movidas pela demanda de aumentar a mobilidade e tem início o planejamento, o pensar a expansão ordenada das cidades.

Paris e Barcelona são exemplos de intervenções visando dar condições de mobilidade para a população e para as mercadorias. Ali se destruiu e se construiu alterando parte da cidade medieval. Com a parte nova então construída na cidade se rompeu com um modo de vida caracterizado pela proximidade, pela limitação, pela cidade medieval separada do meio rural, protegida por torres, fossos e muralhas. Ali as ruas estreitas e tortuosas respeitavam os relevos. Os edifícios tinham estreita ligação com as ruas. Tudo isto se altera. Com as reformas criou-se um espaço público, com praças, ruas e jardins que abrem espaço para um novo tipo de relação da cidade com seu habitante. Barcelona, por exemplo, em sua expansão de 1861, permitiu que Cerdà reunisse à sua proposta de intervenção uma justificativa teórica, produzindo a "teoria geral da urbanização". Voltaremos a falar dessas experiências no capítulo 4.

Tivemos também a criação de novas cidades ao longo do século XIX, valendo lembrar a construção da nova capital norte-americana, Washington, inaugurada em 1800. No Brasil tivemos a criação da primeira capital republicana, Belo Horizonte, inaugurada já no fim do século, em 1893, que será apresentada no capítulo 10. Em ambos os casos tratava-se da realização de um sonho, de uma utopia. Segundo Bresciani, a realização da "utopia" de cidade e/ou da utopia societária teve mesmo seu espaço ideal no Novo Mundo. Podemos pensar nas diversas razões para isto, mas certamente entre elas está a existência de espaço livre, de um vazio a ser ocupado. Em Barcelona, em Paris e em Viena, a reforma, ainda que radical, se dedicou a ampliar espaços e a fazer melhorias na cidade existente. Isso também vai acontecer em Buenos Aires e no Rio de Janeiro.

Para além das preocupações que guiaram a atuação nas cidades e das trajetórias que acabaram sendo trilhadas, será no século XX que o urbanismo como ciência das cidades vai se configurar como política pública. Assim, a cidade que foi o espaço que deu origem a um saber específico — o urbanismo — passou a ser o espaço de atuação do poder público e o campo de estudo de diferentes saberes.

Uma importante premissa fundamenta a análise empreendida por Stella Bresciani a respeito das narrativas sobre cidade: descrever, classificar, julgar, prescrever são atos que fazem mais do que falar do mundo da cidade, contribuem para constituí-lo. Isto merece ser registrado como uma importante premissa e perspectiva.

A historiadora faz também ressalta relevante ao dizer que não houve percurso único na trajetória das cidades. Elas foram se transformando dependendo de múltiplos condicionantes; entre esses a autora destaca:

- a necessidade de princípios orientadores da intervenção e das práticas preventivas, ou seja, de "disciplinar" as pessoas, o que envolveu a articulação do saber médico com o do engenheiro;
- o pensamento político e econômico se defrontou com grandes concentrações humanas voltadas para o trabalho, daí a cidade passar a ser o lugar por excelência de sociedade fundada no contrato;
- a filantropia forneceu o olhar e o subsídio para lidar com a pobreza. Passa-se então a coletar dados sobre modos de vida, de trabalho e de lazer da população trabalhadora;
- a emergência de uma nova sensibilidade que se desenvolveu permitindo uma adaptação à vida na cidade;
- a cidade passou a ser o lugar da memória e de suas instituições: biblioteca, monumentos, imprensa, escolas, museu.

Cada uma destas questões condicionou a configuração e as transformações das cidades na era moderna.

Outra reflexão extremamente importante e relevante no campo da história cultural muito me ajudou a pensar sobre a cidade. É o artigo de Carl E. Schorske, "A cidade segundo o pensamento europeu, de Voltaire a Spengler" (2000). Schorske, autor do famoso livro *Viena, fin-de siècle* (1988), vai fazer no artigo mencionado um voo sobre, pelo menos, três séculos de interpretações sobre a cidade e apontar a relação entre o processo histórico em curso e as análises produzidas por intelectuais que interpretam as cidades.

Segundo este autor, foi dos séculos XVII ao XIX — séculos esses de grandes transformações — que as problemáticas da cidade começaram a fazer parte da reflexão dos intelectuais. Apresenta então três vertentes ou versões sobre a cidade, a saber: a cidade como virtude — século XVIII: pensamento iluminista; a cidade como vício — século XIX: industrialização; e, por fim, a cidade além do bem e do mal — fim do XIX com a cultura subjetivista. Cada uma dessas fases, é bom que se diga, não destruiu a anterior. Formam como que camadas arqueológicas que podem se fazer novamente presentes.

Na primeira versão, "a cidade como virtude", a cidade aparece como o principal local onde o homem exercia suas duas atividades mais valiosas: a indústria e a alta cultura. Para explicitar tal vertente, o autor apresenta o pensamento de Voltaire, de Adam Smith e de Fichte como as variantes francesa, inglesa e alemã do Iluminismo.

Para Voltaire, o advento da nobreza civilizou a cidade; para Smith, foi a cidade que civilizou a nobreza rural e ao mesmo tempo destruiu o senhor feudal. Tanto Smith como Voltaire consideravam que a dinâmica da civilização está na cidade, ainda que Smith defenda a cidade desde que relacionada com o campo. Era o campo o que proporcionava segurança e liberdade e permitia a superação dos vícios urbanos da "artificialidade e dependência". O modelo de retorno natural do homem à terra tinha como inspiração a América do Norte.

Schorske vai falar da vida urbana alemã, mais morosa e variada que a francesa ou inglesa. Ali os intelectuais se posicionam contra o arbítrio do príncipe e a favor de um ideal comunitário. Nesse contexto, Fichte formula uma nova visão sobre a cidade como agente formador de cultura e interpreta a cidade alemã como uma genuína criação do *Volk* — a moral comunitária que se expressa no espírito folclórico alemão. Os habitantes da cidade, os burgueses, não teriam sido civilizados por aristocratas nem por monarcas iluminados (como dizia Voltaire), nem motivados por interesses próprios (como queria Smith), mas sim pelo senso comunitário e seriam os únicos capazes de suportar uma constituição republicana. Vale lembrar que tal questão aparece discutida após a Revolução americana quando se questiona se aquela sociedade seria capaz de vingar como república. A cidade então se torna o lócus da democracia e da comunidade. Não por acaso, será um sociólogo alemão, Simmel, que vai trabalhar melhor os conceitos de comunidade e sociedade. Voltaremos a esse ponto adiante.

Para Voltaire e para Smith, a cidade possuía virtudes capazes de produzir o progresso social. Para Fichte, a cidade tinha a virtude de produzir a ordem social.

Na segunda vertente, a cidade como vício, a cidade aparece como local de sofrimento, de injustiças.

A crítica mais radical vai se concentrar na acusação de que é a cidade que destrói o campo e os camponeses. Tal pensamento era muito forte e fazia parte de um pensamento pré-romântico de culto à natureza. A cidade aparece identificada com a transformação da sociedade agrária. Essas ideias vão ser recuperadas e reforçadas com a crítica à industrialização. A sujeira e a miséria passam a ser cenários identificados como tipicamente urbanos. A cidade concentra vícios sociais derivados da alta taxa de urbanização e identificados por uma paisagem social negativa. Essa perspectiva vai ser reforçada pelas consequências concretas da industrialização mostrando que o sonho iluminista se transformou em pesadelo.

As múltiplas críticas ao cenário urbano industrial são separadas por Schorske em duas categorias: as arcaicas e as futuristas. Os intelectuais arcaicos abandonam a cidade, os futuristas a reformulam. Para os arcaicos não é possível levar vida decente na cidade. Os futuristas eram em maioria reformistas sociais ou socialistas. Engels, por exemplo, acusava a cidade industrial de ser um cenário opressivo ao trabalhador, ao mesmo tempo considerava a cidade como o teatro da libertação do proletariado. Expressava uma rejeição ética e afirmava uma função libertadora. A cidade se apresentava então como desafio social. Para os críticos reformadores sociais os vícios da cidade poderiam ser superados pela energia social nascida na própria cidade.

Os críticos arcaístas dos vícios da cidade não desapareceram, eles retornaram e se fizeram presentes no pensamento nacionalista totalitário na França e na Alemanha. No caso, não era a cidade que representava o vício e sim as pessoas que passam a ser vistas como viciadas. Os ricos liberais, os judeus, a massa depravada e sem raízes, que eram o suporte do socialismo materialista que grassava na cidade. Diante de tudo isto, os arcaístas defendem a volta à província, a volta ao solo onde a vida flui livremente, dizem os direitistas. É a revolução do rancor contra o liberalismo, a democracia e o socialismo.

Por fim, Schorske menciona a terceira vertente, aquela que considera a cidade para além do bem e do mal, em que destaca Baudelaire e Nietzsche. As cidades para tais autores têm suas glórias e horrores, suas belezas e feiuras. Tudo isto constitui a essência da existência moderna e para eles não se colocava a solução do abandono ou da reforma da cidade, eles queriam experimentar a vida urbana. Queriam vivenciar a experiência da multidão onde indivíduos desarraigados vivem momentos fugazes. Era a cidade que possibilitava a "consciência múltipla e rápida". Ali não se celebra a arte, mas a artificialidade. A cidade com seus horrores e suas alegrias constituía a base para a existência moderna, a base da força estética, o cenário da vida humana, a beleza da degradação urbana.

A alta qualidade do artigo se apresenta quando ele permite o enquadramento de uma longa interpretação da cidade. A cidade como virtude e a cidade como vício se fazem presentes ainda hoje. As críticas que pregam a volta ao passado e as que pregam a reforma podem ser encontradas em propostas apresentadas como salvadoras da vida da cidade em momentos de crise, de conflitos urbanos. Várias destas interpretações foram importantes para a elaboração dos capítulos deste livro.

Para além das interpretações sobre as cidades, sabemos que o caminho percorrido pelas sociedades do Ocidente envolveu um longo processo de transformação que vai pelo menos do século XV ao XIX, processo esse que vai configurar o que ficou sendo nomeado como vida moderna. Tal processo apostou na ação do homem para mudar o mundo e alterar o seu destino. É o mundo moderno que vai surgindo aos poucos.

Há inúmeros autores que já definiram a modernidade como o período histórico no qual se generalizou a economia de mercado graças à industrialização, ao domínio burocrático, ao espírito do cálculo e ao desencantamento do mundo.

Vamos agora tentar apresentar os principais detonadores do mundo moderno em poucos parágrafos. Assim, foi:

Com a Reforma protestante que abalou o domínio da religião sobre toda a vida social. No mundo cristão medieval dominante até então, era Deus o centro e a explicação de tudo, conforme pregava a Igreja Católica. Daí a teoria política "moderna" de Maquiavel que pensa o poder como resultante da atuação dos homens.

Com a descoberta do Novo Mundo que ampliou o horizonte geográfico e propiciou o contato com povos até então desconhecidos. Com a chamada Revolução Científica de Copérnico, que diz não ser o sol que gira em torno da terra. Com o avanço da medicina graças à dissecação de cadáveres, antes vista como profanação. Com o uso da razão como meio de se chegar ao conhecimento tomando como procedimentos observar os fenômenos e demonstrar as explicações propostas, usar provas para testar as explicações.

Com o Iluminismo do século XVIII que valorizou a liberdade de pensamento presente em Montesquieu (divisão de poderes), em Voltaire e Rousseau (liberdade e igualdade). Ali se fez presente a aposta na capacidade dos homens de mudar o mundo, enfrentar as injustiças, alterar o curso da história. Vale o exemplo da Revolução Americana de 1776 com sua "Declaração dos Direitos do Homem e do Cidadão" e da Revolução Francesa de 1789 com seu lema "Liberdade, Igualdade, Fraternidade". Tudo isto se tornou possível pela valorização da ciência, da liberdade e do indivíduo.

Se a modernidade atingiu a ciência e a política, ela também chegou ao mundo das artes. Só que isto se deu de modo singular configurado no romantismo do século XIX. Tal movimento se define contra as regras do classicismo e do neoclassicismo, pelo cultivo do sentimento religioso contra o racionalismo iluminista. Pelo abandono da Antiguidade como modelo e ocupando o seu lugar a Idade Média com sua cavalaria e suas catedrais. Pela volta da pintura dedicada à natureza então sob o efeito das imensidões e do reflexo da luz do Novo Mundo e das imagens dos povos indígenas. Pela recusa da tradição que tinha o francês como língua internacional das cortes e o italiano como a língua da ópera. Ou seja, no romantismo do século XIX tem-se a valorização do nacional, do original de cada sociedade. Na Europa isto significou o reconhecimento do papel do camponês, do povo, e, no caso brasileiro, do indígena.

No bojo de tais configurações se explicita a diferenciação entre civilização *versus* cultura. Civilização identificada com os códigos jurídicos e gerenciais do mundo francês e suas normas abstratas tendo como exemplo a etiqueta. Cultura, em oposição, passa a ser referenciada por comportamentos concretos que se referem aos traços locais, do povo. Nele se encontrariam as verdadeiras origens de cada sociedade. Daí a importância do folclore a ser coletado ouvindo os relatos, as histórias, os mitos originais de cada nação. Tais princípios passam a fazer parte também do mundo da música, como em Richard Wagner ou em Chopin.

Este movimento durante o século XIX vai valorizar a singularidade, a originalidade, a autenticidade. No campo da arte isto até então não era assim. Antes, os grandes pintores eram aqueles capazes de copiar perfeitamente um mestre. Copiar o padrão, o clássico era valorizado. A partir de então passa a valer a subjetividade e, como desdobramento, a invenção do "gênio". Com a autonomia da arte e da prática artística, o artista se converteu em herói. Assim, o artista passa a ser considerado aquele que vê primeiro, que capta os sinais. Um gênio, aquele que se destaca dos demais.

Foi no espaço da cidade que tudo isto e muito mais aconteceu.

Para concluir estas primeiras reflexões sobre a cidade e principalmente sobre o patrimônio, quero mencionar o artigo do sociólogo português Carlos Fortuna, "As cidades e as identidades. Narrativas, patrimônios e memórias" (1997), que nos ajuda a entender as complexas relações do patrimônio com a pós-modernidade.

Lembra o autor que a cidade permitiu a autonomia individual e a livre afirmação pessoal, ou seja, os ingredientes da construção de uma nova identidade típica da modernidade. A identidade moderna — relacional e interativa — é contingente e supõe uma estrutura pessoal, afetiva e cognitiva que é continuamente (re)construída pelos sujeitos.

Já as identidades sociais na pós-modernidade passam a ser destruídas de forma acelerada e cedem espaço para novas identificações momentâneas e desordenadas. As matrizes típicas da modernidade — classe social, sexo, grupo étnico, religioso, educação, família — são revistas. O autor fala então da "destruição criadora das identidades". Reinventam-se comunidades e tribos agora guiados por novos signos culturais — o consumo, o lazer, o corpo.

Acentua-se então o caráter fluido e movediço da sociedade onde prevalece a busca narcísica da autossatisfação. Assim, ao descentramento do mundo corresponde um novo descentramento dos sujeitos.

As novas relações entre espaço e tempo no cotidiano da pós-modernidade produzem também alterações nos significados do patrimônio histórico e cultural das cidades.

A literatura que trata da pós-modernidade tem considerado o tempo cronológico e linear como opressivo e valorizado o espaço como a dimensão capaz de trazer consequências políticas para sujeitos e grupos sociais. O espaço impõe diferenças, agrega subjetividades e estimula interações; entretanto, também se mostra incapaz de oferecer aos indivíduos condição de perceberem e organizarem seus campos de proximidade. Torna-se então necessário construir novos "mapas cognitivos" que orientem nossos trajetos e linhas de ação.

Se isto tudo caracteriza a pós-modernidade em que vivemos, cabe perguntar: como indivíduos se relacionam com lugares históricos e deles podem retirar elementos para dar sentido ao seu próprio lugar no mundo contemporâneo?

Carlos Fortuna nos lembra que a cultura material tem ação sobre as relações sociais, os elementos físicos interferem nas classificações simbólicas da ação social. Assim, a arquitetura da cidade (monumentos, ruínas, espaços públicos) pode sim se fazer presente nos modos de percepção e de construção das identidades.

Ele vai então discutir e valorizar o significado das ruínas — sinais do passado no presente —, que se apresentam em duas vertentes opostas. Em uma delas, as ruínas são entendidas como transitoriedade e decrepitude. Na outra, tais fragmentos do passado nos reconfortam, já que nos aproximam do passado, mostram continuidade entre o passado do qual somos herdeiros e o presente. São vistas como sinal de estabilidade, de obra acabada, de passado que se liga ao presente. A ruína, assim, nos ajudaria a ordenar e a entender esse passado.

Para que isto seja possível na pós-modernidade, é preciso revestir o passado com o máximo encanto e suspender o presente. E isto é conseguido pela estetização do lugar.

Carlos Fortuna considera a visita a um bem material patrimonializado como passagem, como transição. Ainda que o turismo cultural não mais incorpore mensagens históricas, ele dá ao visitante a oportunidade de se comportar como *flâneur* e dar preferência ao apelo estético. Assim, para o autor o patrimônio/monumento tem função agregadora que se manifesta por meio de sua capacidade de sedução e de estimular os sentidos de diferentes indivíduos sem necessidade de pré-conhecimento.

Ele dirige sua atenção também aos museus que hoje, com a desvalorização cultural do objeto e a valorização do discurso e da narrativa, não são mais pensados como universais, nem mesmo nacionais. E se pergunta: como estabelecer o que é esteticamente valioso, historicamente significativo ou arqueologicamente íntegro para públicos tão diversificados que passaram a frequentar museus?

O museu, centro identitário por excelência, vive então a dificuldade de encontrar seu papel. Passa a ser lugar de lazer, da cultura do consumo e da estetização do cotidiano ao revalorizar sua função. A identidade passa a se fazer no aqui e agora, no presente e na experiência sensorial e cognitiva propiciada pela exposição.

Patrimônio é então retirado da história e transformado em paisagem estetizada. Tudo que é estético, diz ele, é hoje mercadoria e passível de ser consumido.

Nada melhor do que um evento atual demonstrando tal assertiva — a estetização do fantástico patrimônio arqueológico. O desfile de transferência das 22 múmias dos reis e rainhas para o novo Museu Nacional da Civilização Egípcia juntando estéticas de Hollywood, de Disney Parade e de abertura de olimpíadas visando recuperar o turismo!

A literatura sobre as transformações do patrimônio, do significado de bens culturais, da estetização do cotidiano, de identificações efêmeras aqui mencionada vai ser retomada em diferentes momentos deste livro.

Viver em cidade foi e é algo ambivalente já que a cidade nos atrai e ao mesmo tempo nos afasta. Os mesmo atributos, predicados exercem a atração e produzem um afastamento. A cena urbana apresenta um elenco de novidades que nos seduzem ou que nos desencantam. Diante da recusa, da ameaça, do medo do imponderável, tendemos a imaginar rotas de fuga, ambientes protegidos, fechados, compostos apenas por nossos iguais.

Por outro lado, Zygmunt Bauman (2009) nos diz que, quanto mais heterogênea for a cidade, mais ela tem a capacidade de nos atrair. A concentração de estrangeiros, ou seja, de diferentes pode ser algo a ser repelido ou, ao contrário, funcionar como um ímã. Quanto mais uniformes forem os bairros, menor será a tolerância à diferença. Tais perspectivas se fazem presentes nas cidades do século XXI, cidades globalizadas cuja população acaba por se agrupar em bairros fortificados que se tornam a expressão de uma nova forma de segregação urbana.

Hoje, a população mundial se concentra em cidades e todas as melhorias, reformas, planejamentos, reestruturações acontecidas ao longo dos séculos XIX e XX não impediram que as cidades se tornassem o palco de manifestações e conflitos políticos e sociais em todo o mundo, de Paris a Barcelona e a Hong Kong.

Isto quer dizer que nada mudou, ou que nada do que foi feito foi capaz de resolver os dilemas da vida urbana? Não creio. Vamos fazer uma viagem no tempo e no espaço abordando experiências urbanísticas e seus intérpretes, reformas implementadas, assim como as reviravoltas na forma de pensar e de encarar as cidades. Com tudo isto estamos apenas indicando o que parece ser a eterna sina das cidades: reinventar-se sempre! Mudar para alcançar o futuro, não mudar demais para não detonar o passado.

Referências

BAUMAN, Zygmunt. *Confiança e medo na cidade*. Rio de Janeiro: Zahar, 2009.

BRAUDEL, Ferdinand. *O modelo italiano*. São Paulo: Companhia das Letras, 2007.

BRESCIANI, Maria Stella (Org.). Apresentação. In: _____. *As palavras da cidade*. Porto Alegre: UFRGS, 2001.

_____. *Londres e Paris do século XIX*: o espetáculo da pobreza. 8. ed. São Paulo: Brasiliense, 1994 (Coleção Tudo é História).

FORTUNA, Carlos. As cidades e as identidades. Narrativas, patrimônios e memórias. Revista *Brasileira de Ciências Sociais*, São Paulo, v. 12, n. 33, fev. 1997, p. 127-141.

LE GOFF, Jacques. *Por amor às cidades* (conversações com Jean Lebrun). São Paulo: Unesp, 1998.

LEME, Maria Cristina da Silva (Coord. geral). *Urbanismo no Brasil*: banco de dados documental sobre urbanismo e planejamento urbano (1895-1965). São Paulo: Studio Nobel; FAUUSP, 1999.

LERNER, Jaime. *Acumpuntura urbana*. Rio de Janeiro; São Paulo: Record, 2003.

LOUREIRO, Vicente. *Prosa urbana*. Rio de Janeiro: Outras Letras, 2020.

SCHORSKE, Carl E. A cidade segundo o pensamento europeu, de Voltaire a Spengler. In: _____. *Pensando com a história*. São Paulo: Companhia das Letras, 2000.

_____. *Viena, fin-de siècle*. Política e cultura. São Paulo: Companhia das Letras, 1988.

SELDIN, Claudia. *Imagens urbanas e resistências*: das capitais da cultura às cidades criativas. Rio de Janeiro: Rio Books, 2019.

2. A cidade antiga, a medieval e a islâmica; a cidade no Novo Mundo

Vamos retomar textos que falam da cidade no longo prazo, na longa duração. Podemos começar com o historiador Jacques Le Goff que, em *Por amor às cidades: conversações com Jean Lebrun* (1998), vai reafirmar uma ideia de sua predileção — há mais semelhança entre a cidade contemporânea e a medieval do que entre esta e a antiga. Nessa entrevista, Le Goff vai detalhando a comparação e, ao fazer isto, acaba nos informando sobre os traços da cidade antiga e da medieval.

Na comparação entre as duas, diz: na cidade antiga temos o templo, na cidade medieval, a igreja, muitas vezes construída em cima do antigo templo, e que, com seus sinos a partir do século VII, vai se tornando ponto de referência, sobretudo na Itália, onde os sinos foram instalados primeiro nos campanários.

Na cidade antiga temos o anfiteatro, que foi abandonado no cristianismo ocidental que não admitia o circo. O abandono também atingiu o estádio que na cidade medieval não tem mais razão de ser, já que o esporte passa a ser reservado à classe nobre e o estádio sobrevive apenas quando se torna espaço para exercício militar. A praça pública também muda, não há mais fórum, lugar central onde cidadãos se encontram e discutem os negócios da cidade e os negócios privados. O encontro das pessoas passa a se dar nas igrejas ou na parte anterior delas — no átrio. De algum modo, a tradição do fórum vai acontecer na praça do mercado.

Na Idade Média (século XII), a cidade vai ganhando aos poucos espaço e domínio sobre o campo. Ainda que a muralha isole a cidade, suas portas se abrem para o entorno. Le Goff fala então da importância das ordens mendicantes, dominicanos e franciscanos nessa inter-relação entre cidade e campo, entre ricos e pobres.

A cidade medieval se concentra em pequeno espaço, é lugar de produção e de troca, nela se mesclam artesanato e comércio, é assim lugar onde se desenvolve o gosto pelo trabalho, pelo negócio e pelo dinheiro. Nas praças do mercado acontece a discussão da política, da economia e também se fazem negócios — compra e venda de mercadorias concretas e abstratas, atividade que vai avançar para o pregão da bolsa de valores. É também onde se fazem presentes os prazeres, as festas, o movimento nas ruas, as tavernas, as escolas.

São os burgueses que detêm o poder, os soberanos tentam imprimir sua marca nas cidades e nelas até os pobres se sentem mais seguros. O príncipe compete com o bispo pelo controle das cidades e se torna intervencionista a partir do século XII. As escolas urbanas, por sua vez, querem estabelecer ordem e luz, matemática e razão, cor e verticalidade. E completa: "A Idade Média não sente a beleza da natureza, ela cria a beleza artística urbana." Para dar uma dimensão do fenômeno urbano, Le Goff informa que no ano 1300 menos de 20% da população residem em cidades e a maior dela é Paris com 200 mil habitantes.

A cidade foi e é sempre vista como sinônimo de sociabilidade desde os tempos de Roma, ainda que mais tarde vá ser identificada com o individualismo e o anonimato. Os termos que denotam educação, bons costumes, cultura, elegância são associados à cidade assim como o menosprezo ao campo visto como bárbaro, como rústico.

Para além do imaginário sobre a vida política, social e cultural de Roma, temos que registrar que esta cidade antiga tinha no ano 200 cerca de 1 milhão de habitantes e sua densidade demográfica era de 66 mil pessoas por km^2. Sofria de problemas que São Paulo, Nova Deli, cidade do México só vieram a apresentar nos dias de hoje. Pessoas sujas e maltrapilhas nas ruas. Crianças e mendigos pedindo esmola. Muitos dormindo ao relento. Isto se contrapunha a prédios públicos de mármore, habitações imponentes das famílias ricas (de patrícios e seus escravos) onde a comida e a bebida não faltavam. Casas da aristocracia tinham água corrente e piscinas aquecidas. A prática de banho com o uso de termas fazia parte da vida dos patrícios. Tinha gente de todas as raças e falantes de todas as línguas. Tinha também um sistema de esgotos subterrâneo que usava a água dos banhos e fontes públicas para levar os detritos até o rio Tibre. Cada novo Imperador primava em construir na cidade algum prédio, algum monumento que marcasse o seu tempo.

Na Idade Média se reproduz a concepção que identifica cidade a civilização e campo a rusticidade, levando assim a reafirmar a distinção entre cidade e campo. À oposição campo-cidade, a Idade Média acrescentou outro termo, a floresta, algo similar a deserto, no mundo oriental.

A cidade na Idade Média se constrói em direção ao céu; tal sentido pode ser reconhecido pela verticalidade presente em torres medievais como as de San Gimignano, na Itália. A cidade exprime então o desejo de subir em direção ao céu; assim, o eixo de orientação sempre vai do baixo para o alto. Cada cidade, cada família quer ter uma torre mais alta. A verticalidade está registrada na arquitetura religiosa do estilo gótico que se fez presente do século XII ao XIV principalmente nas catedrais como Saint Denis, Chartres, com seus vitrais, suas pinturas. O estilo gótico volta a ser revalorizado mais tarde, nos séculos XVIII e XIX, pelo romantismo neogótico, revivalista (restauração que se faz presente na Inglaterra e na França, que serão tratadas adiante, no capítulo 7).

A arquitetura do poder vigente nas cidades, do século XII até o Renascimento, vai retomar a inspiração clássica.

Se a cidade, além de tudo, foi ou é o lugar da festa e da escola, e se tais instituições têm permanência através dos tempos, elas sofrem mudanças espaciais.

Hoje, a festa, em muitos países, sai da grande cidade. Também a educação migra dos centros urbanos para os subúrbios, como aconteceu nos Estados Unidos. A cidade atual passa a ser marcada pelo policentrismo, como é o caso extremo de Los Angeles nos Estados Unidos, considerada a cidade mais distante da cidade medieval. A Cidade do México, em oposição, seria um exemplo de cidade que mais guarda os traços das cidades espanholas da época da colonização com sua praça central — o Zócalo —, onde também fica a catedral. O Zócalo, centro histórico da cidade, expressa por sua vez a ideia de um centro-museu!

Nos dias de hoje, tanto o centro primitivo quanto os centros secundários vêm sendo recuperados em muitas cidades. Centros antigos lutam para não desaparecer (sem atividade econômica, não conseguem reunir a população) e se tornam centro histórico, ou seja, centro-museu. Veremos também isto mais adiante.

A cidade no Novo Mundo

Para dar conta da trajetória das cidades portuguesas e espanholas que se fizeram presentes no Novo Mundo, vamos lançar mão das reflexões de Antonio Risério no capítulo "Cidade ibérica na América" de seu livro *A cidade no Brasil* (2012). Elas serão de fundamental importância para nos ajudar na compreensão da especificidade e da diferenciação entre dois modelos ou planos de cidade: a grelha e o labirinto.

A tradição portuguesa, segundo Risério, tem suas origens na colonização romana. Para a romanização das áreas conquistadas foi fundamental a cidade como centro político, administrativo e religioso. O império romano vai se formar procedendo à "replicação progressiva" de uma matriz urbana — Roma — com seus teatros, anfiteatros, templos, termas e balneários.

Por outro lado, importa ressaltar que Roma tinha um desenho indisciplinado com ruas sinuosas; entretanto, exportou para seus domínios um modelo geométrico, um traçado regular em grelha ou xadrez. É possível registrar a planta de Éfeso, na Turquia, como exemplo do desenho exportado pelo Império na construção de cidades ao longo do Mediterrâneo.

Com o desmonte do império romano, as cidades regridem e começa a haver uma diferenciação entre as do norte europeu e as da Península Ibérica. Nesta região houve o avanço e o domínio muçulmano, o que garantiu a continuidade e o enriquecimento de sua vida urbana, valendo os exemplos de Córdoba e de Lisboa.

O Mediterrâneo se torna, por assim dizer, um lago muçulmano e as terras não submetidas a seu domínio, distantes do comércio mundial que passava pelo Mediterrâneo, se ruralizam. Tais cidades se tornam pobres e despovoadas no mundo feudal.

Na Europa católica dos séculos VI a VIII só 5% da população vivia em núcleos urbanos, em vilas. Nos séculos IX e X as cidades da China e do Islã eram núcleos urbanos muito mais densos, com arquitetura e prédios muito mais ricos e elaborados. Nesse tempo a Europa era uma periferia distante. É certo que Veneza ocupava uma posição de destaque, mas isto acontecia por se vincular a Bizâncio e não ao Ocidente europeu.

As cidades da Ibéria sob o domínio do Islã, a partir de 711, não desaparecem, ao contrário. Na região do Algarve a presença islâmica se faz notável assim como em Córdoba, Sevilha e Granada na Andaluzia, em Toledo, Pamplona e Salamanca. Com a ocupação islâmica, a Península ibérica migra da cidade romana à cidade andaluza.

A antiga civilização islâmica era urbana, mas diferente da civilização romana, nos diz Risério. Na cidade islâmica nada é retilíneo, tudo é sinuoso. O desenho apresentado é o do labirinto. Lojas não são agrupadas em praças, mas em ruas que formam o bazar, espaço similar aos pátios internos das mesquitas.

A cidade árabe apresentava um desenho desordenado das ruas, com becos sem saída. Os árabes defendiam a ideologia da intimidade da moradia, a personalidade própria de habitação. "A rua mais não seria do que o caminho para a casa" (Risério, 2012:66). Isto era distante dos gregos e dos romanos que se concentravam na circulação, no movimento, nas vias de passagem, na rua como fator público dinâmico.

Entre o desenho de cidades criadas pelo império romano e cidades criadas pelo avanço do mundo islâmico, entre a ruralização da cidade medieval do norte da Europa e a agitação da cidade islâmica da Península ibérica é preciso registrar o ressurgimento da cidade avulsa na Europa, o tempo da reaparição da cidade-estado renascentista. O Renascimento é fenômeno urbano.

No Renascimento o destaque urbano vai para Florença. Veneza estava, como já mencionado, vinculada a Bizâncio e não ao Ocidente europeu. Florença se destacou como polo de pensamento, de experimentação e de inovação que se irradia para a vida europeia. Cidade da cultura inclusive arquitetônica e urbanística que deu a devida importância à praça pública.

Em Florença atuou o primeiro arquiteto do Renascimento, Brunelleschi (que desenhou a cúpula gótica da catedral florentina), Leonardo Da Vinci e Alberti. Foi Alberti (Leon Batista Alberti foi o responsável por diversas obras, inclusive pela fachada da igreja Santa Maria Novella em Florença e a basílica de Santo Andrea em Mântua) quem desenvolveu a concepção de praça, derivada da descrição de fórum de Vitrúvio, concepção essa que se espalha pela Itália e pelo Novo Mundo. Vitrúvio, arquiteto romano que viveu no século I a.C, deixou a obra *Da arquitetura* em 10 volumes. Constitui, por assim dizer, o tratado de arquitetura do período greco-romano, fonte de inspiração para diversos textos de arquitetura e urbanismo. Seus principais princípios são utilidade, beleza e solidez, princípios estes que inauguram a chamada arquitetura clássica. Com a redescoberta do *Tratado de arquitetura* de Vitrúvio em torno de 1486 na Abadia Beneditina de Saint Gall, foi possível lançar as bases da arquitetura do Renascimento, ou seja, como releitura dos dias de glória da Grécia e de Roma.

No século XVI a cidade-estado italiana foi perdendo a dianteira do processo histórico, basta lembrar os Descobrimentos. Espanha e Portugal passam então a assumir a frente, herdam o sentido romano de domínio e a missão de construir um império no Novo Mundo. No século XVI a Lisboa dos Jerônimos e a Madri do Escorial estão reproduzindo o exemplo que Roma espalhou pelo mundo, ou seja, cidades em grelha ou xadrez — modelo avalizado por Florença. Os planos geométricos de cidade ideal eram então o xadrez ou em disposição radial concêntrica. Madri e Lisboa, entretanto, ficam pouco tempo na vanguarda do modelo de cidade ideal.

Ao longo do século XVII, Amsterdã e Londres assumem o papel de vanguarda. Amsterdã recebe os judeus, únicos homens de negócios da Península Ibérica e que foram vítimas da intolerância religiosa, e, ao fazer isso, junta calvinismo, pragmatismo e negócios. Vale lembrar que é a Holanda que está disputando a produção açucareira da Bahia e de Pernambuco com Madri e Lisboa, que estão reunidos entre 1580 a 1640. Vai ocupar a região do nordeste da colônia portuguesa no Novo Mundo e criar o Recife holandês.

A montagem do império colonial ibérico no Novo Mundo teve assim os dois modelos — o xadrez da cidade do império romano e seu urbanismo clássico e o labirinto da cidade islâmica — como escolhas possíveis. Uma interpretação a este respeito diz que a versão espanhola fez a opção clara pela grelha, com destaque para a Plaza Mayor. E que "Portugal foi por outro caminho", diferente do modelo castelhano. Segundo Risério, não foi bem isto que aconteceu. A diferença entre a cidade lusa e a cidade hispânica no Novo Mundo não está exatamente no plano, mas no que aconteceu em sua implantação objetiva no continente americano.

Aqui o autor está se contrapondo ao texto de Sérgio Buarque de Holanda publicado como capítulo 6 do livro *Raízes do Brasil*, onde menciona a diferença entre lusos e espanhóis, sendo os últimos planejadores de cidades (ladrilhadores) e os lusos construtores ao acaso (semeadores). Haveria, segundo Risério, um equívoco do autor ao considerar a vontade e racionalidade da cidade hispânica *versus* a indisciplina e imprecisão das cidades portuguesas. Nas cidades portuguesas não haveria nenhum rigor, apenas o desleixo do semeador. As cidades espanholas com suas linhas retas, seu plano regular visando ordenar e dominar o mundo conquistado corresponderiam à ordem do ladrilhador.

Para Risério, há casos de cidades espanholas com urbanização desordenada e portuguesas com racionalidade em partes centrais, como os conjuntos barrocos de Salvador, do Rio de Janeiro e de Alcântara. No caso português, o que aconteceu é que tal disposição (de racionalidade) não vingou.

A cidade de Salvador na Bahia de Todos os Santos reproduz o desenho de Lisboa situada junto ao mar, separada em cidade alta, da aristocracia, e cidade baixa, onde vivia a plebe, e com suas ladeiras e ruas sinuosas. As técnicas de construção também foram transplantadas, como é possível notar, no azulejo das igrejas, dos conventos, na telha mourisca, na janela quadriculada, na gelosia, no abalcoado, nas paredes grossas. Mas, registra o autor, aqui quem deu as cartas foi principalmente a *topografia*.

Ainda a cidade na América colonial

A América como uma Nova Europa vai fazer adaptações às novas circunstâncias americanas ao fazer a transplantação do modelo europeu para as novas terras.

As cidades na América nasceram de projetos e decisões dos poderes centrais espanhóis e portugueses. As cidades espanholas foram situadas no interior, em locais onde se encontravam as mais ricas jazidas de prata. Houve desde o século XVII a montagem de uma malha urbana com a interligação entre as cidades do México e do Peru. Na América espanhola o mundo vai ser dividido: cidade espanhola, campo indígena. Os espanhóis aplicam o geometrismo, privilegiam terrenos planos para pôr em prática tal modelo que privilegia a cidade com simetria e tendo a grande praça ao centro. Tal desenho inicial pode se replicar.

Ao se perguntar também sobre a herança das cidades implantadas no Novo Mundo, Fania Fridman (2013) considera que a imagem mítica do Novo Mundo teve que se moldar ao projeto civilizatório de dominação instituído nos aldeamentos dos nativos, nas vilas e nas cidades para erguer a Nova Espanha, a Nova Lusitânia, a Nova Inglaterra, a França Antártica e a Nova Holanda. No caso americano espanhol, o "novo" e o "velho" tiveram vigência sincrônica, algo como vidas paralelas. Replicam-se os nomes e se cria uma nova forma de cidades paralelas, já que não foi a cidade andaluz, mediterrânea o modelo escolhido, mas sim a que se contrasta a ela, o urbanismo clássico guiado pelo espírito geométrico e pela racionalidade. Optam pelo projeto renascentista e não pela experiência urbana real, vigente na Ibéria.

Por que os espanhóis aplicaram a grelha? Por que não replicaram no continente a cidade peninsular? Segundo a historiadora, a chegada dos conquistadores reuniu a população em povoados e o mundo colonial passou a ter dois formatos: as cidades hispânicas e as dos índios. A cidade se torna um ícone, um diagrama da ordem social. A hierarquia da sociedade se reproduz no desenho da cidade e em seus quarteirões. No caso: "cidade espanhola, periferia indígena". A cidade hispano-americana mantinha os índios à distância da cidade oficial, ao contrário do caso português. E foi o urbanismo utilizando a quadrícula que criou cidades espanholas com seus bairros de índios, segregados, mas integrados à vida urbana, e também "as cidades de índios" com instituições, templos católicos e mercado.

A cidade latino-americana teve como padrão a reunião de prédios públicos, monumentos, parques, igrejas e moradias de elite em torno da Plaza Mayor no centro, cuja terra tinha maior valor. A diminuição do *status* social acompanha o distanciamento do núcleo. O centro histórico de Caracas pode servir como um exemplo entre outros.

As cidades da América portuguesa surgiram no litoral onde havia terras férteis para o cultivo da cana-de-açúcar. As vilas e as cidades estavam separadas entre si e voltadas para Lisboa. A cidade colonial portuguesa, a bem da verdade, demorou a se implantar no Brasil e só ganhou densidade no século XVIII com o surgimento de Vila Rica. Nesse caso, as terras no litoral favoreceram canaviais perto dos portos. E vilas e cidades isoladas, ligadas a Lisboa. Na América portuguesa foi a cidade que criou o campo. As cidades brotam de projetos e decisões dos poderes. A cidade com seus prédios coloniais, suas igrejas barrocas e com grande presença escrava não teria segregado espacialmente. Todos partilhavam pelo menos a zona central da cidade.

A diferença entre as cidades hispânicas e lusas ainda se deve, segundo Risério, ao fato de que, ao chegar ao Novo Mundo, os colonizadores se defrontaram com realidades diferentes. Os espanhóis ficaram perplexos e fascinados diante das cidades astecas e incas. A visão de Tenochtitlán, cidade ordenada numa escala desconhecida, impressionou os espanhóis. E a conquista envolveu a sua destruição. A Cidade do México foi construída então sobre a capital asteca — a praça espanhola (o Zócalo) sobre a praça anterior, a catedral sobre o templo do deus da chuva, o palácio do governo sobre o de Montezuma. Ou seja, para além da topografia, a história marcou a diferença entre a cidade espanhola e a portuguesa.

Cidades da América no século XX

Foi no final do século XIX e início do XX que passou a haver a importação de ideias urbanísticas advindas do academicismo das belas-artes francês e da cidade-jardim inglesa. Tais ideias moldaram um desenho urbanístico que demandou reforma urbana, zoneamento, diagonais diminuindo distâncias, eixos monumentais e alamedas renovando os centros.

Em suas reflexões sobre o urbanismo do século XIX, Ramón Gutiérrez (2013) observa que as novas nações do mundo hispânico tiveram ao longo do século XIX inúmeras guerras civis que levaram à fragmentação do território dos vice-reinos e impediram a consolidação de projetos nacionais estáveis logo após o processo de descolonização.

No final do século XIX, novos esforços para o estabelecimento de nações são empreendidos. Alguns procuravam mimetizar os modelos culturais da velha Europa, outros vão dar origem a processos de construção de identidades latino-americanas. Havia, contudo, a convicção de que a Europa significava a "civilização" e a América a "barbárie" ou a "natureza", e o pensamento ilustrado desde o final do século XVIII queria, sob o comando da razão, ordenar a natureza.

Por outro lado, vale lembrar que a América é precursora da questão nacional antes mesmo dos casos de formação tardia da Europa, como Alemanha e Itália. Na Itália, o processo de unificação foi deflagrado após a expulsão dos austríacos e só terminou em 1871 com o surgimento do Estado-Nação sob o domínio do rei Vitor Emanuel. E na Alemanha logo após a Guerra Franco-Prussiana com a vitória da Prússia e quando Guilherme I comandou a unificação em 1871 para formar o Império Alemão.

O processo em curso durante o século XIX na América Latina envolveu a ocupação do território, o processo de urbanização, o acoplamento ao sistema econômico mundial liderado pela Inglaterra e a migração de milhares de europeus para as Américas.

As estradas de ferro tiveram papel central organizando o armazenamento e o comércio de mercadorias em regiões próximas às zonas portuárias. A localização de cidades industriais também estava conectada com o traçado das estradas de ferro. No interior das cidades era o traçado dos bondes que orientava a urbanização e a expansão de novos bairros. Os novos meios de transporte fomentaram um novo tipo de ocupação semirrural de quintas e chácaras ao redor dos centros urbanos.

As cidades da América hispânica pós-colonial procuraram retomar o traçado de base geométrica. Ainda no campo do traçado de cidades, a nova tônica das cidades da América, quer fossem hispânicas ou portuguesas, é o traçado com diagonais, como em La Plata na Argentina, 1882, e em Belo Horizonte no

Brasil, 1897. Tal traçado inova e permite cortar distâncias e modifica o antigo tabuleiro espanhol. Permite o surgimento da ideia de eixos monumentais que desembocam em edifícios públicos que ocupam um quarteirão inteiro e são cercados por jardins.

O pensamento higienista passa a demandar áreas verdes, ventilação urbana, serviço de saneamento e de águas nas cidades segundo critérios científicos. Para atacar tais problemas, surge uma geração de engenheiros urbanistas que, junto com médicos sanitaristas, eram motivados a enfrentar a insalubridade e as epidemias que assolavam as cidades. A criação de parques e bosques também contribuiu para sanear a cidade. Além da arborização das cidades, são desenhadas novas ruas largas, novos "passeios" urbanos, valendo lembrar como exemplo o Passeio da Reforma na cidade do México em 1864.

Os antigos centros históricos foram dando lugar a extensões que avançavam em direção a áreas menos densas. O transporte possibilitou tal movimento e facilitou a localização de setores operários em torno das áreas industriais. O típico perfil das cidades, segundo Ramón Gutiérrez (2013), era a burguesia urbana no centro, a aristocracia no primeiro anel, os setores de menos recursos no cinturão periférico.

As migrações internas e externas permitiram a criação de novos bairros e alteraram o desenho de muitas cidades. Houve mudanças da paisagem, na escala dos edifícios e a colocação de relógios em edifícios públicos marcando o esforço para organizar a vida na cidade. Questões de ordem higiênica forçaram a transferência de matadouros e feiras de carne do centro para a periferia. Os matadouros ao ar livre tiveram que se concentrar em recintos fechados. A expulsão dos ambulantes indígenas das ruas e a criação de um espaço estável para o abastecimento deram origem à construção de mercados — grandes superfícies cobertas com estruturas metálicas importadas da Europa.

As transformações na paisagem urbana, tais como na Europa, foram possibilitadas pelas mudanças da tecnologia com o acesso a novos materiais de ferro e vidro que formavam a cobertura de teatro, de mercados, de estações de trem. O autor cita a cobertura de ferro no Teatro Colón em Buenos Aires. A tecnologia de ferro permitia transportar edifícios desmontados e que podiam ser remontados em qualquer lugar. Vale aqui mencionar o caso do Palácio Monroe reinstalado no Rio de Janeiro após ser montado na Exposição em Saint Louis nos Estados Unidos.

A derrubada dos antigos sistemas de fortificação, a demolição da cidadela, o alargamento da cidade que escapava dos pórticos abriram espaço para avenidas e novas praças. Novos monumentos patrióticos são instalados. Obeliscos e colunas comemorativas foram substituindo as estátuas equestres dos heróis da nacionalidade. Houve alteração de uso das Plazas Mayores americanas que deixam de ser o local onde desfiles e paradas militares aconteciam. Essas são deslocadas para as largas avenidas. Também se deslocam as touradas, que passam para áreas específicas. A Plaza Mayor seca desaparecia. Hoje sobrevive o imponente Zócalo na Cidade do México que já foi ajardinado, mas logo voltou ao desenho original. O autor vai dando exemplos do que se passou em diversas cidades como México, Lima, Caracas, Montevidéu, Havana, Bogotá e Cartagena ao longo do texto.

As grandes avenidas, a arborização das praças, a criação de parques tornaram a função concentradora da praça menos relevante. A praça, contudo, continuou a ser local de referência para todos, lugar de encontro e socialização, e nela se mantiveram atividades específicas como cafés, bares, mercearia, lojas de secos e molhados.

Novas propostas urbanísticas em consonância com as *beaux arts* assumem predomínio a partir de 1880. Diversos urbanistas de Paris foram convocados para desenhar projetos para "modernizar" os antigos traçados espanhóis das cidades. São citados os urbanistas parisienses — Bouvard, Forestier, Agache, Jaussely — convocados para modernizar os antigos traçados espanhóis das cidades. Vale registrar que Alfred Agache foi contratado para realizar o plano de modernização do Rio de Janeiro em 1929 e atuou em diversas outras cidades no Brasil.

A partir dos anos 1920 e nos anos 1930, novas transformações tiveram lugar com a desagregação de centros cívicos e a descentralização das atividades urbanas em zonas separadas. Em torno da Plaza a função residencial é substituída por atividades financeiras e bancárias e sedes de empresas de importação-exportação, e tais centros passam também a receber remodelações e restaurações.

As cidades do século XIX ainda mantinham certa unidade paisagística definida pelo código de postura com limitações de altura, como o código rígido adotado em Paris na reforma Haussmann, e pela escala compatível com o traçado físico em quadrícula da cidade hispânica, o que garantia certa homogeneidade e permitia o "rebatimento" nas expansões de Madri (Plano Castro) e Barcelona (Plano Cerdá).

As mudanças e reformas em curso no século XIX trazem em seu bojo uma reflexão sobre o passado, sobre o que dele deve se mantido, deve ser restaurado e qual o sentido de restauração a ser seguido.

No século XX no Brasil tivemos a construção de cidades como Belo Horizonte, planejada por Aarão Reis, inaugurada em 1901. Outras cidades foram reformadas, remodeladas ao longo do século, como o Rio de Janeiro que será objeto de um capítulo. A cidade portuária de Santos teve seu plano de reforma desenvolvido por Saturnino de Britto, também responsável pelos planos de Vitória, de Campos dos Goytacazes e de Recife. A lista de cidades planejadas no século XX culmina com Brasília tendo antes Goiânia e Maringá e mais adiante Palmas.

Se a cidade é a parteira da cultura moderna, a inventora da sociedade moderna, como pensar as relações centro/periferia? Como resolver o dualismo tradicional/moderno na metrópole moderna?

Terminou o ciclo da cidade moderna com a expansão urbana, a integração social e a ideia de projeto. Com o urbanista como profissão e gestor do projeto que realizava o crescimento e a expansão ilimitada. Na América Latina este ciclo envolveu ocupar espaços "vazios" e ser o Estado o produtor da expansão urbana, da integração social e da realização de projetos.

Sobre cidades da América do Sul, vale citar o livro de Adrian Gorelik, Fernanda Arêas Peixoto e Maria Alice Rezende de Carvalho *Cidades sudamericanas como arenas culturales* (2016), que trata de "episódios" de diferentes cidades desde o fim do século XIX até início do XXI. Os episódios/cenas são observados sob recorte espacial, ou seja, em cada lugar, bairro, rua. São apresentados como laboratórios urbanos, como "dispositivos" de observação que permitem a aproximação de diversas camadas da vida urbana.

Vale registrar que a palavra "arena" para se referir às cidades foi usada por Richard Morse no artigo "As 'cidades periféricas' como arenas culturais: Rússia, Áustria, América Latina" (1995), para pensar a cidade como espaço de novas proposições, com embates e tensões. Tais arenas podem ser uma rua, um edifício, bares, cafés, festivais, peças de teatro.

Observam os autores no livro mencionado que nos anos 1960-70 as cidades sul-americanas eram analisadas/representadas segundo o grau de modernização. A partir dos anos 1980, passam a ser registradas de acordo com traços singulares de cada uma, com seus índios nas cidades andinas, com seus moradores de favelas e de rua e levando em conta seus habitantes como narradores. Cidades são agora mais disputadas, mais plurais. As cidades se tornaram lócus de tendências artísticas, de projetos intelectuais e de disputas político-ideológicas.

Como pensar a cidade em novos tempos? Hoje, na pós-modernidade, há o retorno do interesse cultural pela cidade. Há um regresso ao particular, da perspectiva do *flâneur*. Valorização de fragmentos dispersos, de passos que constroem significados, visitação de ruínas, atenção a redes simbólicas e a práticas desterritorializadas. Na contemporaneidade temos inclusive fluxos inversos, da cidade para o campo. Em muitos casos, as periferias internas e de áreas industriais são abandonadas por seus moradores originais.

Como compreender tudo isto?

Referências

FRIDMAN, Fania. Apresentação. In: _____ (Org.). *Cidades do Novo Mundo*. Rio de Janeiro: Garamond, 2013, p. 59-90.

GORELIK, Adrian; PEIXOTO, Fernanda Arêas; CARVALHO, Maria Alice Rezende de (Org.). *Cidades sudamericanas como arenas culturales*. Buenos Aires: Siglo XXI, 2016.

GUTIÉRREZ, Ramón. Reflexões sobre o urbanismo do século XIX. In: FRIDMAN, Fania (Org.). *Cidades do Novo Mundo*. Rio de Janeiro: Garamond, 2013, p. 139-162.

LE GOFF, Jacques. *Por amor às cidades*: conversações com Jean Lebrun. São Paulo: Unesp, 1998.

MORSE, Richard. As "cidades periféricas" como arenas culturais: Rússia, Áustria, América Latina. Revista *Estudos Históricos*, v. 8, n. 16, 1995, p. 205-226.

_____. Desenvolvimento urbano na América Colonial espanhola. In: BETHELL, Leslie (Org.). *História da América Latina*. São Paulo: Edusp, v. II, 2012.

RAMA, Angel. *A cidade das letras*. São Paulo: Brasiliense, 1985.

RISÉRIO, Antonio. *A cidade no Brasil*. São Paulo: Editora 34, 2012.

SANTOS, Paulo. *Formação de cidades no Brasil colonial*. Rio de Janeiro: UFRJ, 2001.

3. A cidade como espaço fundador da sociologia

Uma primeira consideração deve ser observada: a cidade que mereceu ser tratada pela tradição sociológica tem apenas dois séculos. Trata-se do espaço de relações sociais que se desenvolve a partir da chamada segunda revolução industrial que mudou a fisionomia do mundo ocidental no século XIX.

Entre o fim do século XIX e início do XX há um fluxo de mudanças que altera o mundo conhecido. O historiador Nicolau Sevcenko (1998) apresenta uma abrangente e pertinente exposição sobre tal transformação. Registra o autor que uma das mais importantes características da revolução científico-tecnológica acontecida na segunda revolução industrial é ela ser marcada pela aplicação das descobertas científicas aos processos produtivos — novas fontes de energia tais como eletricidade e derivados do petróleo; desenvolvimento das áreas da microbiologia, da bacteriologia e da bioquímica produzindo efeitos sobre a conservação de alimentos.

Há também que se notar o ritmo com que as inovações invadiram o cotidiano das pessoas, principalmente no espaço das grandes metrópoles, esse outro fenômeno derivado dessa revolução. O impacto da revolução técnico-científica alterou os hábitos e costumes, o ritmo e intensidade dos transportes, da comunicação e do trabalho. Se a primeira industrialização deu origem a fábricas relativamente modestas, a nova industrialização produziu complexos industriais que envolveram milhares de trabalhadores, originando a cidade moderna e seus enormes problemas.

Tal escala de produção implicou também uma disputa em torno de matérias-primas que estavam disponíveis em qualquer parte do mundo. Assim se desdobrou a expansão europeia sobre áreas até então não colonizadas e seus avanços sobre sociedade tradicionais, de economia agrícola como o caso do Brasil, transformando o modo de vida de tais sociedades, incutindo-lhes hábitos e práticas de produção e de consumo. O processo que alterou culturas seculares desencadeou, por um lado, revoltas, levantes, insurreições e, por outro, a crença na superioridade da missão civilizatória da Europa que, disseminando valores e modo de vida, converteu corações e mentes a padrões compatíveis com a modernidade. Vale lembrar a importância das chamadas Exposições Internacionais nesse processo de conversão ao progresso. As exposições de Londres em 1851, de Paris em 1889 e 1900, de Chicago em 1894, entre muitas outras, fazem parte da disseminação de bens e de modos de vida que passaram a caracterizar a civilização moderna.

O progresso, resultado da ciência positiva, consagrou uma nova elite — cientistas, médicos, engenheiros, arquitetos, urbanistas —, uma nova burocracia científico-tecnológica que passa a decidir sobre a vida das pessoas. Sobretudo regulando a vida dos habitantes das cidades.

Tudo isto se fez presente no mundo urbano e foi objeto da atenção de importantes sociólogos tais como Max Weber, Georg Simmel, Robert Park e Louis Wirth. O panteão de estudiosos dedicados ao tema é grande. Na primeira metade do século XX se tratava de analisar principalmente as transformações decorrentes de processo de industrialização e seus efeitos sobre as cidades, já que eram as cidades industriais que concentravam a nascente classe trabalhadora e recebiam enorme quantidade de migrantes (migração rural-urbana no mesmo país ou entre países).

Sabemos que as ciências sociais em sua origem são resultantes do contexto que marcou a segunda metade do século XIX. Se a antropologia resulta do confronto com o outro (a cultura das sociedades tribais na África, na América e na Oceania), a sociologia se desenvolve a partir das crises, dos conflitos da sociedade europeia que passava por mudanças radicais (industrialização, urbanização). À sociologia coube então responder aos desafios enfrentados pelos habitantes da cidade, entre eles o ritmo acelerado da vida urbana.

Para analisar a vida na cidade com a chegada de novos habitantes, a urbanização acelerada, o fluxo de mobilidade de pessoas e de mercadorias, a sociologia vai se centrar nos fenômenos sociais, aqueles que obedecem a princípios, normas e valores que possibilitam a vida social. Ou seja, a sociologia vai tomar as relações entre a sociedade e o indivíduo como seu objeto. Para fazer isto, passa a examinar a sociedade a partir de teorias, métodos, conceitos capazes de iluminar de modo particular a vida social.

Sabemos que os seres humanos sempre observaram os fenômenos naturais e sociais. Ou seja, eles sempre classificaram os objetos, as descobertas. As explicações é que foram variando ao longo da história da ciência. No século XIX há um salto no conhecimento científico, principalmente na biologia e na botânica. A ciência moderna, entendida como observação, hipótese, dedução e experimentação, passa a envolver a publicação de artigos científicos onde se explicitam os procedimentos e se mostra como se chegou àquelas conclusões. Isto permite a revisão pelos pares.

Sob o título de ciências sociais a partir dos meados do século XIX, estava-se propondo que a pesquisa, que o estudo, que a reflexão sobre a sociedade deveria obedecer aos caminhos da análise científica: observação, classificação, explicação, buscar o porquê, buscar a relação de causa e efeito. Todas as chamadas ciências sociais (antropologia, sociologia, ciência política) tiveram em suas origens tais objetivos em comum, embora cada uma delas tenha sua história, seus fundamentos específicos, suas afirmações próprias e procure evidências particulares consideradas aceitáveis.

Cada campo disciplinar procurou demarcar seu território; distinguir seu objeto dos demais; ganhar reconhecimento, definir suas instâncias de consagração acadêmica. A metodologia como instrumento de cada uma das ciências sociais pode nos oferecer pistas a este respeito. O método quantitativo que se baseia em instrumental estatístico coletando dados objetivos e/ou opinião por meio da realização de *surveys* vai dar origem a uma sociologia empírica. Por outro lado, o método qualitativo vai valorizar o indivíduo, a vida privada/o cotidiano, as biografias e lançar mão da observação participante, da pesquisa de campo ou de fontes documentais, de entrevistas explorando o gosto, os valores, a memória.

Bem, voltemos ao tema das cidades. Como as cidades foram lidas pela sociologia nascente? A sociologia, como já foi dito, surgiu principalmente para responder aos desafios que se apresentaram ao homem urbano. Para tentar demarcar como a sociologia analisou a cidade, vamos tomar a trilha indicada pelas sociólogas Helena Bomeny e Bianca Freire-Medeiros (2010) que destaca Simmel, Wirth e Benjamim como exemplos significativos. Em cada um deles pode-se encontrar a observação voltada sobremaneira para as transformações da vida social em uma cidade — Berlim, para o caso de Simmel, Chicago, para Wirth, e Paris, para Benjamim.

Georg Simmel (1858-1918), judeu alemão de família abastada, consegue participar da universidade de Berlim em postos laterais e não no quadro formal de professores. A universidade no mundo de língua alemã apresentava barreiras à presença de judeus nos seus quadros, haja vista a luta de Freud para entrar na universidade de Viena. Simmel conviveu com outros sociólogos como Weber e Tonnies e participou da Sociedade Alemã de Sociologia.

A vida cultural de Berlim e de Viena na virada do século e nos anos anteriores à guerra de 1914 era bastante rica e desafiadora do ponto de vista das experiências culturais e artísticas. Assim Simmel vai analisar a modernidade tomando exemplos no campo da arte, em especial do expressionismo, movimento artístico alemão.

Em sua análise da modernidade, o autor privilegia, como outros sociólogos e pensadores, a crença no valor do indivíduo como seu traço principal. Ele vai dar atenção a dois tipos: o indivíduo quantitativo, cujo traço é a igualdade, e o indivíduo qualitativo, marcado pela originalidade.

"Aceleração do tempo histórico", "revolução na sensibilidade" são expressões que se referem às transformações em curso e que são objetivamente percebidas pela modernização dos meios de transporte e de comunicação. Por outro lado, o avanço da divisão do trabalho e do desenvolvimento da tecnologia assim como do racionalismo burocrático ameaçam o indivíduo, criam uma oposição entre a objetividade da burocracia e a subjetividade do carisma do sujeito criador, temas estes presentes na obra de Weber.

Simmel tem como foco de análise a relação entre a vida social e a vida psíquica, entre a vida urbana e a personalidade dos indivíduos. Trata de questões de personalidade social assim como da moda, da psicologia feminina, do segredo, da situação de ser estrangeiro. Influenciou R. Park, L. Wirth, G. Luckas, K. Mannheim, W. Benjamim, T. Adorno, para citar alguns nomes conhecidos.

Simmel desenvolve seu trabalho de análise sociológica acompanhando as transformações de Berlim no final do século XIX e início do XX. Seu olhar privilegiou o dia a dia, as pequenas manifestações na vida urbana, as diferentes formas de interação que configuram a vida e o indivíduo moderno. Em seu famoso artigo "A metrópole e a vida mental" (2001) [1903], investigou situações da vida urbana e suas consequências na vida psíquica. Observa o que seria novo e moderno presente na cidade apelando para as representações mentais, para os modos de percepção e para a experiência vivida dos sujeitos. A convivência do indivíduo com diversos outros indivíduos e estilos de vida na cidade o expõe a novas experiências sensoriais. Observa, assim, as interações entre a vivência na metrópole que faz crescer o individualismo e a impessoalidade e a dimensão subjetiva da experiência humana. Diante de sensações fragmentadas da vida na metrópole, da convivência de diversos estilos de vida, o indivíduo vai criar uma barreira como forma de defesa às ameaças, vai adotar uma indiferença, o que chama de atitude *blasée*.

No seu artigo aqui mencionado, "A metrópole e a vida do espírito", Simmel fala da liberdade do homem e da individualidade em sua resistência à uniformização e à submissão. Olhando a vida moderna contemporânea, se pergunta: como analisar a ação da estrutura social sobre o indivíduo? Como a personalidade se ajusta aos fatores externos? Observa a ruptura que se opera na metrópole por comparação à vida na pequena cidade e assim identifica o contraste entre perfis psicológicos da pequena localidade e da metrópole.

O autor vai então explorar diferentes formas de socialização do homem do interior na cidade pequena e do homem cosmopolita na metrópole. O homem da pequena localidade é marcado por sentimentos familiares. Na cidade pequena predomina o grupo pequeno e fechado, uma forte coesão interna que deixa pequeno espaço para inovações e para o desenvolvimento dos atributos individuais. O parentesco, clubes e associações religiosas fundamentam a vida social.

A metrópole torna mais intensa a vida emocional do indivíduo. O crescimento da riqueza, das relações econômicas e pessoais produz tais mudanças. A metrópole desenvolve a multiplicidade e a concentração de atividades, a economia monetária e o domínio do intelecto. Demanda uma atitude pragmática sustentada pela justiça formal onde não há pessoas, há indivíduos. O espírito moderno é calculista, é avaliador, suas diversas atividades devem estar organizadas e coordenadas, marcadas pela pontualidade e pela impessoalidade. Há assim tendências mentais típicas diferenciadas entre a pequena cidade e a metrópole.

O homem das metrópoles, por contraponto ao da pequena cidade, passa a ser marcado pelo racional e tem que desenvolver uma "capa" protetora. Na metrópole moderna a resposta do indivíduo passa a ser a atitude *blasée* diante da incapacidade de reagir a todos os novos estímulos que se apresentam. A metrópole se apresenta assim como o cenário privilegiado da atitude *blasée* que, ao mesmo tempo que o protege, abre a possibilidade de sua adaptação.

O aumento da quantidade de estímulos leva, como já foi mencionado, a seu oposto, à atitude de reserva, ao estranhamento. Na metrópole as qualidades valorizadas são as excentricidades, o se fazer diferente, o se fazer notar. "Os indivíduos, que haviam se libertado dos seus vínculos históricos, procuravam agora distinguir-se uns dos outros", diz o autor.

Sintetizando as contribuições de Simmel, podemos sublinhar suas assertivas. O mundo moderno marcado pelos avanços tecnológicos e pela racionalização da vida fez o cotidiano ficar ao mesmo tempo mais simples e mais complexo. Para viver nas grandes cidades, foi necessário criar diversos códigos que tornam possíveis múltiplas atividades e múltiplas relações sociais. Para lidar com tal número e diversidade de estímulos, o homem da cidade, o indivíduo teve que desenvolver um comportamento diverso daquele da cidade pequena. Precisou se fechar, manter uma reserva diante de tantos estímulos. Aprendeu a se tornar indiferente àquilo que não faz parte do seu mundo particular. À pluralidade de experiências se soma o anonimato nas interações. Assim, a quantidade de informações disponíveis só cresce e a capacidade de absorção diminui.

Quem nasceu e viveu em uma cidade pequena do interior e migrou para uma metrópole como o Rio Janeiro ou São Paulo, entende perfeitamente o que o autor está descrevendo, já que vivenciou o choque entre esses dois mundos. Saber que não somos vigiados por nossos vizinhos e conhecidos, como acontece na vida da pequena cidade, amplia nossos horizontes e, por outro lado, no mundo anônimo da grande cidade, passamos a desenvolver o medo de não sermos socorridos diante de uma emergência na rua, por exemplo. A multidão de indivíduos iguais e anônimos nas ruas produz a vivência, a sensação de solidão. Sobre tal tema vale aqui lembrar Ortega y Gasset, autor espanhol que foi aluno de Simmel em Berlim e escreveu o famoso livro *A rebelião das massas*, publicado em 1926.

Há, por assim dizer, uma corrente germânica que passa por Weber, Sombart, Engels, Simmel, Tonnies, entre outros, e que conforma uma linhagem de análise sobre a cidade. Tal linhagem vai ter influência no pensamento sobre a cidade nos Estados Unidos. A sociologia de Simmel influenciou Robert Park, que foi seu estudante em Berlim, e se fez presente na obra de seu aluno Louis Wirth, membros do que veio a ser chamada Escola Sociológica de Chicago.

A sociologia norte-americana esteve em sua origem marcada por acadêmicos de origens religiosas. Os problemas sociais, mais do que teorias, tiveram importância nos estudos e pesquisas da vida social. Foram influenciados por movimentos humanitários, pela filantropia e por reformas sociais. A universidade incorpora tais movimentos e vai ter uma forte conexão com a sociologia que estava se desenvolvendo na Alemanha.

Louis Wirth (1897-1953) é judeu, nasceu em um povoado na Alemanha no final de século XIX, migra com sua família para os Estados Unidos e vai se tornar eminente sociólogo na Universidade de Chicago. Em seu famoso artigo "O urbanismo como modo de vida", publicado originalmente no *American Journal of Sociology* (v. 44, n. 1, 1938), quer diferenciar urbanismo e capitalismo industrial, quer separar as relações de interação urbana da monetarização da economia. Quer que seu objeto de análise seja realçado, seja diferenciado. Wirth também confronta cidade e campo considerando a cidade como universo cultural aberto, enquanto a *folk society* seria um universo fechado.

Como Wirth define a cidade? Vai responder a questão considerando o efeito combinado de três características ou coordenadas sociológicas — a dimensão (demográfica), a densidade (das relações e contratos) e a heterogeneidade (de tipos sociais) — sobre o espaço urbano. A dimensão demográfica potencia a autonomia, assim como o anonimato e a perda de sentido de participação que pode levar à anomia e ao vazio social. A densidade das relações potencializa o espírito de competição, mas também a tolerância. Já a heterogeneidade de tipos sociais instiga a necessidade de delegação de interesse e o cosmopolitismo, o que gera insegurança e confere à vida urbana um sentido de imprevisibilidade.

O autor vai primeiro tentar diferenciar o que marca a visão sociológica: o grau de "urbanidade" não seria mensurável apenas pelo número de pessoas que vivem nas cidades, mas sim pela influência que a cidade exerce na vida social do homem.

É preciso produzir uma definição sociológica da cidade, já que definir o objeto é diferenciá-lo. Qual é a natureza do urbanismo e do processo de urbanização? A dimensão estatística não pode ser o critério único. A cidade exerce uma influência que transborda seu território ou fronteiras administrativas. A preponderância da cidade, principalmente das grandes metrópoles, se faz presente na elevada concentração de instalações e atividades industriais, comerciais e administrativas, existência de vias de transporte e linhas de comunicação, equipamentos culturais (jornais, rádios, teatro, bibliotecas, museus, editoras, associações). Mas não é só a densidade que tipifica o modo de vida urbano; como exemplo, vale citar os centros da cidade, locais de intensa vida urbana mas de baixa densidade. Urbanização é um processo pelo qual as pessoas são atraídas a um lugar e incorporadas ao seu sistema de vida que tem características típicas.

Em Wirth, as principais coordenadas do modo de vida urbano conformam diferentes tipos de cidade; sua análise assim opera em um plano universalizante sem se ocupar diretamente com os casos empíricos. Segundo o autor, há características comuns e diferenciadas, ou seja, há diferentes tipos de cidade. O urbanismo é definido como complexo de traços que configuram o modo de vida típico da cidade. Enquanto a urbanização vai ser compreendida como o desenvolvimento destes fatores, e seu caso mais avançado será a metrópole. E a cidade passa a ser definida como agregado relativamente extenso, denso e estável de indivíduos socialmente heterogêneos. Sua emergência depende da moderna tecnologia industrial, da produção em massa e da empresa capitalista.

A teoria do urbanismo, do ponto de vista sociológico, envolve tratar a cidade como ente social. Segundo Wirth, há formulações teóricas sobre o crescimento das cidades e há estudos empíricos sobre aspectos particulares, mas ainda faltam formulações mais completas sobre o comportamento humano no meio urbano. É necessário identificar as formas de ação e organização social que emergem em agregados permanentes e compactos formados por grande número de indivíduos heterogêneos.

Vamos retomar algumas análises de Wirth levando em conta as coordenadas assumidas por ele na análise da cidade.

No item densidade, o autor vai dizer que população da cidade "não" se reproduz, daí ser necessário recrutar novos habitantes no campo, em outras cidades e noutros países. Isto é o que está acontecendo naquele momento com a chegada de grande quantidade de imigrantes às cidades das Américas. Assim, a cidade se torna o lugar onde se fundem raças, povos e culturas, formando híbridos biológicos e culturais. A cidade junta povos diferentes, já que são úteis uns aos outros e não porque sejam homogêneos.

O grande número de habitantes afeta as relações sociais e a natureza da cidade. O grande número implica maior leque de diferenciação individual (traços pessoais, profissões, vida cultural). O crescimento das cidades, segundo Wirth, não apaga os tipos de associações anteriores (*folk society*). Passa então a confrontar as distinções entre a vida social na cidade e no campo ou na comunidade. Na cidade: competição, mecanismos formais de controle, multiplicação de interação, segmentação das relações, contatos secundários — impessoais, superficiais, transitórios e segmentados. Na comunidade: solidariedade advinda das relações de parentesco e de vizinhança, contatos primários com controle pessoal e emocional. As relações sociais na cidade são caracterizadas pela superficialidade, anonimato e transitoriedade. Ganha-se autonomia e liberdade.

Ainda sobre a densidade, Wirth considera que o aumento do número de elementos em determinada área tende a produzir diferenciação e especialização. A densidade tem efeito sobre a diferenciação dos homens e sobre o grau de complexidade da estrutura social. Vale lembrar que tal questão foi também tratada pelo sociólogo francês Émile Durkheim em seu livro *Da divisão do trabalho social*, publicado originalmente em 1893, onde aborda a constituição de dois tipos de solidariedade: a mecânica e a orgânica.

Cada cidade deve ser vista como mosaico de mundos sociais. Tal tratamento leva ao desenvolvimento da perspectiva relativista que produziria tolerância face à diferença. Tal perspectiva se faz presente na ideia de *melting pot* do universo cultural norte-americano. Por outro lado, o contato estreito sem laços emocionais produz competição que demanda mecanismos formais de controle, ou seja, torna necessária forte adesão a rotinas previsíveis.

Sobre o papel da heterogeneidade, Wirth vai ressaltar a utilidade da presença de diferentes. O contato necessário tende a flexibilizar as fronteiras entre os grupos sociais mais fechados, como as castas, o que leva a complexificar a estrutura de classe. O quadro de estratificação social na cidade se torna mais diferenciado. Há maior flutuação entre diferentes grupos sociais. O indivíduo com diversos interesses torna-se membro de diferentes grupos que se especificam pelo local de residência, local e perfil de emprego, entre outros. Como a luta pelo espaço é intensa, cada espaço tende a ser reservado a atividades que produzem melhores resultados econômicos, ou seja, aquelas mais bem adaptadas. Assim, diferentes zonas da cidade tendem a adquirir funções especializadas. Uma população altamente diferenciada produz também nivelamento social, padronização. O apelo às massas pelas modernas técnicas de propaganda coroa tal vida social (Wirth, 2001:58).

Segundo o autor, fenômenos complexos podem ser analisados usando o número limitado de categorias que passam a comandar a investigação empírica dos problemas e processos. Assim, diz Wirth, dimensão, densidade e grau de heterogeneidade podem explicar as características da vida urbana e explicar cidades de natureza e dimensões variadas.

O urbanismo depende de uma estrutura física, também denominada pelo autor como perspectiva ecológica (número e densidade de equipamentos, de organizações, de serviços — indicadores). Fatores de seleção e de diferenciação se fazem presentes (percentual de pessoas no apogeu da vida, grande número de mulheres e de estrangeiros, de negros, ou seja, idade, sexo, raça e origem étnica confirmam a heterogeneidade). Segundo Wirth, nunca se encontraram em contato físico tão estreito tantas pessoas tão diversas como nas cidades de hoje. Pode-se discutir tal afirmação — o contato físico estreito —, já que os diferentes se organizam em espaços delimitados definindo a existência de guetos no espaço das cidades norte-americanas.

A vida urbana é caracterizada como um sistema de organização social, com a substituição das relações primárias por relações secundárias, e, por fim, por um conjunto de atitudes e ideias que moldam a personalidade urbana vinculada ao comportamento coletivo, o que envolve também normas de controle específicas. Assim, ante o individualismo reinante, surgem associações, organizações voluntárias para garantir apoio às personalidades. As dificuldades em se manter a integridade das personalidades geram desordem mental, suicídio, delinquência, crime, corrupção. As massas tendem a estar sujeitas à manipulação, o que interfere na vida política.

Com a teoria funcional do urbanismo, a sociologia de Louis Wirth desenvolve um corpo coerente de conhecimentos para compreender problemas e, se possível, dar soluções. Tal construção marcou profundamente a sociologia norte-americana e todas as outras que foram influenciadas por ela.

Desde a Primeira Guerra até meados de 1930, o Departamento de Sociologia da Universidade de Chicago deu o tom geral das pesquisas, publicou a mais importante revista e formou a maioria dos sociólogos norte-americanos. O departamento, criado em 1892 por Albion Small, seguia (como outros) a tradição alemã, mas conviveu com outros fatores contingentes. A profunda conexão entre pesquisa e vida social, com as transformações da cidade de Chicago tomadas como objeto de análise, como base empírica para a produção de um saber sociológico nos Estados Unidos, se difundiu por outros lugares do mundo sob tal influência.

Chicago era quase uma aldeia indígena em 1839 e se torna a segunda cidade do país em 1893, ou seja, foi o caso histórico de transformação de fronteira a metrópole em apenas 50 anos. Era mosaico de imigrações recentes e se tornou laboratório para sociólogos pela variedade da vida urbana e pelos impulsos reformadores.

Outro pai fundador da sociologia norte-americana, Robert E. Park (1864-1944) entrou na nova Universidade de Chicago em 1913 e se aposentou em 1933.

Jornalista, com mestrado em filosofia em Harvard, doutorado na Alemanha, era marcado pela experiência urbana e pelas relações raciais, seus dois grandes temas de pesquisa. Vai tentar convencer os alunos a estudar tais fenômenos. Sua sociologia considera que a vida social é regida por quatro processos sociais: competição, conflito, acomodação e assimilação, ou seja, por competição e solidariedade. Tais conceitos são passíveis de guiar o trabalho empírico.

Em seu artigo "A cidade como laboratório social" (2018) [1929], Park vai reafirmar que a cidade é o habitat do homem civilizado, onde ele desenvolveu a filosofia e a ciência. Ou seja, ali a humanidade conquistou características que a distinguem dos animais e do homem primitivo. E faz a relevante consideração:

> Mas, se a cidade é o mundo que o homem criou, é também o mundo em que ele, a partir de então, está condenado a viver. Assim, indiretamente, e sem qualquer sentido claro da natureza de sua tarefa, ao fazer a cidade, o homem se refez.
> É isso que nos permite pensar a cidade como um laboratório social. [Park, 2018:93]

Park e seus alunos criaram as marcas do que ficou conhecido como a "Escola Sociológica de Chicago" e que influenciou a sociologia em muitos locais, inclusive no Brasil. Foi um aluno seu, Donald Pierson, que veio fundar em 1934 a chamada Escola Livre de Sociologia em São Paulo, que segue tal orientação. Sobre a importância da Escola de Chicago entre nós, ver o livro organizado por Licia Valadares *A Escola de Chicago. Impacto de uma tradição no Brasil e na França* (2005a), assim como o livro *A sociologia urbana de Robert E. Park* (2018), organizado pela autora reunindo alguns artigos de Park, entre eles "A cidade como laboratório social" (2018) [1929].

A socióloga Licia Valadares é uma das mais importantes pesquisadoras das transformações urbanas e das favelas cariocas. Participou de importante grupo de estudos do tema junto com Luiz Antonio Machado da Silva. Quero aqui destacar sua obra *A invenção da favela: do mito de origem a favela.com* (2005b). Foi também a criadora de um banco de dados sobre o Brasil urbano, o UrbanData-Brasil, atualmente sob a coordenação de Bianca Freire-Medeiros. Sobre seu percurso, ver o depoimento prestado por ela ao CPDOC (Freire e Oliveira, 2008:157-187)

Contemporâneo a Louis Wirth, está Walter Benjamin (1892-1940), que adota uma perspectiva de análise distinta desta linha que marcou a sociologia norte-americana. Ligado à chamada Escola de Frankfurt, voltada para a análise da indústria cultural e a cultura de massa. Sua obra fica entre a filosofia, a literatura e a sociologia. Seu estilo é mais fragmentado, fazendo uso de alegorias e de muitas imagens literárias.

Benjamim, ao visitar Paris em 1927, se interessa pelo novo tipo de arquitetura urbana — as passagens — que em português ganha maior compreensão com o uso do termo "galeria". Seu texto original a respeito do assunto permanece como anotações. Quando ele se exila em Paris em 1935, muda o eixo do projeto e adota uma perspectiva mais ampla voltada para compreender os mecanismos estruturantes da modernidade a partir de Paris. O autor vai compreender Paris como a capital do século XIX e passa a eleger a cidade como o palco onde se encena o drama da modernidade (Ortiz, 2000). De Paris toma pequenos objetos — o traçado e o nome das ruas, como as pessoas se vestem, comem e vivem —, como se a cidade oferecesse "o mundo em miniatura". Em seus fragmentos, escritos entre 1934 e 1939, observa o cotidiano — as transformações no comércio, do transporte urbano, a publicidade, as estações de trem, entre outros aspectos do dia a dia — e desta forma o autor se torna um decifrador do estilo de vida e dos personagens da metrópole. Faz por assim dizer um "catálogo temático" da vida urbana de Paris.

As relações sociais captadas pela vida cotidiana foram sempre exploradas por literatos, jornalistas, fotógrafos e críticos de arte, mas tal procedimento escapa dos procedimentos acadêmicos de abordagem da vida social das ciências sociais tradicionais, já que privilegia fatos e eventos cotidianos considerados mesmo irrelevantes. Em Benjamin, ao contrário, são os fragmentos da vida social que passam a ser considerados de máximo interesse, já que se apresentam como meio de acesso ao mundo e ao espírito de uma época.

Os habitantes da metrópole, seus fluxos, as galerias e os *grands-magazins*, os homens-sanduíche e os autômatos, o jogo e a prostituição, a fotografia e o ócio, a propaganda, a alma, o negócio estão presentes no texto *Paris, capital do século XIX*.

Paris, capital do século XIX é obra inacabada, foi publicada após sua morte em 1940. Walter Benjamin considera o *flâneur* a melhor expressão do ritmo e do estilo de vida urbano e vê Paris como a capital do século XIX, símbolo da modernidade. Com o Império de Luis Napoleão III e a gestão de Haussmann na prefeitura, a cidade de Paris se transforma de uma vila medieval em moderna metrópole.

A cidade vai ser redesenhada, assim como será redesenhada a sociedade, que se transforma em nome de princípios como organização, harmonia e racionalidade. As inovações tecnológicas transformam a vida social, os valores, a cultura, e tudo aquilo que expressa as invenções daquele tempo está configurado em suas anotações. Ali se apresenta, como já foi mencionado, um "mundo em miniatura".

Em cada subitem do texto "Paris, capital do século XIX", Benjamin expõe um ângulo do processo de transformação associando-o a um nome, a saber: Fourier ou as passagens ou galerias; Daguerre ou os panoramas; Grandville ou as exposições universais; Luiz Felipe ou o interior; Baudelaire ou as ruas; Haussmann ou as barricadas.

Vamos explorar um pouco mais como Walter Benjamin apresenta cada um destes fragmentos da vida da cidade.

No caso de Fourrier ou as galerias, Benjamin vai destacar a utilização do ferro na construção, já que este é o primeiro material artificial de construção. Foi isto que permitiu a criação de grandes vãos capazes de expor enorme volume de mercadorias e de abrigar multidões. As vigas de ferro usadas nos trilhos, nos vagões e locomotivas dos trens passam a ser usadas nas exposições, nas estações de trem, nas galerias. Estas são espaços cobertos em forma de corredor com teto envidraçado que atravessam blocos de edifícios. Em ambos os lados, se localizam lojas elegantes iluminadas pela luz solar e pela iluminação a gás. As galerias que garantiam o fim do isolamento no interior da cidade passam a partir de então a ser sentidas como sufocantes.

Em Daguerre ou os panoramas, ele considera que, assim como a construção em ferro faz a arquitetura se afastar da escola de belas-artes e se aproximar mais da engenharia, a pintura vai se emancipar dos panoramas que tiveram grande divulgação com as galerias.

O panorama, quadro pintado em tela cilíndrica que deve ser observado a partir do centro, oferece um ponto de perspectiva para olhar a cidade ou a paisagem e deveria ser pintado com absoluta fidelidade possível ao mundo real. À medida que os meios de transporte se desenvolvem, a pintura como meio de informação deixa de ser relevante e em seu lugar ganha relevância a fotografia e, mais adiante, o filme.

Com Grandville ou as exposições universais, lembra que tais exposições universais foram precedidas pelas exposições industriais nacionais. A realização destas estava voltada para a classe trabalhadora, que seria sua clientela. Nas exposições nacionais a festa popular seria uma festa de emancipação e também de diversão, viabilizada pelos primórdios da indústria do entretenimento.

As exposições universais são o universo das mercadorias. O próprio universo assume o caráter de mercadoria. Se os seguidores de Saint-Simon projetam a industrialização do planeta, as exposições universais expressam o império do longo domínio do capital, aquele mesmo que constrói as estradas de ferro.

As exposições inauguram uma "fantasmagoria", ou seja, uma utopia. Nelas, o indivíduo se abandona às manipulações da indústria do entretenimento pelo prazer que retira da alienação que ela lhe proporciona.

Em Louis Filipe ou os interiores, Benjamin vai registrar o reinado de Louis Felipe como recebendo total apoio da classe dominante. O lugar em que vive e o local de trabalho do "indivíduo particular" passam então a estar em oposição. No escritório está o espaço da realidade e na casa, seu contraponto, se concentra o seu interior onde se mantêm as ilusões. Para o autor "a sua sala de estar é o camarote no teatro do mundo" (Benjamin, 2001:73).

Em Baudelaire ou as ruas de Paris, Benjamin vai dizer que na poesia de Baudelaire se entrelaçam as imagens da mulher, da morte e de Paris. A cidade é vista pelo olhar do homem alienado. É o *flâneur* que disfarça a angústia do habitante da cidade. O *flâneur* que se encontra no limiar da cidade e da classe burguesa. Não se sente à vontade em nenhuma das duas e daí se refugia na multidão.

A camada intelectual da população acaba também por se render ao mercado e se constitui em um estrato particular — a boemia, camada na qual é favorecido o surgimento dos conspiradores profissionais. A poesia de Baudelaire retira sua força do sentimento de rebeldia próprio deste grupo.

Por fim, em Haussmann ou as barricadas, vai fazer uma leitura muito crítica da reforma empreendida por Haussmann em Paris. Ruas longas e alinhadas em fileiras, o enquadramento, marcam tal reforma de Paris. Sua realização pretendeu enobrecer necessidades técnicas como pseudofinalidades artísticas; entretanto, tais transformações favoreceram, sobretudo, o capital financeiro, aquele que permite a especulação resultante das expropriações realizadas pelo prefeito. O proletariado vai sendo empurrado para os subúrbios. Os quarteirões do centro de Paris perdem sua fisionomia particular.

Sua verdadeira finalidade seria impedir, tornar impossível a construção de barricadas, ou seja, visam proteger a cidade contra a guerra civil. Mas

Benjamin registra: "A barricada é ressuscitada pela Comuna [...] Graças à Comuna, dissipa-se a ilusão de que a tarefa da revolução do proletariado era complementar, em estreita colaboração com a burguesia, a obra de 1789" (Benjamin, 2001:76).

Os pontos centrais de sua análise podem ser assim compreendidos. Os novos meios de transporte e de comunicação na cidade moderna expressam uma nova concepção de tempo, possibilitam sensações fragmentadas, abrem espaço para diversos estilos de vida e levam o indivíduo que habita a metrópole a adotar uma nova atitude. Entre os personagens capazes de expressar a experiência urbana, a figura do *flâneur* é central para Benjamin. É aquele que passeia, que vaga sem destino, que caminha pela cidade experimentando diferentes sensações e que não se fixa em nada. É o "andarilho urbano", participa e observa a dinâmica da cidade. É capaz de decodificar a modernidade como ator e espectador que percebe e descreve o mundo urbano. Ele atua com um distanciamento necessário para exercer a arte da observação.

A atitude do *flâneur* o aproxima de outra figura, o boêmio, indivíduo que não se encaixa em um só lugar ou profissão, que valoriza a individualidade e que se situa à margem da sociedade e em oposição aos valores dominantes. O *flâneur* se assemelha ao boêmio por sua mobilidade e por não pertencer a nenhum lugar. O universo da boemia em Paris é representado por literatos, teatrólogos, pintores, por todos aqueles que valorizam a individualidade e que recusam os valores rígidos da vida burguesa e das instituições tradicionais.

Por outro lado, o caminhar pela cidade tomada como labirinto, seu olhar e sua capacidade de descrição fazem dele uma espécie de investigador, já que ambos — o *flâneur* e o investigador — querem revelar o que se esconde por detrás da realidade aparente. O nascimento do romance policial é fruto da mesma conjuntura urbana e, no caso do investigador, pela busca das explicações racionais para o crime, como nos diz Renato Ortiz (2000:12).

O indivíduo que se move na moderna metrópole, que adota uma atitude de observação e de distanciamento como o *flâneur*, acaba por se modificar na cidade burguesa que vai privilegiar o trabalho, o negócio, não o ócio. A integração do indivíduo à multidão faz com que ele perca então seus traços de singularidade e torne-se parte de um aglomerado, de uma multidão homogênea, de um todo que garante o anonimato. A multidão passa a ser inimiga da diversidade. Tal tema também foi trabalhado por Gustave Le Bon e Gabriel Tarde.

Os indivíduos, no processo de consolidação do capitalismo, se fundem a um mesmo padrão, se reduzem a um mesmo denominador comum e se transformam em mercadoria, em massa. Ante tal processo, Benjamin recria uma interpretação guiada por um viés marxista, fruto da influência de Adorno e outros membros de Escola de Frankfurt em seu pensamento. O fetiche da mercadoria, a fantasmagoria do espaço com o *flâneur*, a fantasmagoria do tempo com o jogador, a fantasmagoria das multidões são alguns conceitos que orientam sua interpretação do que estava em curso na Paris do fim do século XIX e início do XX.

Fez parte de sua obra o impacto da industrialização sobre a vida social registrando as implicações das técnicas de produção em larga escala sobre as artes e a imprensa, que passam a ter como critério serem capazes de alcançar o grande público. Seu artigo "A obra de arte na era de sua reprodutibilidade técnica", publicado em 1936 (1987), trata de tais questões — a destruição do caráter de autenticidade e a "perda da aura" da obra de arte. A difusão maciça avança em um processo que culmina na consagração do cinema, da publicidade, da fotografia, da valorização da visualidade como emblemático da modernidade.

Esteve ligado à chamada Escola de Frankfurt e centra sua atenção em formular questões relativas às dimensões culturais do capitalismo. Daí os conceitos de indústria cultural, de cultura de massas, do autoritarismo do mercado, que estão presentes na obra de Benjamin ainda de forma precursora, vão integrar a agenda de Theodor Adorno e de outras figuras da Escola de Frankfurt apenas quando eles migram para os Estados Unidos onde a publicidade, o cinema, o rádio e, mais adiante, a televisão são parte intrínseca e dominante da vida cultural daquele país.

Vamos mencionar, a título de ilustração, como outro autor alemão, a bem da verdade, um literato judeu austríaco, fala da vida social em Viena nos anos anteriores à guerra de 1914 em sua autobiografia. Trata-se de Stefan Zweig (2014).

No capítulo "O mundo da segurança", o autor menciona a estabilidade e segurança vivenciadas em Viena antes da Primeira Guerra Mundial. Diz ele: "Tudo na nossa monarquia austríaca quase milenar parecia estar fundamentado na perenidade, e o próprio Estado parecia ser o avalista supremo dessa estabilidade" (Zweig, 2014:19). "Por sua tradição secular, Viena era uma cidade nitidamente ordenada e, como já escrevi, maravilhosamente orquestrada. A batuta ainda cabia à casa imperial." O castelo imperial era o centro da supranacionalidade da monarquia, que se expressava não apenas no sentido espacial, mas também no cultural.

> Em torno do castelo, os palácios da alta nobreza austríaca, polonesa, tcheca, húngara formavam, por assim dizer, a segunda muralha. Depois vinha a "boa sociedade", constituída da pequena nobreza, dos altos funcionários, dos industriais e das "famílias antigas", e, abaixo dela, a pequena-burguesia e o proletariado. [Zweig, 2014:33]

Cada uma das camadas vivia na sua esfera e espaço... todos, porém, se encontravam no teatro e nas grandes festividades. "Tudo em Viena virava motivo de festa" (Zweig, 2014:34). Isto, a supervalorização dos acontecimentos artísticos, se traduzia por um respeito incomum por qualquer acontecimento artístico, principalmente pelo teatro e pela música. A Ópera de Viena e a Orquestra Filarmônica eram apreciadas e avaliadas pelos vienenses que comungavam o amor pela cultura artística. Pobres e ricos, tchecos e alemães, judeus e cristãos conviviam pacificamente apesar de ocasionais rixas... E continua o autor: "O século em que nasci e fui educado [...] era um mundo ordenado, com camadas nítidas e transições suaves, um mundo sem pressa" (Zweig, 2014:49). Os adultos de sua infância eram gordos, andavam devagar, falavam pausadamente...

> a precipitação não era tida apenas como deselegante; de fato, era desnecessária, pois nesse mundo burguesmente estabilizado [...] nunca acontecia algo de repentino; as catástrofes que ocorriam lá fora, na periferia do mundo, não penetravam pelas paredes bem-revestidas da vida "segura". [Zweig, 2014:40]

Maravilhosa descrição do que seja o mundo estável, seguro, que apresenta um padrão de relação social fixo na capital do Império Austro-Húngaro e que, de alguma maneira, corresponde à da vida da pequena cidade segundo a sociologia de Simmel.

Simmel, Wirth e Benjamim são, cada um à sua maneira, leitores da modernidade, estudam a realidade social da nova perspectiva sociológica, a de interpretar a vida do indivíduo a partir da vida social. Simmel e Benjamim tomam ambos enfoques inéditos — as transformações nas ruas, nas massas, na arquitetura das metrópoles, nas percepções de espaço e de tempo tomados como reações psicológicas dos habitantes da cidade no fim do século XIX e início do XX. Eles foram sobretudo analistas do cotidiano. Wirth vai construir categorias mais abstratas para a classificação e o reconhecimento das transformações na vida social das cidades.

Os três são matrizes de diferentes leituras sociológicas da cidade e da cultura urbana moderna. Cada um deles escreveu sobre a metrópole de modo particular. No caso de Benjamin, segundo Bole, organizador do livro *Passagens* (2007), ele, ao fazer uma síntese de múltiplas citações extraídas de inúmeros livros, acaba por produzir o que prefigura um "hipertexto". Muito já se passou e os saberes a respeito de tais temas ganharam trajetórias particulares levando a uma diferenciação entre urbanismo e cultura urbana.

De qualquer modo, ainda hoje se coloca a questão de se buscar significados para explicar, para compreender a experiência de se viver em cidades. Observar, andar, desenhar são algumas das estratégias usadas para se conhecer, para acessar a cidade prestando atenção ao cotidiano.

Hoje, a cidade é tratada como real e como representacional, como texto e contexto, como ética e estética, como espaço e como tempo, como nos diz o sociólogo português Carlos Fortuna (1997). E "a cidade se torna alegoria da sociedade", como anteviu Robert Park em texto de 1915 onde defendia que a cidade deveria se tornar o laboratório de análise da natureza humana, já que mostraria os processos evolutivos com seus equilíbrios e tensões. Park parte da suposição que não há nada de relevante para além da cidade e que, com a globalização, elas se uniformizariam. Isto não foi necessariamente o que está acontecendo.

Haveria equivalência entre cidade e sociedade? Sim e não. Há a suposição de que o que acontece nela é o importante. E que, como já foi mencionado, a globalização uniformizaria as cidades. Elas se tornam homogêneas ou, ao contrário, ela se diversificam? Com a expansão da cidade e da cultura urbana, em vez de homogêneas, elas se distinguem e se diversificam. Diante da globalização, a cidade responde com o reforço de sua autonomia.

Agora, reconceituada como espaço fragmentado e disputado por diversos campos de análises, a cidade apresenta novos objetos empíricos — natureza de seus edifícios, monumentos, praças e patrimônios que constituem novos marcadores. Nos dias de hoje, aumenta a população urbana, aumenta o número de megacidades, ¾ da população mundial é urbana. As cidades, por outro lado, crescem mais em países africanos e asiáticos, o que nos indica a vigência de uma geografia da urbanização.

A sociologia contemporânea, como nos diz o sociólogo português Carlos Fortuna, continua confirmando tal interpretação — a sociologia vem tratando a cidade, pelo menos por dois séculos, ao observar os aglomerados urbanos, valorizando a variável demográfica, produzindo uma geografia da urbanização. A cidade como espaço predominante das relações sociais continua sendo considerada o berço de novos grupos, de novas formas de organização e também de conflitos sociais. Assim, por um lado, no seu espaço há homogeneização, por outro, há também diferenciação, ou seja, agregação e desagregação.

Vejamos no próximo capítulo como o pensamento ocidental lidou com as diversas perspectivas adotadas em relação à cidade desde o Renascimento.

Referências

BAUMAN, Zygmund. *Confiança e medo na cidade*. Rio de Janeiro: Jorge Zahar, 2009.

BECKER, Howard. Conferência: a Escola de Chicago. *Mana* — Estudos de Antropologia Social, Rio de Janeiro, v. 2, n. 22, 1996, p. 177-180.

BENJAMIN, Walter. *Obras escolhidas*. Vol. 1. Magia e Técnica, Arte e Política. São Paulo: Brasiliense (5ª ed.) 1987, p. 165-196.

_____. Paris, capital do século XIX. In: FORTUNA, Carlos (Org.). *Cidade, cultura e globalização*. Lisboa: Celta, 2001, p. 67-80 [1935].

_____. *Passagens*. Organização de Willi Bole. Belo Horizonte: UFMG; São Paulo: Imesp, 2007 [1935].

BOMENY, Helena; FREIRE-MEDEIROS, Bianca (Coord.). *Tempos modernos, tempos de sociologia*. São Paulo: Editora do Brasil, 2010.

FORTUNA, Carlos. As cidades e as identidades. Narrativas, patrimônios e memórias. *Revista Brasileira de Ciências Sociais*, São Paulo, v. 12, n. 33, fev. 1997, p. 127-141.

_____. Introdução: sociologia, cultura urbana e globalização. In: _____. *Cidade, cultura e globalização*. Lisboa: Celta, 2001, p. 1-28.

FREIRE, Américo; OLIVEIRA, Lucia Lippi (Org.) Novas memórias do urbanismo carioca. Rio de Janeiro: Fundação Getulio Vargas, 2008, p. 157-187.

KOTHE, Flávio (Org.). *Walter Benjamin*. São Paulo: Ática, 1985 (Coleção Sociologia).

ORTIZ, Renato. Walter Benjamin e Paris: individualidade e trabalho intelectual. *Tempo Social*, Revista de Sociologia da USP, São Paulo, v. 12, n. 1, mai. 2000, p. 11-28.

PARK, Robert E. A cidade como laboratório social. In: VALLADARES, Licia do Prado (Org.). *A sociologia urbana de Robert E. Park*. Rio de Janeiro: UFRJ, 2018, p. 93-108 [publicado originalmente em SMITH, T. V.; WHITE, L. (Org.). *Chicago*: an experiment in social science research. Chicago: Universidade de Chicago, 1929].

SEVCENKO, Nicolau. Introdução. In: _____ (Org.). *História da vida privada no Brasil*. São Paulo: Companhia das Letras, v. 3, 1988.

SIMMEL, Georg. A metrópole e a vida do espírito. In: FORTUNA, Carlos (Org.). *Cidade, cultura e globalização*. Lisboa: Celta, 2001 [1903]. Publicado no Brasil sob o título de "A metrópole e a vida mental" em *O fenômeno urbano*. Rio de Janeiro: Zahar, 1967, e republicado em *Mana* — Estudos de Antropologia Social, Rio de Janeiro, v. 11, n. 2, 2005, p. 577-591.

VALADARES, Licia (Org.). *A Escola de Chicago*. Impacto de uma tradição no Brasil e na França. Belo Horizonte: UFMG, 2005a.

_____. *A invenção da favela*: do mito de origem a favela.com. Rio de Janeiro: FGV, 2005b.

WAIZBORT, Leopold. *As aventuras de Georg Simmel*. São Paulo: Edusp, 2004.

WIRTH, Louis. O urbanismo como modo de vida. In: FORTUNA, Carlos (Org.). *Cidade, cultura e globalização*. Lisboa: Celta, 2001, p. 45-65. Também publicado em *O fenômeno urbano*. Rio de Janeiro: Zahar, 1967 [publicado originalmente no *American Journal of Sociology*, v. 44, n. 1, 1938].

ZWIEG, Stefan. *Autobiografia*: o mundo de ontem. São Paulo: Companhia das Letras, 2014.

4. As reformas do século XIX: Barcelona, Viena e Paris

O processo de industrialização produziu nas sociedades europeias uma enorme transformação e gerou uma grande concentração urbana. O aumento da população leva ao crescimento do território ocupado pela cidade e cria demanda por mobilidade respondida em primeiro momento pela construção da rede ferroviária. A ferrovia, por assim dizer, muda a escala de uso do espaço urbano e da região. E, mais uma mudança a ser notada: para o correto funcionamento da ferrovia, os relógios de todas as estações tiveram que registrar o tempo de forma padronizada.

O crescimento da população urbana acentua a precariedade das condições sanitárias e de higiene nas cidades. As péssimas situações foram registradas em pesquisas como as de Frederick Engels, em seu livro *A situação da classe trabalhadora na Inglaterra*, de 1845, assim como pela literatura de um Charles Dickens.

Em meados do século XIX, surgem as primeiras leis de intervenção do Estado nas ferrovias, na criação de leis sanitárias, nos regulamentos para a construção de casas, assim como na construção de fábricas e de vilas operárias. Tais procedimentos de atuação na cidade ficaram conhecidos pela palavra "melhoramentos". E são muitas as Companhias de Melhoramento das cidades mundo afora.

Vou aqui lançar mão de trabalhos guiados pelo olhar historiográfico. O livro intitulado *As palavras da cidade* (2001), sob organização de Maria Stella Bresciani, é um deles. Ali, a autora, que tem longa tradição nos estudos sobre cidades, apresenta reflexões pertinentes e desafiadoras que nos ajudam a acompanhar diferentes "narrativas sobre a cidade" ao longo do tempo. Pode-se dizer que narrativa e atuação são complementares, formam um par.

Segundo a historiadora, a partir do século XVIII as preocupações centrais presentes nos discursos sobre a cidade mencionavam a carência de fluxos, de entradas e saídas, a precariedade de ruas. E a forma de atuar sobre a cidade que se apresenta era regular, embelezar, redesenhar/alargar ruas, criar acessos fáceis, fazer ligações entre bairros permitindo a livre circulação de mercadorias e de pessoas.

No século XIX começa a ganhar corpo a necessidade de um plano, de construir cidades projetadas. Ainda que as intervenções nas cidades existentes fossem pontuais, envolvendo estratégias do "melhoramento", havia o cuidado visando conseguir garantir a expansão ordenada das cidades.

Viena e Paris são exemplos de intervenções que visaram prioritariamente dar condições de mobilidade para a população e para o comércio de mercadorias. Barcelona se enquadra no caso da garantir a expansão ordenada a partir de 1861.

De qualquer modo, ainda que a trajetória das cidades não tenha seguido um percurso único, é possível mencionar algumas das preocupações comuns vigentes no século XIX. Em algumas intervenções fez-se necessário reunir os conhecimentos dos engenheiros com as novas descobertas do saber médico. E, no capítulo sobre o conhecimento do problema, cabe também registrar o papel fundamental da filantropia fornecendo o olhar e o subsídio para lidar com a pobreza ao produzir a coleta de dados sobre o modo de vida, de trabalho e de lazer da população trabalhadora que habitava a cidade.

A cidade passou a ser também o lugar da memória já que bibliotecas, monumentos, jornais, escolas e museus passam a ser equipamentos instalados no espaço urbano. Vale registrar que, segundo Benedict Anderson, o museu é uma das três instituições centrais, junto com o censo e o mapa, na formação dos Estados nacionais.

Para além das preocupações comuns e das trajetórias distintas, será no século XIX que o urbanismo como ciência das cidades vai se configurar. Assim, a cidade passou a ser o espaço de atuação do poder público, campo de estudo de diferentes saberes e deu origem a um campo específico — o urbanismo —, como veremos a seguir.

Uma premissa presente no projeto que aborda as narrativas sobre cidade desenvolvida por Stella Bresciane e seu grupo de pesquisa, como já foi mencionada, é a que considera que os verbos descrever, classificar, julgar, prescrever devem ser entendidas como atos que fazem mais do que falar do mundo da cidade, contribuem para constituí-lo. Assim, as narrativas sobre as cidades definem a questão urbana e, complementando, esta se constitui no e pelo debate interdisciplinar e político.

O caso da reforma de Barcelona

Em Barcelona foi onde se constituiu o conceito de urbanismo entendido como conhecimento e formação de uma prática profissional voltada para a intervenção sobre o espaço urbano.

Barcelona teve, em sua reforma realizada em 1861, como figura maior Ildelfonso Cerdá, engenheiro catalão responsável por forjar em 1863 o termo urbanismo, termo este que configura o campo conceitual para a prática de projetos de construção planejada das cidades. Ele reuniu à sua proposta de intervenção, seu plano de extensão de Barcelona, uma justificativa teórica, criando uma "teoria geral da urbanização".

Barcelona, e a Catalunha em geral, ao contrário do resto do país que continua predominantemente rural e economicamente atrasado, se torna o eixo econômico da Espanha, criando um mercado de trabalho promissor, o que contribuiu para criar um fluxo migratório intenso de uma população em busca de melhores condições de vida. Em meados dos anos 1850, Barcelona estava prestes a entrar em colapso. Sua densidade populacional aumentou a partir da revolução industrial comandada pelo setor têxtil. Era uma cidade industrial com um porto superlotado. A classe trabalhadora, a burguesia e as fábricas coexistiam no mesmo espaço reduzido. Não havia mais terra disponível dentro da cidade e foram criadas diversas maneiras para construir mais moradias. As ruas estreitas dificultavam o tráfico. Nas ruas também transitavam e permaneciam seus moradores assim como artesãos, todos contribuindo para tornar as condições de higiene ainda mais precárias.

Barcelona estava crescendo mais do que o resto da Espanha. Sua população alcançava cerca de 187 mil habitantes e vivia em uma estreita área, confinada por muros medievais. Com o aumento populacional na cidade murada, crescia a mortalidade e baixava a expectativa de vida. Acoplam-se a isto as epidemias devastadoras. Os muros tinham se tornado uma ameaça para a saúde e para a população de Barcelona.

Será diante de tal desafio que a demolição do muro acontece em 1854 e faz-se necessário redesenhar a cidade, fazer uma redistribuição de sua população que até então morava na estreita área da cidade murada. Foi neste contexto tomada uma decisão controversa e de alto risco — o apoio ao plano de expansão de um engenheiro catalão até então desconhecido, Ildefonso Cerdà, que projetou um distrito fora dos velhos muros chamado *Eixample*, ou seja, Expansão.

Vale registrar que o conselho da cidade fez um concurso para a reforma de 1859 e premiou outro arquiteto. Foi então que o governo da Espanha fez uma intervenção e impôs a adoção do plano de Cerdà para Barcelona. Tal intervenção só expressa um sinal da tensão histórica ainda existente entre governo central a administração Catalã.

O plano de Cerdà consistia em uma grade de ruas que uniria a velha cidade com sete vilas periféricas que passaram a compor bairros da cidade. Esta área unida passa a ter quatro vezes mais o tamanho da cidade velha.

O engenheiro fez um plano revolucionário e agiu da mesma forma. Ele quis evitar os erros do passado. Queria saber como viviam as classes trabalhadoras que moravam na velha cidade. Como tal estudo não existia, ele foi forçado a olhar o que era a cidade e o que poderia ser. Fez um estudo científico meticuloso do que poderia ser a moderna cidade, o que era possível desejar em termos de espaço de habitação e em termos de bem-estar. Calculou o volume de ar atmosférico necessário a cada pessoa para respirar bem. Detalhou que profissões a população deveria ter e mapeou quais serviços precisariam estar presentes tais como mercados, escolas e hospitais, definiu a localização dos serviços para que ricos e pobres tivessem acesso a eles, entre outros procedimentos. Para enfrentar os problemas apresentados em Barcelona, ele construiu jardins no centro de cada bloco de rua.

Cerdà fez um estudo científico meticuloso do que a cidade moderna era e do que poderia ser. Assim, inventou a "urbanização" como palavra e disciplina que não existia na Espanha ou em qualquer outro lugar e a codificou em sua *Teoria geral da urbanização* em 1867.

Eixample ficou como a mais importante imagem de Barcelona: seus blocos octogonais, quarteirões chanfrados nas esquinas para lidar com o tráfego, já que permitiam aos motoristas ver mais facilmente o que acontecia à direita e à esquerda. É bom lembrar que os carros ainda não tinham sido inventados. O tamanho de cada quadra com 113 metros de largura e de comprimento com seus pátios, espaços interno públicos; as ruas com 20 metros de largura e planejadas segundo a incidência de luz solar; a altura máxima para os edifícios. Estava previsto o fluxo de pedestres, de carruagens, os serviços de água e rede de esgoto, telégrafo, ferrovia, bondes e rede de energia elétrica, ou seja, os meios para ir e vir, os meios de transporte e os serviços básicos para a população faziam parte do projeto de Cerdà para a cidade de Barcelona.

Nenhuma dessas ideias foi bem recebida ou apreciada na Barcelona naquela época. Muitos habitantes da cidade recusaram suas ruas padronizadas, e consideravam mesmo o monopólio da grade com seus quarteirões como exemplo do falanstério comunista, ou seja, seguia o modelo de construções comunais idealizadas pelo filósofo francês Charles Fourier, organizadas segundo o princípio da propriedade coletiva dos meios de produção e cujos membros desfrutariam de livre escolha de trabalho e de liberdade comportamental.

Se muitas pessoas se opuseram às ideias de Cerdà, uma burguesia próspera, ligada à atividade do setor têxtil, desempenhou um importante papel no processo de urbanização da cidade, ocupando as áreas mais nobres do *Eixample*. Foram beneficiárias do plano de Cerdà e instalaram nas áreas mais nobres suas residências. Foi então que famílias ricas contrataram arquitetos como Antoni Gaudí para desenhar suas casas. Cada um destes prósperos proprietários e seus arquitetos queria construir a maior, a mais alta e mais atrativa casa. Daí a rica diversidade em arquitetura no novo distrito.

Antoni Gaudí (1852-1926), certamente o maior nome do modernismo espanhol, revolucionou a arquitetura com seu estilo estritamente pessoal. Sua arquitetura evoluiu em uma feição tão peculiar, que fica difícil classificá-lo em qualquer concepção técnica ou estética. Em seu primeiro projeto importante — La Casa Vicens — com 26 anos, Gaudí antecedia o modernismo, ao integrar em seu trabalho as atividades decorativas tradicionais em cerâmica, vidros, forjas em ferro e marcenaria.

De uma fase da juventude marcada pelo "historicismo" — que se traduz em uma atualização das estruturas góticas e uma combinação de elementos inspirados na arte árabe mudéjar e oriental —, Gaudí evoluiu para um estilo totalmente original, baseado na observação da natureza, de onde extrai estruturas tão inovadoras.

É considerado o expoente máximo do modernismo catalão e um dos grandes defensores do *art nouveau* na Europa.

Vale registrar a importante presença de Eusebi Güell, nascido em Barcelona em 1846, grande empresário e político catalão, também voltado para grandes interesses culturais. Güell "adotou" Gaudí como arquiteto de sua confiança, dando-lhe liberdade para criar. Foi esta relação que tornou possível a magnífica obra de Gaudí em Barcelona, valendo citar entre outras o Parque Güell. Entre seus mais lindos projetos podem ser citadas a Casa Millá (La Pedrera) e a Casa Batlló.

Desprezado após sua morte (1926) pelos novos movimentos artísticos, veio a ser reabilitado a partir de 1950, sendo hoje considerado um dos grandes arquitetos da história da humanidade, e suas obras — sete das quais são patrimônio da humanidade — são admiradas por especialistas e leigos.

Vamos agora abrir espaço para prestar atenção a um dos principais pontos turísticos da cidade de Barcelona, o Bairro Gótico. Ele pode ser encarado como uma verdadeira "invenção" acontecida no século XX e ser apresentado como um dos mais bem-sucedidos exemplos de usos do passado ao conseguir articular o interesse econômico do turismo com o anseio coletivo pela definição de uma identidade social. Vamos aqui acompanhar o tema seguindo os passos do artigo de Fernando Nicollazi (2019).

Todo o espaço conhecido como Bairro Gótico em Barcelona nos é oferecido como um legado de um passado antigo, embora tenha sido construído em passado recente. O antigo palácio, Casa Padellàs, situado na Cidade Velha, foi transladado para a atual praça do Rei na década de 1930. A Ponte Gótica na rua do Bispo é construção da década de 1920. E o prédio da Catedral, do século XV, só teve sua fachada construída a partir do final do século XIX, tendo sido finalizada nos anos 1920.

As reformas de Barcelona no século XIX, como já vimos, alteraram profundamente a cidade, principalmente as novas áreas agregadas. A parte velha que era dentro das muralhas começou a ser reformada pelo urbanista Angel Baixeras no início do século XX e envolveu a abertura de três grandes vias que cortaram a parte central e derrubaram construções antigas. Foi então nomeada uma comissão composta por arquitetos e historiadores encarregada de fazer um levantamento de prédios a serem demolidos e determinando o que deveria ser conservado. Assim, a destruição e a preservação caminharam juntas.

A abertura de uma das novas ruas descobriu ruínas romanas e construções góticas e a partir de então se colocou a questão de definir qual passado deveria ser valorizado e preservado. A enorme quantidade de material selecionado inviabilizou sua possível exibição em um só museu. Várias sugestões passaram a ser oferecidas, desde a de um museu a céu aberto até a de um bairro gótico a partir de 1911.

O projeto de um bairro gótico só teve impulso de fato por ocasião dos preparativos para a Exposição Universal de 1929. Foi neste contexto que foi restaurado o espaço, que para lá foram transladadas construções góticas e que foram modificados os edifícios preexistentes harmonizando-os ao estilo gótico catalão.

A cidade passou a ser um espaço onde a memória social valorizou tanto aspirações políticas da independência catalã quanto permitiu a exploração turística de um passado agregado de valor.

Vale registrar que a cidade de Barcelona será palco também da experiência inovadora de reforma urbana no fim do século XX. Isto será tratado adiante.

A reforma de Viena

Como já foi mencionado, para se tentar resolver as questões de fluxo, de mobilidade da população urbana, foi necessário abrir novas ruas, redesenhar, alargar e até embelezar as antigas. Vamos explorar agora a reforma realizada em Viena.

Até meados do século XIX, Viena era uma cidade pequena e tinha sua defesa mantida por fortificações que a protegeram no passado contra invasões e pilhagem de povos estrangeiros. Em torno da cidade murada havia um vasto cinturão de terra sem edificações. Tal espaço fazia parte do antigo sistema de defesa mantido sob o controle do exército. Era um cinturão, um campo aberto. A proibição de se construir naquele espaço se manteve até 1848.

Nas décadas de 1850-60, Viena é a capital de um imenso império, o Austro-Húngaro, que se estende da Europa Central até as fronteiras dos impérios russo e turco. Viena, sede de empresas industriais cujas unidades produtivas se situavam nas regiões da Boêmia e da Morávia, é um importante centro financeiro onde operavam alguns dos maiores bancos financeiros, com destaque para a Casa Rotschild.

Em 1857, o imperador decide derrubar os muros e cria a Comissão de Expansão para gerenciar a ocupação da nova área. Foi construída então uma avenida circular Ringstrasse (rua do anel, embora o anel não feche) que veio a ser ocupada por prédios monumentais e vastos blocos de apartamentos de luxo. Se a iniciativa da reforma urbana parte do imperador, sua execução contou também com investimento do setor privado. O imperador mostrou seu reconhecimento ao enobrecer parte da alta burguesia com o título de barão. Cria-se assim uma nova aristocracia, predominantemente judaica.

O processo de ocupação dessa área, que vai acontecer de 1873 a 1914, assume características muito próprias relacionadas com a vida política e cultural do Império Austro-Húngaro. O novo espaço passou a ser objeto de uma grande disputa entre subgrupos da elite dominante na cidade.

Tal processo conta com a análise do historiador Karl Schorske, que em um de seus textos a respeito, o artigo "Museu em espaço contestado: a espada, o cetro e o anel" (2000), nos oferece uma profunda análise da história cultural ao analisar os conflitos em torno da reforma urbana e das construções que deveriam ocupar o espaço na nova avenida. Tentaremos, dentro do possível, recuperar os pontos centrais de sua análise.

Nos anos iniciais da Reforma de Viena é construída uma grande igreja, a Votivkirche, para expressar a unidade de trono, altar e espada, ou seja, a monarquia, a igreja e o exército.

Outro marco da reforma é a própria construção da Ringstrasse, avenida do agrado das instituições que compõem o Império. O exército via com bons olhos a construção de um amplo bulevar, já que isto facilitaria o deslocamento das tropas. No novo espaço os militares demandam a construção de prédios militares e mais tarde aceitam fazer o seu museu de armas, um museu militar com galeria de seus líderes e cenas de batalhas para celebrar o papel do exército como guardião do Império.

A monarquia também pretendeu se modernizar construindo um Estado burocrático, centralizado e transnacional, e, neste sentido, Viena precisava deixar de ser apenas o local onde residia a casa monárquica e passar a ser a "capital do Império e sede do poder imperial". Houve, assim, um processo de centralização política e cultural tendo Viena como centro irradiador da consciência moderna pan-austríaca. Neste sentido, coube ao Estado ser o patrocinador imperial da arte financiando a música, o teatro, os museus, as óperas para que elas pudessem atingir o público de todo o Império e dessem concretude a uma cultura transnacional.

Em 1857, a nova área foi considerada por decreto imperial disponível para o planejamento urbano e se faz a conclamação de arquitetos, historiadores, historiadores da arte para compor os diversos conselhos do governo que vão acompanhar as obras.

Em 1865, por ocasião da inauguração oficial do Ringstrasse, os prédios militares da avenida já tinham sido substituídos por outros dedicados à consagração de tradições, os museus, que passam a disputar espaço na avenida. Continua a haver uma grande disputa pelo estilo a ser assumido em cada projeto a ser desenvolvido nos prédios e por sua localização na Ringstrasse. Continua, assim, o confronto entre a expressão do poder imperial, prédios da dinastia *versus* a expressão de instituições ligadas a um governo liberal.

Prefeito, arquitetos, conselho municipal, grupo de planejamento passam a discutir a construção no Ring, a localização dos prédios, o estilo a ser adotado — clássico para o Parlamento; gótico para a Prefeitura; renascentista para a Universidade, barroco antigo para teatro —, cada um dos edifícios adotando o estilo adequado à sua função.

O governo da cidade de Viena em 1870 reafirma que as três instituições — o Parlamento, a Prefeitura e a Universidade — devem ter seus prédios construídos em um único lugar, no antigo espaço de manobras militares. E o governo da cidade também conseguiu a aprovação para que três museus fossem construídos no mesmo lugar, em espaços contíguos. Assim, os museus passaram a ter uma posição mediadora entre os prédios da dinastia e os prédios do governo constitucional.

A antiga cidade, marcada pelo barroco dos palácios, igrejas e casernas, é contrastada pela Ringstrasse que foi sendo construída entre 1873 a 1914 e que concentra centros do governo constitucional e prédios da alta cultura, sendo marcada pelo fluxo circular de carros. As intervenções no Ring foram sendo feitas por 40 anos e só param em 1914, quando se dá a queda da monarquia e o início da Primeira Guerra Mundial.

Em Viena, assim como em Barcelona, há uma burguesia emergente, tanto industrial quanto financeira, no caso vienense de ascendência predominantemente judaica, que participa da reforma urbana e que constrói suas magníficas residências, cópias dos *palais* da aristocracia nas áreas novas da cidade, ou seja, na Ringstrasse ou nas suas imediações.

Na Ringstrasse os edifícios não convergem para um centro ou praça, a avenida é o único princípio organizacional, expressando a supremacia da rua e o isolamento dos edifícios. Ali, uma burguesia que prospera e se expande investe na urbanização da cidade construindo edifícios grandiosos que desempenham uma dupla função: sede da empresa no andar térreo e prédios de apartamentos. Na Ring a loja/escritório fica no andar térreo, a habitação nos superiores, cujo acesso é enobrecido pelos belos *halls* com escadarias. Os prédios residenciais seguem o mesmo padrão de altura, de alinhamento e parcelamento dos terrenos. São ocupados por atividades compostas, residência e local de trabalho juntos, já que só mais tarde haverá a separação promovendo a especialização dos edifícios. A Ring foi sucesso entre compradores e inquilinos e também permitiu uma aproximação entre uma aristocracia antiga em decadência e uma burguesia enobrecida em ascensão.

Por ocasião da construção da avenida, dois pioneiros do pensamento moderno sobre a cidade e sua arquitetura se fazem presentes. São os dois urbanistas que marcaram a Viena dessa época: Camillo Sitte e Otto Wagner.

Camillo Sitte, o arcaísta romântico, e Otto Wagner, o funcionalista racional, representam os componentes irreconciliáveis da Ringstrasse. Otto Wagner adotou como essência aquilo que Sitte mais abominava na Ringstrasse: a dinâmica primária da rua.

Sitte adotou o historicismo da Ringstrasse na medida em que ele ajudava a avançar seu projeto de restauração de uma cidade comunitária, tendo a praça fechada como seu modelo para o futuro.

Para Sitte, a Ringstrasse é modelo negativo. É marcado pelo moderno, entendido como técnica, eficiência e guiado pela ordem material, o lucro. Segue plantas geométricas. Ele vai se colocar contra a rede uniforme, a favor de ruas e praças irregulares. Aprovava os edifícios construídos com estilo historicista — cada edifício adotando o estilo adequado à sua função —, mas reclamava a ausência da Ágora, do Fórum e da praça do mercado. Para Sitte, a praça como espaço fechado é expressão da comunidade. A Ring, ao contrário, é espaço aberto onde as pessoas se sentiam diminuídas, impotentes. Como planejador urbano, queria ser um regenerador da cultura e caberia a ela, cultura, reconstruir a praça. Para ele, o arquiteto deve defender a beleza contra a utilidade. Publicou, em 1889, a obra *A construção urbana*.

Sitte adotou a tradição artesã e vai ser diretor da nova Escola de Ofícios de Salzburgo, onde organiza o ensino de diferentes ofícios se tornando um defensor das artes aplicadas. A tradição artesanal e sua erudição histórica vão levar Sitte a se identificar com a música de Richard Wagner, que também valoriza a comunidade artesã medieval e alemã.

Camillo Sitte se torna devoto do festival de Bayreuth, cidade alemã onde acontece o festival de Wagner, realizado em teatro lírico inaugurado em 1876. Neste local, Wagner apresenta seu teatro que apela para mitologia nórdica em busca da revitalização da vida política e cultural da Áustria.

Otto Wagner, com ideias opostas ao historicismo da Ringstrasse, ganha concurso para obras de ampliação da cidade e concentra sua proposta na valorização do transporte como estratégia capaz de congregar a população que se encontrava espalhada.

Em seu livro *A arquitetura moderna*, de 1885, vai divulgar suas ideias tendo como lema "a necessidade é a única senhora da arte". Filho da geração que construiu a Ring, Otto Wagner condenou o historicismo e dizia que os jovens arquitetos não deviam visitar a Itália, mas sim as metrópoles. Buscava nova linguagem visual, adequada à sua época. Foi empresário, construtor de prédios residenciais e de engenharia urbana como estações de metrô, viadutos e túneis. Fez uso do ferro e do vidro, exaltava a tecnologia do engenheiro. Nos prédios residenciais simplificou as fachadas, despiu a ornamentação. A beleza das fachadas seria garantida por uma espécie de pele, como pode ser visto nos dois prédios construídos em 1898-99 com cerâmica majólica. Constrói também o prédio da Caixa Econômica Postal, considerado um dos primeiros edifícios em estilo *art déco* e com arquitetura funcional na cidade.

Em 1897, Otto Wagner participa do movimento Secessão, algo similar ao movimento *art nouveau*. A Secessão era anti-histórica, quer libertar o estilo das amarras do passado. O seu lema "À época, sua arte, à arte, sua liberdade" exprime tais ideias e está registrado na entrada do prédio da Secessão. A revista *Ver Sacrum* (Primavera Sagrada) é porta-voz do movimento e pretende regenerar a arte na Áustria e a Áustria pela Arte. O símbolo da Secessão — *Nuda veritas* —, foi desenhado por Gustav Klimt, que era presidente do grupo. Klimt vai expressar a figura do homem moderno impotente, artista cuja obra é recusada pelo *establisment* e que vai produzir sua arte graças às encomendas de retratos para a burguesia rica, judaica, de Viena.

A Ringstrasse oferece a quem visita hoje Viena os exemplos de cada um dos estilos adotados nos prédios monumentais que compõem a avenida. Lá está o Parlamento grego clássico em referência explícita à democracia ateniense, a Universidade renascentista, o teatro barroco assim como o prédio da Caixa Econômica Postal e as estações do metrô de Otto Warner em estilo *art nouveau*. A cidade é um museu a céu aberto da história da arquitetura do século XIX.

E reúne uma quantidade enorme de museus, entre eles o Museu de história da arte e o Museu de história natural (gabinete de curiosidade que migra da corte para o povo), cada um deles de um lado da praça aberta para a Ringstrasse, onde se encontra no centro a estátua da imperatriz Maria Tereza entre heróis militares e a deusa grega Palas Atena.

Viena foi, durante o século XIX, uma das maiores cidades da Europa, cidade com múltiplas culturas tendo em vista o enorme fluxo migratório vindo de todos os cantos do Império. E foram a concentração urbana e a vontade imperial que levaram à reforma urbana. A Viena do fim do século já apresenta os sinais de ter perdido seu dinamismo econômico e ficou para trás em relação a outras cidades europeias. Passa então a ser uma Viena nostálgica, que vive do passado em que o conservadorismo e o antissemitismo florescem. O antissemitismo embute um forte ressentimento, haja vista ter sido a burguesia judaica que capitaneara e mais se beneficiara do surto de crescimento econômico que ocorrera 20 anos antes.

A inovação artística nas artes plásticas e na arquitetura representada pelo grupo da Secessão pode ser inscrita na categoria de surtos de criatividade de cidades periféricas, como será mencionado adiante.

Viena e Paris são cidades que estão presentes na análise e na memória de inúmeros autores. O historiador norte-americano Richard Morse (1995), por exemplo, sublinha o papel das cidades como "cadinho da mudança" na era moderna. Elas se tornam "arenas culturais", diz ele. São como teatros, são laboratórios das transformações do romantismo ao modernismo.

Morse vai analisar o caso de Viena como exemplo de "cidade periférica". O autor registra ser ela a "capital de império arcaico incapaz de engatar-se na locomotiva do progresso, de atingir o *éthos* burguês da modernidade, de produzir uma psicologia de classe média". Ao Império cabia garantir a pompa e elegância da vida pública. "Os literatos vienenses não tinham espírito antiburguês como os franceses e nem o 'meliorismo' dos ingleses. O Imperador funcionava como pai protetor e eles buscavam proteção na aristocracia."

Diante da rigidez sociopolítica os literatos e os artistas fugiam da frustração burguesa para um passado mágico e revelador que se apoia no antissemitismo, na opereta e na psicanálise. Viena é então apresentada como a cidade que possibilita, que torna verdadeiro o "complexo de inferioridade". O colapso da política liberal favoreceu o esteticismo, a valorização da arte pela arte e a criação de um movimento de massa que apela para o antissemitismo, para o pan-germanismo.

Em Viena os artistas vão recusar os parâmetros, as normas, as regras. Cita como exemplos Adolf Loos, um dos que despojam a arquitetura de seus ornamentos, deixando a função transparente no projeto; Schoenberg explode os cânones da composição musical; Freud explica sonhos e lapsos; Wittgenstein critica a própria linguagem.

Assim, Morse vai argumentar que a sociedade urbana atrasada, periférica, problemática pode inspirar vanguardas. Sua tese envolve o questionamento da oposição entre centro e periferia do ponto de vista da história cultural, já que, segundo ele, a periferia pode oferecer a experimentos vanguardistas no campo da cultura, como seria o caso de Viena.

A visão da cidade se altera na era moderna, passa do estático para o fluxo, da comunidade ao indivíduo isolado. Assim, a comunidade se transforma em multidão. Morse cita Balzac e Baudelaire como profetas do espírito moderno, ao explorarem a promessa da metrópole como tema de ficção, e Dostoiévski como aquele que apontou as consequências irracionais e fantásticas dessa promessa.

A reforma de Paris

Uma das cidades exemplares deste processo de transformação é Paris, que se torna um modelo a ser seguido, copiado como se fosse um destino universal. A outra cidade que também partilha de tal prestígio, ainda que siga caminho distinto, é Londres, como veremos no capítulo 5.

Vamos abordar agora as questões centrais que guiaram a ação governamental na reforma de Paris.

Sabemos que desde o século XVIII já estavam conhecidas e definidas as necessidades relacionadas com a mobilidade do morador da cidade, a importância de garantir entradas e saídas de mercadorias e da população, a questão do alargamento das ruas, além da falta de moradias que se torna mais dramática diante da superpopulação. Neste sentido, a forma de o poder público atuar era regular, redesenhar/alargar ruas e até embelezar a cidade. Criar acessos mais fáceis, garantir as ligações entre bairros possibilitando a livre circulação de mercadorias e pessoas. A tais questões se agregou no século XIX a falta de condições de higiene e de saúde da enorme população que passa a se concentrar nas cidades demandando ações para garantir fornecimento de água e saneamento. Tudo isto esteve presente na reforma de Paris, reforma esta que, com toda a sua abrangência, pode ser classificada na categoria de "melhoramentos". Reforma urbana que visou, entre outras coisas, viabilizar e fortalecer a cidade como centro de um capitalismo moderno e eficiente.

O ano de 1848 parece ser data dramática para a França e para Paris em particular, dando origem a uma ruptura radical na economia, na vida e na cultura parisiense. Antes, eram os problemas da cidade medieval, depois, a reforma de

Haussmann. Antes, os poetas e romancistas românticos (Lamartine, Hugo) davam as cartas, depois, Flaubert e Baudelaire expressam a vida social e urbana. Antes, indústrias manufatureiras, artesanais, depois, maquinária e indústrias modernas. Antes, o comércio nas pequenas lojas ao longo de ruas estreitas e tortuosas ou nas passagens, depois, as galerias, imensas lojas de departamento nos bulevares.

O torvelinho político da revolta que atingiu quase todos os Estados europeus escapa a este texto. Vamos apenas pontuar alguns dos fatos históricos do período para o caso da França. O fracasso das colheitas de 1845 e 1846 com a elevação do custo de vida leva a população urbana a passar fome. Ideias nacionalistas e socialistas mobilizam forças políticas que depõem o rei Luis Felipe, o que dá início à Segunda República e se institui o sufrágio universal masculino. Luis Napoleão Bonaparte é eleito presidente e em 1851 dá fim ao regime republicano, iniciando o Segundo Império. Luis Napoleão vai então se tornar o imperador Napoleão III em 1852, após grande instabilidade da Segunda República. O apoio ao governo forte decorre do medo da anarquia e do socialismo após a revolução de 1848.

A população da cidade aumentara muito e enfrentava problemas de abastecimento de água, de falta de habitação e de transporte, além de epidemias. Todas essas questões favoreceram o apoio ao governo visto como capaz de agir sobre o espaço urbano e realizar a reestruturação de Paris. Assim foi feita durante o Segundo Império, pelo barão Haussmann, nomeado prefeito de Paris, onde ficou de 1853 a 1870, ou seja, durante 17 anos.

A meta maior era tornar Paris a mais significativa cidade do mundo. O imperador estivera durante seu exílio em Londres e ficou impressionado com parques amplos e as largas avenidas da cidade. Napoleão III convoca então o barão Georges-Eugène Haussmann para, como prefeito do departamento do Sena, substituir o labirinto de ruelas por avenidas amplas e mais fáceis de controlar e patrulhar.

A remodelação de Paris planejou melhorar as condições da circulação de pessoas e mercadorias com a abertura de novas vias e alargamento de outras; construir novos edifícios para novas necessidades (estações ferroviárias, mercados, edifícios administrativos, hospitais, prédios para exposições, salas de espetáculos, lojas de departamentos); realizar obras com objetivo sanitário (água e esgoto) e também abrir espaços verdes que, além de melhorar as condições de saúde, vão permitir o lazer da população com a criação de jardins ingleses. São exemplos os parques Bois de Boulogne e Bois de Vincennes criados em Paris por Napoleão III.

Vale registrar que foi implantada a partir de 1860 uma nova divisão da cidade em 20 *arrondissement*, algo similar a um tipo de subprefeitura. O alargamento das ruas, a construção de novas avenidas também obtêm o apoio das forças da ordem, já que facilitam o acesso de tropas a um lugar sublevado. Tal argumento vai aparecer a partir da Comuna de Paris (1871).

Em termos de circulação, o plano de remodelação envolveu criar um eixo que cruza do centro, da Ilha da Cité até o Arco do Triunfo com suas 12 avenidas, principalmente a avenida dos Champs-Élysées. Criar avenidas que convergissem na praça da Ópera até a igreja da Madeleine, a saber, os bulevares Haussmann, de La Madeleine, des Capucines, des Italiens, de L'Opera. Para que tais avenidas fossem construídas, foi necessária a destruição de parte da muralha da Rive Gauche. Houve a abertura de novos bairros, aberturas de seus bulevares e avenidas perimetrais circundando o centro (137 km). E, vale lembrar, a construção do novo edifício da Ópera, projeto de Charles Garnier, que se torna um ícone resumindo o que ficou conhecido como estilo Napoleão III: barroco, eclético.

Haussmann contou para realizar seu plano com eficiente equipe de engenheiros, todos formados pela Escola Politécnica de Paris. O Plano implicou a derrubada de inúmeros imóveis da Paris medieval com a retirada de construções centenárias para deixar livre espaço para grandes avenidas e novos edifícios nelas construídos. Bulevares passam a ser ladeados por prédios com uma arquitetura contínua e homogênea regida por normas de construção rígidas que regulavam a altura, o número de pavimentos e até o tamanho das janelas. E é esta a Paris que encantou e encanta gerações de visitantes que se tornam amantes da cidade e que é divulgada pelos romances, por cartões-portais, pelos filmes de Hollywood após a Segunda Guerra Mundial. É a Paris do século XIX, resultado da reforma Haussmann.

A reforma derrubou muito na Ilha da Cité, mas deixou ali a Saint Chapelle e a Notre-Dame, exemplos máximos do estilo gótico. O espaço em frente da Notre-Dame foi aberto com a demolição de casario que impedia sua visualização e foi criada ali uma praça. No século XIX a catedral estava muito degradada e havia planos para sua demolição. Victor Hugo, autor consagrado por sua obra *Os miseráveis*, que expõe a situação vivida pela população pobre de Paris, vai com seu livro, *O corcunda de Notre-Dame*, estimular campanha para salvar a catedral. A restauração dos seus vitrais e estátuas feita por Eugene Violllet-le-Duc, de quem voltaremos a falar adiante, consumiu mais de 20 anos. O reconhecimento do valor de tais ícones é tão grande que, durante as duas guerras mundiais, os vitrais das duas igrejas foram retirados e guardados em lugar seguro. O incêndio que atingiu a Notre-Dame em 15 de abril 2019 deu ocasião a uma campanha bem-sucedida para arrecadação de fundos para sua reconstrução, o que confirma o reconhecimento simbólico da igreja como um dos mais importantes símbolos da cidade de Paris, como exemplar do estilo gótico e como patrimônio da humanidade.

A influência da reforma Haussmann foi intensa e se fez presente em Lyon, Marselha e Toulouse na França. E também em Viena, Nápoles, Florença na Itália, Chicago, Rio de Janeiro, São Paulo, Recife, cidades estas que sofreram influência da reforma urbana de Paris.

A cidade em transformação ofereceu experiências existenciais e inovadoras para muitos intelectuais, poetas, artistas, músicos que a visitaram ou lá foram morar e que vão ter papel importante na consagração de Paris como a capital do século XIX. Um bom texto para nos ajudar a compreender a Paris de Walter Benjamin é o artigo de Renato Ortiz (2000).

Vamos falar aqui de três visões distintas sobre a cidade: "Paris como modernidade, capital do século XIX", "Paris como tradição" e "Paris como decadência".

A primeira, "Paris como modernidade, capital do século XIX", tem a ver com o texto de Walter Benjamin, "Paris, capital do século XIX", que integra o volume intitulado *Passagens* (2007 [1935]), em que o autor vai registrar as mudanças na vida da cidade tomando como foco as galerias comerciais, as primeiras lojas de departamento, a fotografia, as exposições universais, a indústria do entretenimento. Isto tudo acontecendo ao mesmo tempo que a cidade foi cortada e transformada pela reforma urbana de Haussmann.

Segundo Benjamin, as imagens espaciais da cidade são centrais para a compreensão da sociedade moderna. Imagens antagônicas tornam a cidade um espetáculo. A cidade dos espelhos e das luzes "deslumbra e decepciona as multidões", é um jogo de espelhos. "O futuro é o que torna o passado compreensível", afirma o autor.

O olhar é o método para reconhecer a cidade-labirinto. Daí a cidade moderna com suas passagens ser o lugar preferencial do famoso *flanêur*, aquele que passeia devagar, sem destino, apreciando a cidade como se ela fosse uma paisagem. As passagens antecipam as galerias e os shoppings centers contemporâneos.

Ao organizar e analisar os textos de Benjamin em *Passagens*, o filósofo Willi Bole (2007) nos ajuda a compreender a modernidade de sua narrativa; ao fazer uso de citações de centenas de livros, Benjamin constrói um "hipertexto". Nesta obra o autor apresenta por assim dizer um catálogo temático da grande cidade ao articular uma figura histórica específica a um determinado acontecimento ou situação.

Vamos mencionar aqui algumas das relações estabelecidas pelo autor.

Ele faz referências às "passagens", ruas galerias que seriam como um "mundo em miniatura". Só para registrar. Uma das passagens mais antigas de Paris é a Passage des Panoramas que, construída em 1799, passa a ser lugar favorito de passeio e de encontro da burguesia, dos artistas e até de prostitutas. Galeria comercial coberta, vai ser o primeiro lugar público a receber iluminação a gás em 1817. Nas torres redondas em sua entrada eram apresentadas pinturas panorâmicas de Paris, Roma e Jerusalém. O Théâtre des Variétés se instala dentro da Passagem a partir de 1807. A partir de 1834 ganha galerias adjacentes. Em 1974 a Passagem é inscrita na lista de Monumentos Históricos, embora permanecesse abandonada até que, em 1988, foi restaurada e novamente aberta ao público.

Na referência às galerias parisienses ele observa serem elas destinadas a artigos de luxo, com iluminação a gás, e destinadas a estimular o consumo das massas. Sua construção é resultado do trabalho do engenheiro formado nas escolas politécnicas, e que passa a usar o ferro, primeiro material artificial usado na construção.

Há de se supor que, ao mencionar as galerias, o autor esteja também se referindo aos *grands magazins*, grandes lojas, de vários andares, cuja arquitetura é beneficiada pelas conquistas tecnológicas do uso do ferro e do vidro. A maioria delas, como as galerias Laffayette, Printemps, Samaritaine em Paris, marca a transformação na forma de vender e comprar, na formação do gosto, nos novos códigos de conduta. Ostentam cúpulas de vidro gigantescas decoradas com motivos florais típicos do *art nouveau*. Os grandes magazines estão também em Londres como a Harrold's e a Selfridges e até no Rio de Janeiro com a Parc Royal e a Notre Dame de Paris. Tal construção é associada por Benjamin ao sonho de Fourrier, o falanstério, uma cidade feita de galerias.

Os panoramas, telas pintadas em forma cilíndrica para serem observadas do centro, permitem que o campo seja trazido para a cidade. No caso, ele vai mencionar Daguerre, primeiro a obter patente do processo fotográfico. Faz então uma importante observação dizendo que, com o aumento dos meios de comunicação, a importância da pintura como meio de informação fica diminuída. E argumenta que a fotografia modifica a técnica de exposição.

As Exposições universais, por sua vez, constroem o universo das mercadorias já que se tornam lugares de peregrinação da mercadoria enquanto fetiche. A Exposição Universal de 1867, quando o Império está no auge, é quando Paris se confirma como a capital do luxo e da moda. Para o autor, Offenbach marca o ritmo da vida parisiense com a opereta e Grandville, caricaturista francês (1803-1847) que desenha o corpo humano com cabeça de animal, é mencionado.

Walter Benjamin se refere a Baudelaire como "gênio alegórico" ao falar do homem que mergulha na vida da cidade, que passeia pela rua. Trata-se do *flâneur* que participa e observa, é ator e espectador, que perambula, que participa da angústia do habitante da cidade. E que vai se refugiar na multidão. Segundo o autor, os que não vão se encaixar bem no mercado (literatos, teatrólogos, pintores) são os que vão constituir a boemia. Ali faz um importante contraponto dizendo que o inverso do proletário não é o burguês e sim o boêmio, ser associal.

O poeta Charles Baudelaire, citado por Benjamin, viveu em Paris quando a cidade estava sendo remodelada e reconstruída sob a direção de Haussmann. Baudelaire mostra como a cidade se torna a base essencial da existência moderna. O autor vai apontar um novo modo de ver a cidade, de olhar a cidade, de passear pela cidade. É a de um caminhante solitário que gosta de se perder na multidão — é o *flâneur* que passeia pela cidade sem objetivo, apenas reunindo suas impressões. A cidade com seus atrativos e horrores é o personagem central de quase todos os seus poemas. Nesse sentido, a rua, a solidão e a multidão, a experiência da transitoriedade, o mergulho na massa da cidade grande constituem não apenas fonte de inspiração ou paisagem, mas condição imprescindível para a experiência pessoal com o novo e o viver modernos. *As flores do mal*, de 1857, título do livro com seus poemas, condensa a possibilidade de momentos fugazes na vida urbana moderna. Se tais ideias estavam em Baudelaire, foi certamente a partir do trabalho de Benjamin, autor de *Passagens*, falando de Paris no século XIX, que a cidade passou a ser considerada o habitat do *flâneur*.

Para que fosse possível o caminhar despreocupado, que caminhar pelas ruas se tornasse uma atividade de lazer e prazer, faziam-se necessárias melhorias urbanas tais como calçadas, sarjetas, iluminação das ruas. As cidades eram sujas, enlameadas, nas ruas reinavam assaltantes e ainda havia o perigo de ser atropelado por uma carroça. Essas eram realidade nas ruas das cidades da Europa. Neste quesito, Londres é lembrada como cidade que melhor oferece condições para a moderna vida urbana, já que tais melhorias começaram a ser realizadas após o Grande Incêndio de 1666.

Por fim, Benjamin vai explorar a relação entre barricadas e Haussmann. Vai mostrar as consequências negativas da reforma tais como especulação imobiliária, proletariado sendo empurrado para os subúrbios. Dando um pulo no tempo, pode-se registrar as consequências que a expulsão gradual dos mais pobres para a periferia produziu quando a eles vieram se juntar os imigrantes vindos de países do norte da África transformando esses bairros da periferia, chamados *quartiers sensibles*, em verdadeiros barris de pólvora.

Claro que a reforma urbana pretendeu tornar a cidade o centro de um capitalismo moderno. Daí, em contraponto, Benjamin vai dizer que a reforma foi implantada tendo como objetivo evitar a construção de barricadas e a Guerra civil e que a Comuna de Paris destruiu tal objetivo. É neste ponto que ele vai abordar a noção de ruína. Diz ele ser Balzac o primeiro a falar das "ruínas da burguesia". No século XIX o desenvolvimento das forças produtivas deixou em pedaços os símbolos dos desejos do século anterior. O início disso é dado pela arquitetura que passa a ser construção do engenheiro, pela fotografia que vai se encarregar da reprodução da natureza. As fantasias se tornam peças publicitárias, a poesia se submete ao folhetim e todos esses produtos estão preparados para serem tratados pelo mercado como mercadoria.

E seu *grand finale*: "Nas comoções da economia de mercado, começamos a reconhecer como ruínas os monumentos da burguesia antes mesmo que desmoronem."

A ideia de desmoronamento vai estar presente também no título e no livro de Marshall Berman *Tudo que é sólido desmancha no ar* (2001) que discute a "aventura da modernidade" na periferia do mundo, no caso, na Alemanha e na Rússia.

A segunda visão que queremos apresentar vai tratar "Paris como resistência à modernidade". Aqui se aponta para as resistências ao processo de transformação da cidade e que acaba por gerar uma outra forma de olhar a cidade. Há, assim, uma literatura que questiona e se contrapõe àquela que vê Paris como o espaço urbano por excelência da modernidade.

Vamos acompanhar a análise de Arno Mayer (1987), para quem a modernização de Paris não significou que na França a modernidade fosse vitoriosa no mundo das artes. Houve, segundo o autor, a permanência de estilos antigos e tradicionais na arquitetura, na escultura, na pintura e nas artes cênicas. Museus, academias, igrejas e universidades continuaram a promover o historicismo. Os movimentos novos acabavam contidos, controlados.

Observa o autor que os artistas, que até o século XVIII viviam do patronato real, aristocrático e eclesiástico, tiveram que conseguir outros clientes e público, consumidores privados e institucionais. Isto era difícil já que a burguesia emergente, que tinha condições de comprar arte, queria reforçar as culturas oficiais. E, assim, a maioria dos novos ricos não se tornou patrocinadora do modernismo, da vanguarda. Os novos ricos queriam se aproximar do antigo padrão da aristocracia francesa.

Se o século XIX é marcado pela luta entre modernos e acadêmicos, os acadêmicos continuaram controlando postos nas academias, nos conservatórios e nas comissões definindo currículos, montando júris e concedendo prêmios nos salões anuais e com isto controlavam o acesso a carreiras. Assim, padrões acadêmicos continuaram a regular o gosto na arquitetura, na música, na ópera.

Vale lembrar que os edifícios voltados para abrigar museus continuaram por muito tempo seguindo o modelo historicista, guardando o estilo do templo grego clássico (British Museum, National Gallery em Londres, Altes Museum em Berlim, Metropolitan em Nova York). Isto só é rompido muito depois, no século XX, com o Centro Pompidou em Paris e, antes, com o museu Guggenheim de Frank Lloyd Wright em Nova York.

Mesmo na pintura, pondera Arno Mayer, havia a valorização, em primeiro lugar, de temas históricos e da mitologia, em segundo lugar, da natureza. Foi a viagem de Pissarro e Manet para Londres após a Comuna de Paris que permitiu lá o contato com a pintura de William Turner (1775-1851), pintor romântico que pintou principalmente paisagens marinhas e fez estudos sobre cor e luz. As pinturas de Turner são consideradas precursoras do impressionismo.

O apego a uma arte mais convencional no final do século XIX pode ser constatado pela *via crucis* que os impressionistas tiveram que enfrentar para expor suas telas e as reações que sofreram tanto do público quando da crítica especializada. Sem patrocínio do governo e do mundo privado, os pintores acabam sendo apoiados pelos governos locais. Isto acontece no mesmo momento em que valorizavam a autonomia e autoria do pintor. Governos municipais, prefeituras, museus, bibliotecas, universidades acabam fazendo encomendas de murais, de monumentos.

Para Mayer, isto tudo faz as vanguardas se tornarem "alienadas", elas passam a defender a arte pela arte e se fixam em um esteticismo extremado. A vanguarda teve que criar redes alternativas — salões independentes com os artistas recusados nos oficiais, exposições sem júris nem prêmios apoiadas apenas por comerciantes de arte. Orquestras e teatro que apresentam peças de vanguarda são grupos amadores e se apresentam em cabarés.

Entre os artistas, os pintores, ainda segundo Mayer, foram mais livres, mais realistas e puderam pintar o que viam. Saíram de seus ateliês sombrios e foram para a luz aberta. A visão que eles produziram, entretanto, foi de uma cidade esvaziada da turbulência das fábricas e das multidões!!!

Por fim, vale observar a terceira vertente que vai ver "Paris como decadência".

O livro *França, fin de siècle* de Eugen Weber (1988) vai expor os conflitos, as contradições presentes na vida da França e da Europa no fim do século XIX. No caso, a expressão *fin de siècle* indica uma conotação negativa designando perplexidade, declínio de padrões. A expressão nomeia quase tudo — negociatas, adultério, assassinato, escândalos financeiros. Faz referência ao tempo de anarquia moral que foi visto pela Igreja Católica como o da presença da mão do diabo. Fim de século se associa a fim do mundo, a uma sociedade prestes a desaparecer, alarmada por sintomas de "degeneração". Émile Zola, por exemplo, falou de Paris como um antro de iniquidades.

A medicina vai trabalhar com sinais de degeneração expressos na diminuição da população, no definhamento da moralidade, no aumento da criminalidade, na deformação da mente e do corpo. Alguns sintomas individuais: sono perturbado, digestão complicada, má circulação, fadiga, sintomas neurastênicos seriam indicadores da degradação e decrepitude da sociedade. A vida moderna, urbana, leva à deterioração física e psíquica. A fraqueza dos nervos produz neuroses. Neurastenia (doença dos nervos), degradação da energia, sífilis, degeneração física que favorecia o crime.

A degeneração física favorece o crime e é interpretada por um darwinismo vulgarizado. O homem moderno estava indo contra o princípio da seleção natural ao cuidar dos fracos, dos retardados, dos degenerados, prolongando a vida dos idiotas, dos imbecis. Fazia-se assim uma seleção às avessas, já que se salva criminosos, degenerados, deficientes mentais que deveriam ser esterilizados.

A qualidade estava em declínio e se fazia a glorificação de atitudes decadentes. A literatura trata de figuras e situações decadentes que confirmam o mundo arruinado e que combinam moralismo e diversão.

Este tipo de pensamento dá origem ao darwinismo social, ou seja, a aplicação à vida social dos princípios derivados de estudos sobre a evolução natural. A luta de todos contra todos e a sobrevivência dos mais aptos ofereciam justificativas consideradas "científicas" aos dominantes. Se a desigualdade era natural, cabia aos mais capazes a direção da vida social. Estes constituíam as minorias, as elites. Para as ideias darwinistas da pré-seleção biológica aceita à época, não se trata só que os homens não são iguais, mas que as desigualdades eram hereditárias. Assim, as massas democratizantes e sifilíticas só poderiam manter a mediocridade e a mestiçagem. A miséria tinha causas patológicas; doença e crime, má formação e mortalidade, delinquência, loucura eram tratados como doenças contagiosas.

O homem moderno estava indo contra a seleção natural ao cuidar dos fracos e degenerados. Se a sociedade era vista como organismo vivo, as desordens sociais eram expressões da doença.

Vale mencionar dois episódios da vida francesa que expõem as entranhas dos males, da degeneração da sociedade e são indícios que ajudam a compreender e a entender a gravidade da situação naquele momento. Um primeiro é o "escândalo do Panamá", sociedade montada para construir o canal do Panamá após o sucesso da construção do Canal de Suez. Em 1891-92, o colapso da Companhia que, ao falir, levou junto a economia de milhares de pequenos investidores. O segundo é "o caso Dreyfuss" que começa em 1894 quando o capital Dreyfuss, do Estado Maior do Exército, foi preso e condenado por ter passado informações para os alemães, ou seja, foi acusado de espionagem. Foi julgado e condenado à deportação. Sua família nega e luta para desfazer o julgamento. Em 1896 é publicada no jornal *L'Aurore* a famosa carta de Émile Zola "*J'accuse*" que produziu imenso debate e dividiu intelectuais, artistas e políticos em dois grupos. O caso ficou mais grave quando do suicídio do oficial que falsificou documentos comprovadores da culpa de Dreyfuss. Este foi anistiado em 1900 e reabilitado em 1906.

É preciso ressaltar que todo este leque de sintomas — ruína, decadência, degeneração — não é capaz de conter toda representação simbólica sobre Paris. O francês, o barão Pierre de Coubertin, reage ao que seria a degeneração física e moral deste fim de século fazendo a defesa da introdução na França da ginástica e propondo a realização das Olimpíadas da era moderna.

Outro olhar positivo se fez presente na Exposição do Centenário da Revolução Francesa em 1889 e na Exposição Universal de 1900, que vão apresentar aos franceses e ao mundo a imagem do progresso.

A partir de 1851 começam as primeiras exposições universais que passam a apresentar e a sonhar com um mundo todo interligado. As exposições internacionais são importantes na divulgação e conversão dos povos e das nações aos valores do progresso. Organizam e exibem coleções de arte e de ciência, além de apresentarem produtos e mercadorias que simbolizam tal progresso dos países, em especial do país organizador do evento.

Vale registrar que o progresso entendido como resultado da ciência positiva consagrou uma nova elite composta por cientistas, médicos, engenheiros que compõem uma nova burocracia que passa a decidir e regular a vida dos habitantes da cidade.

As exposições universais também estavam voltadas para a classe trabalhadora e para a divulgação de produtos, da mercadoria. Festeja o progresso e faz uso da diversão para isto. Neste sentido, são os primórdios da indústria do entretenimento.

A Exposição de Londres de 1851 entrou para a crônica da história da ciência e da tecnologia pelo fato de ter sido a primeira exposição de caráter "internacional" e por ter sido capaz de criar e modelar todo um imaginário de modernidade. A maior lembrança que ficou desta exposição foi o Palácio de Cristal, estrutura em ferro e vidro construído em apenas um ano. O prédio mostrava não apenas os usos de novos materiais, como também o da técnica que permitia agir sobre o espaço-tempo, criando uma nova sensibilidade. No decorrer da segunda metade do século XIX outros prédios igualmente grandiosos foram sendo construídos.

Marshall Berman, em suas reflexões em *Tudo que é sólido desmancha no ar* (2001), analisa o Palácio de Cristal como símbolo da modernidade. A estrutura gigantesca que poderia ser desmontada com a mesma facilidade com que foi montada simbolizava a modernidade onde tudo se volatiza:

> O tom do edifício é pomposo e solene; a mensagem que proclama é não somente o ápice histórico, mas também de totalidade cósmica e imutabilidade [...]. Em sua relação com a natureza, o palácio antes envolve que oblitera; grandes árvores antigas, ao invés de serem cortadas, são contidas dentro do edifício onde [...] crescem

> maiores e mais sadias que nunca. Além disso, longe de ter sido projetado com árido cálculo mecânico, o palácio de Cristal é, realmente, a construção mais visionária e ousada do século XIX. Apenas a ponte do Brooklyn e a Torre Eifell, uma geração mais tarde, fariam frente a sua expressão lírica das potencialidades da era industrial. [Berman, 1987:224]

Ainda que as exposições nacionais e internacionais tenham a maioria de suas edificações construída em arquitetura acadêmica, eclética, elas, por outro lado, também abriam espaço para prédios representantes da nova era tecnológica. A cada nova exposição, surgia um novo prédio ou monumento para mostrar o progresso material da cultura ocidental. Assim deram chance para a apresentação de novas técnicas construtivas que faziam uso do ferro e do vidro. E então foi possível a exibição de outro estilo artístico que se tornou presente nas edificações privadas e públicas tais como mercados, estações ferroviárias. A tecnologia de ferro, vidro e concreto, como já dissemos, se fez presente em muitas exposições como em Londres em 1851, com a apresentação do Palácio de Cristal. Em Paris para a Exposição de 1889, comemorativa do Centenário da Revolução Francesa, vai ser construída a Torre Eiffel; e para a exposição de 1900 serão construídos o Grand e o Petit Palais. Será também em 1900 a inauguração da primeira linha de metrô em Paris com suas estações em *art nouveau*. E ainda vale ressaltar — o catálogo da Exposição de Paris de 1900 é *art nouveau*.

O *art nouveau* descobriu as possibilidades estéticas do ferro com o vidro. Voltava-se para as formas da natureza, formas orgânicas, sensuais. Procura a leveza, a sutileza, a transparência e a sinuosidade. Era acima de tudo a explosão do individualismo. Seu sucesso dependia da força pessoal e da sensibilidade do *designer* ou artesão. Daí se ocupar mais com objetos de uso do que com pinturas e estátuas. O individualismo do *art nouveau* se vincula ao tempo em que se volta a valorizar o artesanato e a recusar a indústria. Para muitos de seus críticos, o *art nouveau* foi moda apenas decorativa, daí ter durado pouco mais de 10 anos.

O *art nouveau* está presente em muitas cidades. Para ficar só naquelas que foram mencionadas neste capítulo, temos em Viena as estações do metrô de Otto Wagner e o edifício da Sezession de Joseph Olbrich (1898) com sua cúpula de ferro batido com ramos de louro entrelaçados. Em Paris com o arquiteto Hector Guimard e seus acessos do ferro fundido ao metrô recém-inaugurado. E, como já mencionamos, ele está presente em Barcelona na obra particular, individual, inclassificável de Gaudi.

A relevância das exposições universais pode nos permitir abrir uma outra janela e mencionar a participação brasileira à Exposição de 1889, que comemora os 100 anos da Revolução Francesa. Isto se deu no momento mesmo em que o Império já se encontrava em seus últimos meses. Apresentou-se representado por uma delegação de empresários e jornalistas que contou com o apoio de Pedro II (Barbuy, 1996; Pereira, 1991).

A Exposição de 1889 celebrava o domínio da natureza pela tecnologia, expressa na construção da Torre Eiffel. Próximo à Torre se localizava o pavilhão brasileiro construído em estilo "hispânico", com uma estrutura quadrada, arcos, janelas mouriscas no segundo andar, azulejaria em fiança e com um minarete. Entre seus ornamentos externos, estavam seis figuras de índios representando os principais rios brasileiros.

A decoração do seu interior foi feita exibindo riquezas naturais de flores e frutas do Brasil — café, amostras de madeiras, mate, algodão, tabaco. A exibição tanto de matérias-primas quanto de manufaturados da indústria extrativa e agrícola. Eram exibidos também alguns objetos manufaturados como chapéus, sapatos, luvas, vidraçaria, conservas, cerâmica, perfumaria.

Litografias, gravuras, livros e papelaria, encadernação, mobiliário procuram apresentar um "verniz de civilização" ainda que incipiente, nos diz Barbuy (1996). A Galeria de Belas-Artes apresentava a reprodução de telas monumentais como *A Batalha dos Guararapes* de Victor Meirelles e *Independência ou morte* de Pedro Américo.

Em torno do pavilhão, um jardim repleto de flores e folhagens como uma vitória-régia do Amazonas. O jardim com palmeiras, bananeiras, orquídeas ricas em aromas, cores e sabores. Paralelo a tudo isto a apresentação de um Brasil indígena, a habitação dos índios da Amazônia sob a organização de Ladislau Netto, então diretor do Museu Nacional.

Em espaço fora do Pavilhão se fez a exibição de um grande *Panorama da cidade e da baía do Rio de Janeiro*. Tal obra foi concebida por Victor Meirelles e executada por ele e pelo belga Langerdock. Era uma tela circular de 115 metros de comprimento e 14,5 de altura apresentada dentro de uma rotunda que permitia uma visão panorâmica da paisagem. A tela atravessada por efeitos de luz provocava efeito de movimento e dava ilusão de uma paisagem real. Tal panorama representava o Rio de Janeiro ao pôr do sol em julho observado a partir do morro de Santo Antônio.

O efeito de movimento levava a uma viagem imaginária à terra do Brasil; fazia o país ser conhecido na Europa e visitado por estrangeiros. Também fazia parte do esforço brasileiro em mostrar a "civilização em marcha" em uma região periférica a ser conquistada pela indústria, ou seja, uma região onde investir e para onde poderia migrar a população excedente da Europa.

Para além das diferentes visões sobre a cidade, devemos lembrar que a Paris de Haussmann aparece também como referência de *bonheur*: a prosperidade, a paz, o progresso que avança baseado na ciência e na tecnologia. A paz vigente a partir do fim da Guerra Franco-prussiana de 1870. O lazer com o cinema, o automóvel, a bicicleta tornada acessível aos operários. Tudo isto associado ao aumento da liberdade.

Assim, o período entre 1900 (data da Exposição de 1900) e 1914 (início da Primeira Guerra) ou mesmo 1912 (data do naufrágio do Titanic como uma pré-figuração do que virá com a guerra) vai ser nomeado por *belle époque*.

O conceito de *belle époque* passa a representar este tempo e o espaço de Paris. Depois a palavras se estendem a outros lugares. Este tempo de felicidade vai ter sua construção ligada a uma certa nostalgia, já que faz alusão a um tempo passado. Tal nomeação vai ter destaque anos mais tarde, em torno dos anos 1930 ou 1940, quando a vida de Paris está sombria, sob a ocupação alemã. Fazer menção à *belle époque* fez parte de um movimento de comemorações nostálgicas que retorna ao início do século como um imaginário de tempo feliz.

De qualquer maneira, o uso de palavras francesas em outros contextos na Europa, na América do Sul, denota fortemente a dominação cultural francesa no período. Fala-se de uma época feliz da Europa, da França onde Paris, com suas exposições, se torna um epicentro da vida europeia, tempo forte de manifestações culturais que foi interrompido pela Primeira Guerra Mundial.

Referências

BARBUY, Heloisa. O Brasil vai à Paris em 1889: um lugar na Exposição Universal. *Anais do Museu Paulista*, São Paulo, nova série, v. 4, jan./dez. 1996, p. 211-261.

BENJAMIN, Walter. Paris, capital do século XIX. In: FORTUNA, Carlos. *Cidade, cultura e globalização*. Oeira: Celta Editora, 2001, p. 67-80.

_____. *Passagens*. Organização de Willi Bole. Belo Horizonte: Editora UFMG; São Paulo: Imesp, 2007 [1935].

BERMAN, Marshall. *Tudo o que é sólido desmancha no ar*: a aventura da modernidade. São Paulo: Companhia das Letras, 2001.

BRESCIANI, Maria Stella. Apresentação. In: _____ (Org.). *As palavras da cidade*, Porto Alegre: Ed. UFRGS, 2001, p. 9-16.

CASÉ, Amanda. Reforma urbana de Paris, Viena e Barcelona. Faculdade do Vale de Ipojuca. Arquitetura e Urbanismo. 12 abr. 2012. Disponível em: http://teorizandoaarquitetura.blogspot.com/2012/04/aula-08-reforma-urbana-de-paris-viena-e.html. Acesso em: 15 jun. 2019.

MAYER, Arno. *A força da tradição*: a persistência do antigo regime (1848-1914). São Paulo: Companhia das Letras, 1987.

MORSE, Richard. As cidades "periféricas" como arenas culturais: Rússia, Áustria e América Latina. *Estudos Históricos*, v. 8, n. 16, 1995, p. 205-225.

NICOLLAZI, Fernando. Um mosaico de passados: o Bairro Gótico de Barcelona. *Café História* — História feita com cliques. 16 set. 2019. Disponível em: www.cafehistoria.com.br/bairro-gotico-de-barcelona/. Acesso em: 18 out. 2019.

ORTIZ, Renato. *Cultura e modernidade*. São Paulo: Brasiliense. 1991.

_____. Walter Benjamin e Paris; individualidade e trabalho intelectual. *Tempo Social*, Revista de Sociologia, São Paulo, v. 12, n. 1, mai. 2000, p. 11-28.

PEREIRA, Margareth Campos da Silva. A participação do Brasil nas exposições universais. *Projeto*: revista brasileira de arquitetura, planejamento, desenho industrial, construção, n. 139, mar. 1991, p. 83-90.

PEVSNER, Nicolaus. *Origens da arquitetura moderna e do design*. São Paulo: Martins Fontes, 2001.

SCHORKE, Karl. Museu em espaço contestado: a espada, o cetro e o anel. In: _____. *Pensando com a história*: indagações na passagem para o modernismo. São Paulo: Companhia das letras, 2000, p. 124-161.

WEBER, Eugen. *França, fin de siècle*. São Paulo: Companhia das Letras, 1988.

5. Desafios e soluções do século XIX: o caso de Londres

As principais transformações que revolucionaram a forma de pensar e de viver do ser humano tiveram lugar em um espaço especial — a cidade. Ela passa a ser o lugar, por excelência, do mundo moderno e do progresso entendido como resultado da ciência positiva. Tal concepção de ciência consagrou uma nova elite composta por cientistas, médicos, engenheiros que vão compor uma nova burocracia responsável por decidir e regular a vida dos habitantes da cidade ainda que sob as ordens de um poder dinástico. São os membros desta nova elite que vão ser os artífices do processo de transformação das cidades, planejando e implementando os "melhoramentos", sejam eles urbanísticos ou sanitários.

Para acompanhar a reflexão sobre a cidade, vamos retornar às categorias sugeridas por Carl Schorske (2000) quando o historiador se refere à cidade do século XIX, já sob a égide da economia industrial. Tal situação passou a ser caracterizada e narrada no pensamento europeu como "cidade como vício", com seus desafios e as possíveis soluções. Caberia então:

1) Melhorar as cidades, como no caso das reformas urbanas em Barcelona, Viena, Paris entre outras.
2) Construir cidades "novas", ou seja, "fugir para a frente" como na construção de São Petersburgo (começa em 1720 e seu Palácio de Inverno é de 1820) na Rússia e de Washington em 1800 nos Estados Unidos.
3) Voltar ao campo, "fugir para trás".

Os casos históricos, é sempre bom enfatizar, foram e são sempre mesclas de tais soluções.

A cidade vista como fonte do vício se acentua a partir da segunda metade do século XIX, visão esta que culmina com a exacerbação das consequências negativas da industrialização. O cenário urbano passa então a ser marcado por condições precárias de moradia, de trabalho e de saúde. A miséria urbana cresce à medida mesmo do crescimento da cidade. Há assim a negação das virtudes da industrialização e com isto também se destrói o otimismo sobre o progresso e sobre a riqueza da civilização. As promessas, os sonhos tinham se tornado pesadelos.

Diante de tal situação, ainda segundo Carl Schorske (2000), se manifestam reações de dois tipos: as arcaizantes e as futuristas. As arcaizantes apregoam o abandono da cidade; as futuristas, a sua reforma. Entre estes, os futuristas, estão os reformistas sociais ou socialistas. Ainda que a fé na cidade tenha sido abalada, eles não defendiam a volta ao passado e sim sua melhoria. A obra de Engels, *A situação da classe trabalhadora na Inglaterra*, de 1845, era totalmente crítica à vida urbana, mas mesmo assim o autor reconhecia ser a cidade o teatro da libertação proletária. Marx também se enquadra nesta linhagem, já que era contra o capitalismo, mas defendia o capital como força necessária e progressista contra o mundo rural. Para os futuristas, a cidade possuía vícios que poderiam ser superados pelas energias da própria cidade, principalmente da classe proletária.

Entre os arcaizantes que recusam a idade da máquina e a cidade moderna estão Ruskin, de quem falaremos mais a respeito adiante, Dostoiévski, Tolstói, entre outros. Estes pregam a volta à sociedade agrária ou à pequena cidade. Estão também nesta categoria os socialistas utópicos como Fourrier e os sindicalistas para quem era impossível ter uma boa vida na cidade moderna.

Vamos abordar agora o caso específico de Londres.

A cidade de Londres tinha em 1890 cerca de 5,6 milhões de habitantes, ao passo que Paris tinha 4,1 milhões e Berlim, 1,6 milhões. O tamanho da população é expressão do tamanho do problema. A superlotação das moradias, a alta taxa de suicídios, de alcoolismo e de doenças venéreas informam sobre a decomposição social. Tudo isto gerava temores de declínio biológico e de insurreição política. O problema era a própria cidade-gigante, nos diz Peter Hall em seu importante livro *Cidades do amanhã* (2011).

Para enfrentar a superpopulação da cidade e de seus cortiços foram produzidos "melhoramentos" graças à reação dos legisladores, dos reformistas locais e também pela contribuição dos empresários.

As ideias liberais predominantes da sociedade inglesa levaram a que o controle dos graves problemas enfrentados pela cidade na era industrial tivesse lugar predominantemente por meio das ideias sanitárias (Ottoni, 2002:37). Os primeiros instrumentos práticos de atuação do poder público em Londres foram assim leis sanitárias. Graças a elas, de 1859 a 1873 foi implantado um sistema básico de drenagem e de esgotos em Londres.

Sobre tal aspecto vale mencionar um interessante livro de ficção baseado em dados históricos sobre o papel das explicações a respeito de uma epidemia de cólera que se abateu sobre Londres em 1854. Trata-se de *O mapa fantasma*, de Steven Johnson, que aborda o embate entre um médico e um pároco e entre duas teorias: a dos "miasmas" e a da transmissão pelo uso da água do subsolo (Herculano, 2010).

Para além da questão sanitária, a melhoria das condições de mobilidade da cidade foi conseguida com a instalação do transporte ferroviário a partir de 1825. A ferrovia e a produção de leis sanitárias foram capazes de produzir êxitos na reconfiguração urbana de Londres.

Afora o sistema de drenagem e esgoto e a ferrovia, cabe destacar o papel do metrô de Londres cuja primeira linha é de 1863 como uma via subterrânea de mão dupla, transportando as pessoas para a cidade e para fora dela. O metrô funcionou como artéria e veia da cidade, para usar a metáfora médica (Sennet, 1997). O metrô possibilitou a alteração da situação anterior onde os pobres se amontoavam em bolsões da velha Londres. O transporte barato permitiu que os pobres se mudassem para regiões mais afastadas e passassem a habitar casas com maior conforto tendo cômodos separados para dormir e para comer. A cidade fluía pela manhã para o centro, para o trabalho, para compras nas novas lojas de departamento; à noite, os mesmos meios esvaziavam o centro. O esvaziamento do centro é visto como melhoria. Isto será revisto e considerado como problema só no final do século XX.

O Parlamento britânico foi resistente a criar uma legislação de intervenção do Estado na vida da cidade, como já mencionamos, e só vai ceder diante de nova epidemia de cólera em 1848, quando se aprova a primeira lei que abriu espaço para outras leis, até que em 1866 foi introduzida a ideia de desapropriação de imóveis com valores abaixo do valor de mercado. Em 1848 foi também aprovada a primeira lei regulando o controle na construção de edifícios e de ruas. Em 1875 foram dados poderes às autoridades locais para elaboração de regulamentos de controle para construção de casas e dos espaços entre elas.

A atuação sobre a cidade contou também com a presença da iniciativa privada. Empresários começam a construir junto às suas fábricas as acomodações para os operários, assim como asseguram melhores condições de trabalho, garantindo espaço de reunião, de lazer, tratamento médico, entre outros benefícios. Tais fábricas passaram a ser localizadas, de preferência, no campo.

Cabe registrar que Londres teve também, na primeira metade do século XIX, um projeto de urbanização realizado em parte da cidade e levado a cabo por John Nash, arquiteto do príncipe regente (futuro rei Jorge IV). Foi ele quem projetou em 1811 o Regent's Park (Parque do Regente) em terras originalmente usadas para caça esportiva da realeza e isto transforma Londres. Tal projeto ampliou o território da cidade e, é bom registrar, não envolveu a derrubada de partes edificadas da capital.

O Regent's Park tem uma estrada externa e um anel viário interno onde se encontram os Jardins da Rainha Mary, esposa do rei Jorge IV. Duas vias fazem a ligação entre o anel externo e o interno. O parque propriamente dito é reservado para os pedestres. De parque real a partir de 1811, vai ter suas portas abertas ao público em 1838. A construção da Regent Street entre 1817 e 1932, com suas arcadas de lojas e calçadas largas, faz desta rua o coração de uma nova área comercial. A Regent Street e o Regent's Park formam, rua e parque, um conjunto que deixou sua marca no espaço da cidade e criou a representação simbólica dos ingleses como apreciadores do verde e do campo. No Regent Park se encontra um teatro ao ar livre, o Queen's Mary Garden, o zoológico, um lago. O Parque tem 166 hectares.

Para podermos dimensionar este parque, vamos compará-lo com a Quinta de Boa Vista no Rio de Janeiro, onde também se encontra um zoológico e um lago. Esta tem 155 hectares e seu jardim foi desenhado pelo paisagista francês Auguste Glaziou em 1869.

John Nash, é bom lembrar, como arquiteto "oficial", foi também o responsável pela construção do Palácio de Buckingham em 1825 e do Pavilhão Brighton, este último em estilo oriental. Pode-se dizer que na arquitetura adotada em Londres durante o século XIX de fato predomina uma arquitetura neoclássica que "copia" templos gregos em seus edifícios públicos, como a National Gallery, o Banco da Inglaterra e o Museu Britânico.

Adotando códigos de construção rígidos, com quarteirões contrastando com espaços livres e floridos, mantendo o ritmo contínuo das quadras e o esplendor dos prédios, Nash vai organizando parte da cidade e empurrando os pobres para longe. Ao tomar tais medidas, ele vai obtendo uma redução da densidade populacional.

Há uma tradição de uso do espaço verde, seja em casas seja em parques públicos, como no caso da abertura do Hyde Park no centro de Londres em 1637 ou do Regent's Park em 1838. Há também uma tradição de casas burguesas unifamiliares com jardins, com árvores e gramados em trechos da cidade de Londres. Ou seja, fala-se mesmo do amor dos ingleses pelo campo.

Além da proliferação de parques, há a construção de casas simples e sólidas na cidade de Londres. A maioria delas foi construída em terrenos arrendados por, no máximo, 99 anos. A propriedade era inalienável e pertencia a um pequeno número de grandes proprietários. Isto é um traço particular do caso da capital inglesa.

Para além das transformações sanitárias e urbanísticas realizadas na cidade de Londres ao longo do século XIX, foi também ali que se configurou outra resposta aos problemas urbanos: as cidades-jardim.

Esta vertente urbanística é representada por Ebenezer Howard (1850-1928) que, inspirada no passado, na valorização do campo e da natureza, vai propor o que ficou conhecido como a cidade-jardim do amanhã. Tal proposta não é a de uma cidade isolada no campo; é a cidade com população de cerca de 30 mil habitantes. Quando a população ultrapassar este total, outra cidade deve começar. A cidade deve ter praça central, avenidas radiais e indústria localizada na sua periferia; e com cinturão verde para impedir seu avanço sobre o campo. Tais ideias germinaram sob inspiração de socialistas utópicos, de socialistas agraristas e de membros de seitas religiosas inspirados por William Morris e John Ruskin, dos quais falaremos adiante.

Esta vertente é guiada pela crença básica de que "ambientes civilizados geram comportamento civilizado". A valorização do "lar saudável" permite a derrubada de cortiços e a construção de novas casas com a valorização da casa como "lar".

Howard recebe influência do *Arts and Crafts Movement* que rejeita os produtos fabris pela sua baixa qualidade estética e reprova a desvalorização do trabalho humano do operário. Tal movimento valoriza a cidade medieval, valoriza o campo e propõe um agrupamento urbano de pequeno porte e ligados à natureza.

Em 1898, Howard publica o livro que, revisado e reeditado em 1902 sob o título *Garden Cities of Tomorrow*, influenciou muitos reformistas pelas ideias simples, claras e objetivas. Sua cidade do amanhã se refere a um agrupamento humano equilibrado capaz de aproveitar as vantagens do campo e da cidade.

Em seu livro, Howard defende a possibilidade de alojar a população em terra adquirida pela comunidade organizada, com empréstimo para financiar a compra da terra e que será amortizado por cotas de participação. O solo urbano e rural passa a ser patrimônio coletivo dos moradores. Ninguém se torna proprietário de suas casas. O solo urbano da cidade-jardim do amanhã é socializado, mas não constitui propriedade do governo ou é por ele gerido. O Estado é reduzido à municipalidade que, por sua vez, é controlada pelos seus habitantes.

Assim, é diante da descrença que a cidade pudesse resolver seus problemas que vai surgir a proposta de Ebenezer Howard, em seu já mencionado livro *As cidades-jardins do amanhã*, que propõe deixar as cidades velhas, sujas, congestionadas para trás e construir novas, em tamanho viável em escala humana, com suas próprias fábricas e escritórios, jardins e parques.

Vale registrar que variações da cidade-jardim levaram ao movimento de suburbanização, principalmente nos Estados Unidos com a construção de moradias populares em bairros mais distantes, muitas para socializar e fomentar o espírito de vizinhança nos imigrantes. Isto foi possível graças ao desenvolvimento do transporte coletivo e à vigência de hipotecas baratas.

No Brasil, tais ideias estiveram presentes em São Paulo, a partir da Companhia City of São Paulo Improvement and Freehold Land Company Limited, fundada em Londres em 1911. Áreas pouco valorizadas à época foram loteadas e transformadas em áreas nobres da cidade como o Jardim América (o primeiro, loteado em 1919), o Pacaembu, parte do Butantã. O projeto ficou a cargo do inglês Barry Parker, responsável por projetar áreas residenciais em torno de Londres e que pretendeu reproduzir em São Paulo o que lá havia de melhor.

E também no Rio de Janeiro, em 1929, com o Plano Agache, que o arquiteto francês propõe experiência aproximada de cidade-jardim para a ilha do Governador e para a ilha de Paquetá.

Sabemos da força da corrente acadêmica clássica, da vertente historicista e do ecletismo presente na arquitetura urbana do século XIX em cada país. O historicismo, entendido como a arquitetura que valoriza as experiências particulares, locais, nacionais em oposição ao universalismo, teve vigência na Europa antes da década de 1880, e predominou na Inglaterra vitoriana, na França de Napoleão III e na Berlim de Guilherme II. A arquitetura urbana da época reflete a força da corrente arcaizante. Prédios comerciais, de moradia e públicos tendiam a ser construídos em estilos eclético, neoclássico ou historicista em Viena, em Paris ou Berlim. Mesmo nas Exposições Internacionais predominou o acadêmico, ainda que alguns pavilhões se destaquem pelo novo, como o caso do Palácio de Cristal em 1851 em Londres. Pontes ferroviárias e fábricas foram também mais receptivas aos novos estilos, como o *art nouveau*.

Na Inglaterra do final do século XIX houve um movimento de afirmação, interpretação e preservação de um passado e isto se fez presente na produção de edifícios públicos neogóticos (Meneguello, 2008).

Neste movimento, Manchester, a cidade matriz da industrialização, cujos operários vivenciaram todos os dramas e vícios da cidade industrial, capital do "livre comércio", se torna o caso relevante. A construção da Town Hall de Manchester em 1875 teve seu projeto aprovado em concurso com a presença de uma comissão de julgamento. E foi ali, em uma cidade sem passado, que teve lugar a reinterpretação do passado com a escolha do estilo gótico para sua nova prefeitura.

Assim, na Inglaterra, a percepção do passado se volta para duas ideias. A de voltar à comunidade como modelo de cidade e ao uso do medieval na construção da cidade industrial. Vai ter espaço a valorização dos estilos medievalistas que se farão presentes no fim do XIX com uma onda do neogótico, do neomanuelino.

Para entender a revalorização deste estilo presente na arquitetura de igrejas do século V ao XIV é preciso voltar no tempo.

As viagens em busca de um passado memorável atingiram diferentes lugares em torno do Mediterrâneo: Grécia, Roma, Egito, Constantinopla (que tomada pelos turcos em 1453 se tornou Istambul). As viagens à Terra Santa já tinham sido interrompidas quando os turcos tomaram os "lugares sagrados", acontecimento histórico este que deu origem às Cruzadas.

Nesta busca ao passado foram sendo encontrados vestígios mais recentes: construções religiosas do século V ao XIV, período em que as cidades na Europa tinham encolhido, que até então eram pouco valorizadas e que se situavam predominantemente nas cidades do norte da Europa. Tal estilo tinha como marca a simplicidade de linhas, poucos adornos, que expressa um mundo terreno simples e pobre. Nestas construções as paredes deixam de ser o suporte do peso vertical. Isto permitiu a abertura entre os pilares e tal espaço passou a ser ocupado pelos vitrais que funcionavam como livros para "ler" as histórias da Bíblia.

A descoberta dos vitrais coloridos começa a negar a simplicidade das igrejas góticas. Seriam equivalentes aos mosaicos das igrejas bizantinas e às pinturas nas paredes das igrejas barrocas.

Retornando ao caso inglês, como já foi mencionado, há nele um paradoxo. As ciências vão se voltar para o futuro, as artes se voltam para o passado. E o passado se faz presente em dois sentidos. Na volta à comunidade como modelo de cidade e no uso do estilo medieval na construção em cidades industriais. É este o desafio a ser decifrado, o de compreender como a Inglaterra, vanguarda da industrialização, vai valorizar a arquitetura do passado na construção ou reconstrução de edifícios públicos tanto em Londres quanto em Manchester (capital da revolução industrial).

Assim, o estilo gótico valorizado nos séculos XVIII e XIX, principalmente pelo romantismo, abre espaço para que o neogótico se torne presente na construção de edifícios como a abadia de Westminster (1900) e no Parlamento inglês, reconstruído após incêndio em 1834.

No *revival* gótico pensava-se em reviver um passado medieval e fazer a reabilitação do trabalho humano, da arte e do ofício do artesão, daí a importância do *Arts and Crafs Movement*, em que se faziam presentes William Morris e John Ruskin, entre outros. A preservação do passado medieval se faz presente com o movimento de *revival* gótico e com as sociedades de preservação do patrimônio. Ou seja, ali se discute o que deve ser reformado e o que deve ser preservado.

Tal movimento teve como seu porta-voz a revista semanal ilustrada *The Builder* (1843-83) dedicada ao gótico. Em suas páginas se encontram uma história da arquitetura e até uma comparação com os avanços da restauração na França. Ali estão registradas todas as querelas do século XIX britânico quando proliferam os estudos das ruínas e a criação de museus. Ali se vê a batalha entre estilos e a vitória do gótico considerado o verdadeiro estilo inglês, nacional, genuíno.

Como nos diz Cristina Meneguello (2008), foi sob a égide da rainha Vitória que os ingleses se voltaram para seu passado. E a valorização do mundo medieval se apresentou pela presença da opção estética pelo gótico. As ruínas vão ser ricos sinais do passado e seu estudo passa a ser um modo de conhecer tal passado. As ruínas, por pertencerem a dois mundos, o do passado e o do presente, transmitem o sentido de transitoriedade, de fraqueza, de finitude da obra humana e, ao mesmo tempo, expressam a permanência do passado no presente. Têm enorme poder de evocar o passado que passa a ser admirado e protegido. Assim, o século XIX vai redefinir o significado da ruína, vai considerá-la documento histórico e arquitetônico. Vai separar, segregar tais locais e considerar necessária sua preservação. No século XIX, a releitura das ruínas abre o caminho para o sentido de preservação do patrimônio (Fortuna, 1997).

As inter-relações entre reforma, restauração e ruínas vão dar origem a diferentes concepções de restauração presentes no caso inglês e no francês.

O crescimento urbano e/ou as reformas urbanas com seu ritmo acelerado de mudanças acabam por colocar na ordem do dia a questão sobre o que deve ser mantido, o que pode ser destruído e o que deve ser restaurado. Tal desafio envolve diferentes concepções de restauração presentes em duas figuras: o inglês John Ruskin (1819-1900) e o francês Viollet-Le-Duc (1814-89).

John Ruskin, sob influência do pensamento romântico, produz ensaios sobre arte e arquitetura que tiveram grande influência da Era Vitoriana. Reage ao classicismo e, em contraposição, valoriza o medievalismo. Considera a natureza a fonte da verdade e da beleza. Quanto à restauração do patrimônio histórico, considera que em muitos casos não haveria nada a salvar, a não ser fazer reparos pontuais. E em tais casos a restauração seria uma bárbara destruição, uma imitação do passado, o falso histórico, e com isto levaria à perda do significado documental. Para os românticos ingleses, as marcas do tempo impressas nas construções faziam parte de sua essência e deviam ser respeitadas, já que a degradação faz parte da história. Para Ruskin, o passado expresso nos edifícios se equipara às ruínas. O destino de todo monumento histórico é a ruína. Os efeitos do tempo nas obras são merecedores da veneração. Como a restauração, segundo Ruskin, é a destruição, o melhor é manter uma ruína do que a restaurar. Copiar com exatidão os detalhes do antigo edifício é uma fraude. Cuide bem de seus edifícios que não será necessária qualquer restauração.

Monumentos históricos eram relíquias e como tais não devem ser restaurados, já que, segundo Ruskin, "tão impossível quanto ressuscitar um morto é restaurar o que quer que tenha sido grandioso ou belo na arquitetura".

John Ruskin publica em 1849 seu livro *As lâmpadas da arquitetura: sacrifício, verdade, poder, beleza, vida, obediência, memória*, onde apresenta sua apologia das ruínas e expressa respeito à cultura tradicional. Para o autor, a lâmpada da memória é ponto central já que permite vencer o esquecimento por meio da arquitetura. É ali onde se manifesta contra a restauração de edifícios como era então praticada no século XIX e defende a proteção dos edifícios do passado (proteção e não restauração). Entre tais edifícios estão as pequenas habitações que representam a vida de quem as construiu e nelas habitou. Assim mesmo, os edifícios domésticos deveriam ser protegidos.

Outro livro de Ruskin é intitulado *As pedras de Veneza*, obra que exerce influência sobre William Morris. Aqui considera como mais grave a industrialização que separa o homem de sua capacidade de criação. Era urgente, segundo Ruskin, que o homem recuperasse sua capacidade artesanal, o uso das mãos e do intelecto. Tudo isto muito distinto das técnicas industriais. Os homens deveriam recuperar o prazer no trabalho.

Para Ruskin, era necessário redescobrir no período medieval a capacidade artesanal ameaçada pela era industrial. Reabilitação do artífice, da arte popular, é o que inspira o *Arts and Crafts Movement*, liderado por William Morris. Tal movimento desencantado com a civilização moderna prega a restauração da cultura artesanal como forma de rejuvenescimento do ambiente moderno em projetos de casas, móveis, papéis de parede, tecidos. Françoise Choay (2011) nos mostra como Ruskin e o *Arts and Crafs Movement* vão valorizar a casa, a habitação comum.

Morris, segundo o artigo de C. Schorke (2000), busca o futuro nas relíquias do passado e pensa sobre a função do artista em seu tempo. Recupera ou se apropria das lendas da tradição — mitos nórdicos ou germânicos — da poesia dos trovadores, do ideal do artesão medieval. Se era revolucionário na expressão estética, era conservador na busca do apoio aos seus ideais. Ele expressa a versão inglesa do tema comum do século XIX — o desencanto com a civilização moderna, assim como Wagner expressa o mesmo na versão alemã.

William Morris (1834-96) foi apaixonado pelo cristianismo medieval. Ele se aproxima de tendências catolicizantes vigentes na Universidade de Oxford e entra para a Sociedade de Canto Gregoriano. Sofre influência de John Ruskin em sua obra *As pedras de Veneza*, onde demonstra a superioridade do gótico sobre outras formas de desenho, fundamento para um medievalismo tardio. O compromisso com o medieval como forma de rejuvenescer o ambiente moderno se afirma pela restauração da cultura artesanal. Luta contra a fábrica e seus produtos, a favor da unidade medieval entre artista e artesão, arte e ofício, beleza e utilidade. O renascimento do artesanato poderia restaurar o prazer do trabalhador e a beleza da vida moderna. Ele e outros artistas se integram ao *Arts and Crafts Movement* (Movimento Artes e Ofícios), que produziu pinturas em cerâmica, azulejos e vidro e que teve influência no *art nouveau* e até na Bauhaus.

Morris construiu para si uma morada-modelo — The Red House — que expressa seus ideais. Estudou, trabalhou e produziu no campo das artes manuais — móveis, papéis de parede, tecidos —, no esforço voltado para fazer renascer o trabalho manual, o artesanato. Em 1861, criou uma firma para fazer produtos artesanais, cadeiras, tapetes a serem vendidos. Com tudo isto, não conseguiu competir com a fábrica e acabou se refugiando na fantasia poética, escrevendo contos como uma fuga da realidade. Contra a feiura de seu tempo, se refugia na arte. Morris luta contra a fábrica inglesa e é perdedor. Ele adere ao movimento socialista e em seus sonhos o futuro socialista se parece com a imagem romântica da Idade Média.

Outra vertente do pensamento de volta ao passado e sobre restauração se faz presente nas propostas do inglês John Ruskin. Para John Ruskin, como já foi mencionado, os monumentos históricos eram "relíquias" e, enquanto tais, as marcas do tempo neles impressos faziam parte de sua essência e deveriam ser respeitadas. Nesse sentido, ele é contra a intervenção que, segundo ele, destrói, é mentira. A ruína deve ser mantida enquanto tal, já que se destina à memória afetiva.

Segundo Ruskin, os edifícios domésticos deveriam ser protegidos, já que tinham o mesmo poder de memória dos edifícios públicos. O edifício é testemunho duradouro diante do transitório. Ele se equipara às ruínas, às relíquias, e não é nosso, pertence àqueles que o construíram. Restaurar um edifício é o mesmo que falsificar uma pintura.

Isto não significa que não devamos cuidar deles. Advogava a inspeção dos monumentos e sua proteção. A preservação envolvia sua manutenção no estado em que chegaram até nós, como relíquia. Se o edifício tem trabalhos de diferentes períodos, tais diferenças devem ser mantidas. Vale o exemplo da mesquita de Córdoba que tem em seu interior uma igreja, mantida mesmo após a restauração.

Ruskin e a Sociedade de Antiquários produziram em 1872 uma lista de monumentos existentes na Inglaterra antes de 1760 e que deveriam receber atenção. Entre eles estavam monumentos pré-históricos como círculos de pedras — Stonehenge — e terrenos de cemitérios. Esta lista nacional deveria ser mantida por diferentes públicos. Eles se voltavam contra o movimento que restaurava igrejas paroquiais deterioradas e as transformava em edifícios góticos. Tal restauração destruía edifícios normandos e criava uma falsa uniformidade.

William Morris, sob inspiração de Ruskin, funda em 1877 a Society for the Protection of Ancient Buildings (SPAB), voltada para "salvar" igrejas, o que significava impedir que elas fossem reformadas ou destruídas. Isto só parece ter sentido quando sabemos que a famosa revista *The Builder* empreende uma campanha contra Gilbert Scott, uma das principais figuras de restauro na Inglaterra. Como arquiteto voltado para a restauração de catedrais na Inglaterra, transformou 380 igrejas paroquiais em prédios medievais semelhantes ao gótico.

Sob a influência desta sociedade, foram sendo estabelecidas leis de proteção em 1882, 1900, 1913, 1930, 1940 e 1950. As sociedades de preservação locais e nacionais se tornaram então o principal instrumento de pressão e sensibilização da sociedade e das autoridades na preservação tanto de igrejas quanto de mansões no campo que hoje estão abertas à visitação pública.

Deve-se destacar a importância das ruínas no imaginário romântico, assim como a valorização da sensibilidade, a visão do mundo como um lugar encantado, daí o culto à natureza. A lógica do argumento pode ser assim resumida: Para os românticos ingleses, as marcas do tempo estão impressas nas construções e constituem sua essência. Deve-se preservar tais marcas. O evento histórico pertence ao passado e deve ser respeitado em seu valor. Monumentos históricos são relíquias. Restaurar significa destruir! Vale também mencionar que, segundo John Ruskin, a América do Norte é um mundo sem lembrança e, portanto, sem ruína.

Reafirmando a relevância das ideias de Ruskin, Luciana Persice Nogueira (2016) explora as relações entre Proust e Ruskin. Segundo a autora, foi a leitura em 1899 do artigo "*La lampe de la mémoire*" que levou Proust a conceber a ideia de "psicologia no tempo", base de sua própria teoria sobre a memória manifestada no conceito de "pátina", entendida como cristalização ou condensação do tempo. A pátina é vista como uma expressão dos "efeitos do tempo", um registro do "sentimento de idade/velhice", expressão de beleza. Tal conceito-chave do esteticismo de Ruskin fundamenta a associação entre beleza e ruína e fundamenta a proposta ruskiana de não restauro. A pátina garante o entendimento do edifício como genuíno, original, mesmo que esteja deteriorado. O restauro destruiria essa originalidade. Várias ideias de Ruskin teriam inspirado Proust na elaboração de sua teoria original sobre a memória, presente nos volumes de *Em busca do tempo perdido.*

A presença de Ruskin no Brasil vai merecer a atenção da arquiteta Maria Lucia Bressan Pinheiro (2008). Registra ela, em primeiro lugar, a importância da tradição inglesa do romantismo "ligada às noções estéticas do sublime e do pitoresco", em que se fazem presentes os estudos sobre a natureza humana e a revalorização da imaginação e do sentimento. No espaço dessas noções emergem alternativas na concepção do belo como um valor que se refere aos sentimentos e não ao intelecto. Neste sentido, a arte, distinta da lógica intelectual, deve suscitar emoções.

Tais proposições vieram a exercer importante papel na emergência do romantismo do século XIX abrindo espaço para associações românticas entre meio ambiente e emoções humanas. Ruskin foi um dos maiores expoentes da crítica romântica à sociedade capitalista industrial — miséria generalizada, injustiça social, inchaço urbano, destruição da natureza, entre outros.

Maria Lúcia Bressan Pinheiro vai constatar a ressonância de seu livro *As sete lâmpadas da arquitetura* no panorama cultural brasileiro das primeiras décadas do século XX, principalmente entre os adeptos do neocolonial. Observa que este livro, escrito por Ruskin em 1849, "no olho do furacão", expõe sua principal preocupação com a dissolução de valores e princípios — morais e estéticos.

Ricardo Severo, engenheiro português divulgador do movimento neocolonial em São Paulo, em sua conferência *A arte tradicional do Brasil*, de 1916, vai considerar que o caráter de uma cidade não é dado por seus monumentos em grandes praças ou lugares históricos, e sim pelas casas. São estas que dão a característica arquitetônica da cidade. Aliás, a arquitetura residencial é tema caro ao pensamento ruskiniano. De fato, Ruskin considera que é ela que dá origem a todas as demais.

Ricardo Severo, por ocasião de sua estada em Portugal entre 1897 e 1907, recebeu influência do arquiteto Raul Lino e do movimento da "Casa Portuguesa" que valorizava a arquitetura doméstica portuguesa. Voltaremos ao movimento neocolonial no capítulo 9, onde exploramos o nacionalismo na arquitetura brasileira dos anos 1920 e a relação entre o neocolonial no Brasil e a Casa Portuguesa.

A influência do pensamento de John Ruskin é igualmente evidente nos escritos do médico pernambucano José Mariano Filho, mentor intelectual do neocolonial no Rio de Janeiro e um dos primeiros a ensaiar uma abordagem da arquitetura colonial a partir de seus condicionantes de partido — técnicas e recursos disponíveis, características climáticas do país, o que ele chama de "arquitetura mesológica". O neocolonial foi um movimento que teve como proposta a valorização daquilo que é específico, local, nacional. Mariano Filho também se revela partidário de uma postura não intervencionista, de respeito à manutenção das características arquitetônicas e da dignidade dos monumentos.

Seguindo ainda as pegadas da presença de Ruskin entre nós, a autora vai citar o artigo de Lucio Costa *A alma dos nossos lares*, onde ele condena o ideal de perfeição doméstica então vigente.

> O ideal em arquitetura doméstica não é essa casa de aspecto eternamente novo, reluzente, lustrada, polida, que parece gritar-nos: "Cuidado, não me toquem! Cuidado com a tinta!" Não... longe disso. A verdadeira casa é aquela que se harmoniza com o ambiente onde situada está, que tem cor local; aquela que nos convida, que nos atrai, e parece dizer-nos: Seja bem-vindo! [Costa apud Pinheiro, 2008]

Lucio Costa, com palavras que ecoam as de Ruskin, quando ele preconiza que as casas de moradia "expressem o caráter e ocupação de cada homem, e parte de sua história", evidencia a noção de empatia entre a edificação e o morador — tão cara ao pensamento ruskiniano.

Anos mais tarde, Lúcio Costa vai descartar seu envolvimento com o neocolonial, tachando-o de "ruskinismo retardado", na conhecida passagem do artigo "Depoimento de um arquiteto carioca", de 1951 (citado pela autora):

> Foi contra essa feira de cenários arquitetônicos improvisados que se pretendeu invocar o artificioso revivescimento formal do nosso próprio passado, donde resultou mais um pseudoestilo, o neocolonial, fruto da interpretação errônea das sábias lições de Araújo Viana, e que teve como precursor Ricardo Severo e por patrono José Mariano Filho.
>
> Tratava-se, no fundo, de um *retardado ruskinismo*, quando já não se justificava mais, na época, o desconhecimento do sentimento profundo implícito na industrialização, nem o menosprezo por suas consequências inelutáveis. Relembrada agora, ainda mais avulta a irrelevância da querela entre o falso colonial e o ecletismo dos falsos estilos europeus: era como se, no alheamento da tempestade iminente, anunciada de véspera, ocorresse uma disputa por causa do feitio do toldo para o "garden-party". [Costa apud Pinheiro, 2008, grifo nosso]

Ainda segundo a autora:

> Apesar de desdenhar então esta matriz comum — o pensamento romântico do século XIX em geral, e de John Ruskin em particular —, não seria surpreendente

se estudos posteriores vierem a constatar que ela teve significação maior do que o próprio Costa mostrava-se disposto a admitir. Afinal, as ideias de Ruskin, filtradas pelo grupo *Arts & Crafts*, constituem parte dos fundamentos da própria arquitetura moderna. [Pinheiro, 2008]

Figura contemporânea do inglês John Ruskin é o francês Emanuel Viollet-le-Duc, que comunga de várias de suas ideias e que se contrapõe a outras. Ambos veem o gótico como um princípio estrutural novo na arquitetura. Para eles, pesos verticais, forças oblíquas e relações de equilíbrio dotavam tal estilo de um valor racional, e sua beleza provinha de tais técnicas. Na valorização do gótico também se encontra a reabilitação do artífice. Ambos eram profundos apreciadores do gótico e condenavam o neogótico. O verdadeiro *revival* do gótico deveria envolver a correção das alterações e das reformas consideradas erradas aplicadas às catedrais medievais, como no caso da atuação de Gilbert Scott.

Vamos explorar as similaridades e as diferenças entre eles no capítulo 6.

Para outros intérpretes, como Peter Hall (2011), a renovação estética vem exatamente da Inglaterra com William Morris (e sua firma) e com suas ideias provenientes de Ruskin. Não era revolucionário, amava a Idade Média, a natureza e o campo. Odiava a grande cidade. Na Idade Média, os artistas eram trabalhadores, "homens comuns" que faziam com prazer peças cotidianas. Conseguiu que pintores e arquitetos se voltassem para o artesanato. Ele próprio trabalhou com a xilogravura e com iluminuras, fazia mobília, defendia simplicidade e clareza, se voltou para a estamparia e tapeçaria.

Arquitetos deveriam projetar casas para o homem comum. Daí cidades-jardim inglesas. Daí um *revival* do estilo doméstico inglês, a guinada para o campo, a casa de classe média se tornando o reduto do arquiteto progressista.

Não era possível fugir do historicismo na Europa antes da década de 1880. Para exemplificar a resistência de uma tipologia arquitetônica específica, vamos citar o caso dos museus de arte. Até 1960, os museus adotavam um estilo do templo antigo, como pode ser constatado no British Museum e na National Gallery de Londres, na Altes Museum de Berlim, no Metropolitan Museum de Nova York e na National Gallery em Washington D.C., entre muitos outros museus mundo afora. Este padrão só se rompe com a construção do novo prédio do Museu Guggenheim do arquiteto Frank Lloyd Wright inaugurado em 1959 em Nova York e com o Centro Georges Pompidou dos arquitetos Renzo Piano e Richard Rogers inaugurado em 1977 em Paris.

Ainda segundo Peter Hall, a derrota do historicismo teve na linha de frente os americanos e os ingleses. A arquitetura comercial da América de 1890 afirma sua liderança internacional. Desenvolveram o arranha-céu e descobriram o estilo novo para ele. E Chicago, cidade mais nova que Nova York, vai adotar o padrão mais novo, aplicando o sistema da estrutura de ferro usado nas fábricas ao arranha-céu.

O século XIX foi marcado em sua primeira metade pelas reformas que procuraram melhorar as condições de vida de suas populações. Nesse primeiro momento, houve uma parceria entre médicos e engenheiros; a influência dos médicos foi maior, levando a que normas de administração privilegiassem ações de higiene, abastecimento de água e até afastamento de cemitérios, hospitais e matadouros dos centros da cidade. Na segunda metade do século os engenheiros foram centrais, já que a ciência e a tecnologia passaram a ser muito valorizadas. Sua postura mais técnica parece predominar sem que isto signifique o abandono do saber médico. Os engenheiros elaboram planos urbanísticos que apresentam um rumo e que permitem a expansão ordenada da cidade.

Os arquitetos vão ter papel mais relevante adiante, quando se engajam na atuação social e se distanciam das belas-artes. Passam a entender que seu trabalho é um serviço. Seus edifícios e objetos de uso diário preenchem valores estéticos, mas também finalidades práticas. Mas aí já estamos no século XX com a Bauhaus...

Referências

BRESCIANI, Stella. *Londres e Paris no século XIX*: o espetáculo da pobreza. São Paulo: Brasiliense, 1982.

_____. Planos e projetos para intervenções na cidade de São Paulo: 1890-1930. A polêmica entre arte e ciência. In: HEIZER, Alda; VIDEIRA, Antonio Augusto Passos. *Ciência, civilização e república nos trópicos*. Rio de Janeiro; Mauad; Faperj, 2010, p. 97-113.

CHOAY, Françoise. John Ruskin. In: _____. *O patrimônio em questão*. Antologia para um combate. Belo Horizonte: Fino Trato, 2011, p. 120-133.

FORTUNA, Carlos. As cidades e as identidades. Narrativas, patrimônios e memórias. Revista *Brasileira de Ciências Sociais*, São Paulo, v. 12, n. 33, fev. 1997, p. 127-141.

HALL, Peter. *Cidades do amanhã*: uma história intelectual do planejamento e dos projetos urbanos no século XX. São Paulo: Perspectiva, 2011.

HERCULANO, Selene. O mapa fantasma — como a luta dos homens contra a cólera mudou o destino de nossas metrópoles. Resenha. *Ambiente & Sociedade*, Campinas, v. XIII, n. 2, jul./dez. 2010, p. 429-431.

MENEGUELLO, Cristina. *Da ruína ao edifício neogótico, reinterpretação e preservação do passado na Inglaterra vitoriana*. São Paulo: Annablume; Fapesp, 2008.

NOGUEIRA, Luciana Persice. A memória de Ruskin no texto de Proust: pátina e enclave. In: NEGREIROS, Carmem; OLIVEIRA, Fátima; GENS, Rosa (Org.). *Belle époque*: crítica, arte e cultura. Rio de Janeiro: Labelle; São Paulo: Intermeios; Faperj, 2016, p. 53-68.

OTTONI, Dacio A. B. Introdução: Cidade jardim: formação e percurso de uma ideia. In: HOWARD, Ebenezer. *Cidades-jardins de amanhã*. 2. ed. São Paulo: Hucitec; Annablume, 2002, p. 10-100.

PINHEIRO, Maria Lucia Bressan. O pensamento de John Ruskin no debate cultural brasileiro dos anos 1920. *19&20*, Rio de Janeiro, v. III, n. 4, out. 2008. Disponível em: www.dezenovevinte.net/arte%20decorativa/mlbp_ruskin.htm.

SENNET, Richard. *Carne e pedra*: o corpo e a cidade na civilização ocidental. Rio de Janeiro: Record, 1997.

SCHORSKE, Carl E. A busca do graal: Wagner e Morris. In: _____. *Pensando com a história*. São Paulo: Companhia das Letras, 2000, p. 108-123.

_____. A cidade segundo o pensamento europeu, de Voltaire a Spengler. *Espaço & Debate*, n. 27, 1989, p. 47-57. [republicado no livro do autor *Pensando com a história*. São Paulo: Companhia das Letras, 2000].

6. Arquitetura e arte: soluções dos séculos XIX e XX

No presente capítulo, queremos mencionar alguns dos principais movimentos e estilos artísticos que caracterizaram os séculos XIX e XX. Trata-se de uma visão geral sem ter a pretensão de aprofundar cada um deles e tendo a arquitetura e o urbanismo como foco principal.

Ao rever o século XIX, pode-se dizer que o estilo arquitetônico que nele predominou foi o eclético, neoclássico, também chamado de estilo francês graças aos ensinamentos da escola de belas-artes na França e aos resultados da Reforma Haussmann em Paris.

Foi durante o século XIX que também começa a luta para renovar, reler estilos anteriores como o gótico, o renascentista e o barroco. Isto deu margem aos neogótico, neorrenascentista, neomanuelino...

Por outro lado, houve também uma luta para romper com alguns parâmetros até então consagrados. O historicismo, que apregoava que cada construção deveria seguir o estilo mais marcante de sua função, foi ainda dominante até pelo menos 1880. O estilo individual de cada prédio deveria corresponder à sua função. O neogótico seria adequado a igrejas; o neorromano, a instituições financeiras; o neomourisco, a pavilhões, hotéis e restaurantes.

No fim do século XIX se apregoa a necessidade de criação de um estilo próprio para o século, ou melhor, se defende a ideia de que cada época deve ter seu estilo próprio, como consta no lema do movimento Secessão registrado em seu edifício em Viena: "À cada época, sua arquitetura."

Em uma perspectiva mais ampla, pode-se dizer que durante o século XIX a renovação estética teve como expressão maior o romantismo que se volta contra as regras do classicismo, cultiva sentimentos e religião, aprecia o nacional e a natureza. E se posiciona de algum modo contra o racionalismo iluminista. Abandona o encantamento pela Antiguidade para redescobrir a Idade Média com sua cavalaria e suas catedrais. Na arquitetura inspirou a criação de movimentos como o *Arts&Crafts* e o *art nouveau*. Valorizou construções civis e domésticas registrando que as construções deviam valer principalmente por seu significado e não por seus materiais. Na pintura promoveu a volta à natureza, que no Novo Mundo vai valorizar as imensidões e os povos indígenas. Na literatura vai abrir espaço para os relatos de viagem, para a autobiografia, para a literatura nacional que falaria do que seria específico de cada país. Haveria mesmo um texto fundador de cada nacionalidade.

O universo romântico valoriza a originalidade, atributo do indivíduo, de sua subjetividade, o que abre espaço para a invenção do "gênio", para a autonomia da arte e do artista que se converte em herói. Gênio e vanguarda se juntam para representar os que estão à frente de seu tempo e que vão guiar os demais.

Retornando ao final do século XIX, pode-se notar que um novo estilo vai se destacar em toda a Europa, é o *art nouveau*, também chamado de *modern style* e estilo floral, que se posiciona também contra o historicismo e para o qual foi fundamental uma mudança tecnológica na metalurgia.

O triunfo do uso do ferro na arquitetura foi a instalação da Torre Eiffel montada por ocasião da exposição do Centenário da Revolução Francesa em 1889, assim como antes a ponte D. Luiz I, inaugurada em 1886 na cidade do Porto em Portugal. Com tais equipamentos urbanos, a França levou o mundo a apreciar esteticamente o ferro. Isto representou o triunfo da engenharia quando o cimento, o concreto e o ferro substituíram a pedra.

Sabemos que o uso do ferro esteve presente desde a construção do Palácio de Cristal na Exposição de 1851 em Londres. O ferro passa primeiro a ser usado em prédios de exposições, em plataformas ferroviárias, em fábricas e edifícios comerciais. Um exemplo significativo do uso de ferro e vidros é o mercado Les Halles que foi construído entre 1854 e 1870 no lugar do bairro medieval de Paris e serviu como centro de abastecimento da cidade por mais de um século.

O ferro foi muito usado no *art nouveau*, estilo de arquitetura que expressa os novos tempos do final do século XIX. Quais são as caraterísticas desse estilo? "Formas assimétricas derivadas da natureza e manipuladas com obstinação e vigor, e a recusa em aceitar qualquer ligação com o passado" (Pevsner, 2001:43). Como em meados do século XIX o naturalismo reinou em todos os campos, passou-se a imitar as folhagens nas mais variadas construções. Este estilo volta-se para a natureza, já que se buscavam formas não feitas anteriormente pelo homem. Queriam reproduzir formas orgânicas, formas sensuais e não intelectuais. A Exposição de 1900 em Paris tem seu catálogo expresso neste novo estilo.

Vários precursores, em diferentes lugares, fazem uso do estilo em objetos, mas será na França, em Nancy, que Emile Gallé faz seus vasos de vidro em 1884. As joias de René Lalique também se tornaram extremamente apreciadas. Vale notar que as fronteiras entre o *art nouveau* e o *art déco* não são rígidas. Há como que um "deslizamento" de um para o outro. Hoje, o Museu de Artes Decorativas de Paris expõe várias peças destes artistas e também do ceramista e vidreiro Eugène Rousseau que fizeram parte da Exposição de Paris de 1889. A distinção tênue entre os dois estilos permite observar um mesmo artista produzindo obras e objetos que remetem ora a um, ora a outro.

O *art nouveau* conquista sucesso entre 1893 até a Primeira Guerra Mundial, quando vai enfrentar inúmeras críticas. Para muitos, foi apenas moda decorativa que durou pouco mais de 10 anos. Descobriu as possibilidades estéticas do ferro com o vidro. Procurou a leveza, a sutileza, a transparência e a sinuosidade. Seus críticos vão dizer que ele é estilo de decoração de superfície. Mas se o ferro ali é material decorativo, ele é também estrutural e será depois substituído pelo aço.

Na Áustria, é preciso lembrar, entre outros, Otto Wagner. Este professor na academia de arte de Viena, em sua aula inaugural de 1894, confirma sua fé na idade moderna e defende que "nada que não é prático pode ser belo". Seu prédio da Caixa Postal dos Correios (1905) em Viena é projetado com linhas retas, formas geométricas, ausência de elementos decorativos que nos remete ao *art déco* e é considerado um dos seus trabalhos mais proféticos pelo uso de novos materiais. Tal obra apresenta o anti-historicismo e a necessidade de servir ao povo, enquanto suas apreciadas entradas de metrô (1894 a 1901) com seus florais são uma espécie de *art nouveau* barroco.

Se na Inglaterra encontram-se vestígios do *art nouveau*, o estilo não prosperou ali como na França, na Áustria e na Bélgica. No Império Austro-Húngaro se destacam Otto Wagner em Viena, como já foi mencionado, Mucha em Praga, e Hector Guimard em Paris. O arquiteto Hector Guimard desenha também as entradas do metrô usando ferro fundido e tijolos de vidro, obtendo efeitos singulares. Assim como construiu casas e prédios que marcam o *16e arrondissement* na cidade de Paris.

Um dos mais destacados exemplos do *art nouveau* na arquitetura é mesmo Antonio Gaudi, que em Barcelona, além da influência francesa, faz uso do estilo muçulmano do sul da Espanha e do Marrocos. Gaudi forçou o metal o mais que pôde em suas casas, a Casa Vicens (1878-89), o Palácio Güell (1885-1889).

O *art nouveau* foi, acima de tudo, a explosão do individualismo. Seu sucesso dependia sobretudo da força pessoal e da sensibilidade do artista-artesão. O estilo da École des Beaux-Arts podia ser ensinado e usado por qualquer um. O que não acontecia com o *art nouveau* marcado pelo individualismo, que insistia no artesanato e pregava contra a indústria.

E é neste sentido que o movimento social e estético inglês do *Arts&Crafs*, ou seja, Movimento Artes e Ofícios, foi considerado também como precursor do *art nouveau*. Ele rompe com a distinção entre belas-artes e artesanato. A renovação estética no campo da arquitetura doméstica, que se dá principalmente na Inglaterra com William Morris e sua firma ligada às ideias de Ruskin, valoriza a Idade Média, a natureza e o campo. Como já foi mencionado no capítulo 5, Morris confere valor ao artista como homem comum, como um trabalhador que fazia suas peças com a mão e com prazer. Conseguiu que pintores e arquitetos se voltassem para o artesanato. Ele próprio trabalhou com a xilogravura e com iluminuras, fazia mobília, defendia a simplicidade e a clareza, se voltando também para a estamparia e a tapeçaria. Sua recusa em continuar com o historicismo do século XIX, a coragem de acreditar na própria inventividade, a preocupação com objetos de uso cotidiano em vez de pinturas e estátuas anunciam e antecipam o futuro.

Importantes artistas da segunda metade do século XIX produziram pinturas em cerâmica, azulejo e vidro seguindo as coordenadas do movimento *Arts&Crafs* que inspirou correntes artísticas como o *art nouveau* e até mesmo a escola Bauhaus. Assim, o *revival* do estilo doméstico, com a guinada para o campo, para a construção de casa para classe média inglesa, se torna o reduto de uma arquitetura progressista.

Outra experiência estética do século XX que marcou os anos 1920 e 1930 foi o *art déco*, que teve como ponto de consagração a Exposição Internacional de Artes Decorativas e Industriais Modernas acontecida em Paris em 1925. Estilo moderno, fez uso da geometria e da simetria tendo seus motivos derivados do cubismo, do futurismo italiano e do construtivismo russo. Seus objetos de decoração se fizeram presentes na arquitetura, na escultura, nas joias, nas luminárias e nos móveis. Nos Estados Unidos, em Nova York, os edifícios Chrysler e Empire State são exemplares do *art déco*. No Rio de Janeiro vale mencionar como ícone maior do *art déco* a estátua do Cristo Redentor inaugurado no morro do Corcovado em 1931.

Vai-se assim caminhando no sentido de criação de novo estilo com ângulos retos não abrandados, abolição de ornamentos, molduras e curvas com uso de bons materiais e jogo de proporções. Caminha-se então para o Estilo Internacional (que foi chamado de moderno) e que se pauta pela padronização, considerando o gosto universalmente válido e seguro.

O chamado Estilo Internacional, também nomeado de arquitetura moderna, vai prevalecer após a Primeira Guerra Mundial e vai ser dominante até os anos 1970 ou 1980, dependendo do país. Para a sua divulgação, foi fundamental a realização dos Congressos Internacionais de Arquitetura Moderna (Ciam), a partir de 1928.

A arquitetura moderna se faz presente nos EUA com a atuação de Frank Lloyd Wright (e, antes, por Louis Sullivan, um dos primeiros a fazer em Chicago prédios com fachadas sem ornamentos e com decoração interior em estilo floral) e que contou também com a participação dos arquitetos Mies van der Rohe e Walter Gropius que, criadores da Bauhaus, saem da Alemanha.

A Bauhaus, escola de *design*, artes plásticas e arquitetura de vanguarda fundada por Walter Gropius em 1919, estava interessada em combinar arquitetura, artesanato e academia de artes. Gropius, com o fim da Primeira Guerra, criou o novo estilo que pretendia expressar a nova época, ou seja, o século XX. Estilo este que deveria unir arte e artesanato criando produtos funcionais e artísticos, que deveria estar presente na arquitetura e nos bens de consumo e que deveria primar por funcionalidade e pelo custo reduzido, ou seja, pensado para a produção em massa. Gropius dirigiu a Bauhaus de 1919 a 1928. Neste período, a escola foi subsidiada pela República de Weimar, desenvolvendo planos para a construção de casas populares baratas. A Bauhaus e seus professores passaram a sofrer perseguições do regime nazista que era contra vanguardas consideradas antigermânicas e que contavam com a presença de comunistas. Perseguidos pelos nazistas, embora Walter Gropius e Ludwig Mies van der Rohe não fossem judeus, decidem ir para os Estados Unidos.

O século XX significa o predomínio da arquitetura e do *design* sobre as belas-artes. Tal século representa a sociedade de massas, o século da velocidade e da ciência e da tecnologia. Então tudo deve ser funcional, tudo e cada detalhe devem servir a um propósito. Não deve existir nada que não preencha uma função.

Se os engenheiros produzem graças ao progresso da ciência e da tecnologia, tal progresso se deu à custa da sensibilidade estética. Daí o chamamento para que arquitetos e *designers* juntem valores estéticos às responsabilidades sociais. Tornem seus edifícios e objetos de uso diário projetados não só para satisfazer desejos estéticos, mas para realizar finalidades práticas. O prédio da Bauhaus em Berlim de 1926; as "cadeiras" de aço tubular de Mies van der Rohe de 1930; o carro fusca, *design* alemão de 1941 por sugestão de Hitler como carro da família, são exemplos significativos.

O arquiteto passa a ter um papel mais relevante abandonando qualquer isolamento diante do que se passava na sociedade industrial, onde acontecia um colapso de valores estéticos. Pintores e escultores caminham em sentido oposto, para uma linguagem mais hermética e fechada, o que os distancia do seu público.

No final do século XIX, como já mencionado, as ideias de genialidade e de vanguarda passam a representar os que estão à frente de seu tempo e que vão guiar os demais. Entretanto, as vanguardas no campo da pintura do final do século XIX caminham no sentido da abstração, o que, de alguma maneira, as afasta de seu público. Na Itália nos anos 1909 a 1914 a vanguarda se apresenta pelo futurismo que tinha compromisso passional com a cidade, problema urgente e abrangente que era negligenciado por arquitetos e governantes. Seus adeptos, entre eles Marinete, pretendiam fazer uma revolução no século XX. A Primeira Guerra interrompe tal processo.

Os princípios que regiam o mundo das artes vão sendo destruídos ao longo do século XX pela reprodutividade técnica, com a destruição do caráter de autenticidade da obra de arte e com a perda da "aura", como é expresso pelo artigo de Benjamin denominado "A obra de arte na era de sua reprodutibilidade técnica", de 1936.

Nos anos 1940, o conceito de indústria cultural, ou seja, da cultura vista e produzida como mercadoria, emerge na produção alemã da chamada Escola de Frankfurt, que vai analisar e criticar a influência dos meios de comunicação de massa na sociedade. Theodor Adorno, um dos principais representantes, vai registrar como a indústria cultural (o cinema, a publicidade, a fotografia, o rádio e a TV) marca o século XX (Matos, 2006).

Retornando ao campo da arquitetura, sabemos que a derrota do historicismo teve como linha de frente os americanos e os ingleses. A arquitetura comercial da América, a partir de 1890, afirma sua liderança internacional. Ali se desenvolveu o arranha-céu e foi desenvolvido um novo estilo para ele. Em Nova York, os prédios com andares progressivamente recuados se tornam parte de lei urbanística da cidade e tal desenho ficou conhecido como estilo Manhattan. E Chicago, cidade mais nova que Nova York, vai adotar o padrão ainda mais novo e aplica o sistema da estrutura de ferro, usado nas fábricas, ao arranha-céu.

A renovação urbana da era dos "melhoramentos" abriu grandes avenidas, cuidou da mobilidade, do embelezamento, da construção de prédios monumentos, mas deixou sem solução a questão central: como abrigar a população que crescia em ritmo exponencial? Onde localizar as indústrias? Tal questão gerou diversas interpretações e soluções.

Vamos acompanhar Peter Hall em seu importante livro *Cidades do amanhã* (2011), onde o autor aborda as transformações urbanas e as sugestões produzidas e apresentadas principalmente no mundo inglês e norte-americano. Segundo Hall, o movimento urbanístico teve em sua origem raízes anarquistas, ou seja, deriva de visionários que viveram e escreveram sonhando com sociedades baseadas na cooperação voluntária entre homens e mulheres que trabalhariam e viveriam em comunidades autogeridas. Para concretizar tais sonhos, contaram com a intervenção de burocracias estatais no planejamento das cidades. Para acompanhar a história intelectual do planejamento urbano no século XX, Peter Hall vai classificar os problemas e as soluções apresentadas. O planejamento das cidades, reitera o autor, está ligado aos problemas das cidades. O planejamento urbano do século XX é resposta aos males produzidos pela cidade do século XIX.

A cidade superpopulosa do século XIX vai se dispersar ou se desconcentrar adotando as soluções do século XIX e início do XX. Diante do diagnóstico da época que considerava o problema ser a própria cidade-gigante, diferentes remédios foram então propostos. Uma das respostas à cidade vitoriana foi a proposta da *cidade-jardim* de Ebenezer Howard já mencionada no capítulo 5 sobre Londres. Outra resposta oferecida foi a *cidade monumental* presente no plano de reforma urbana de cidades existentes como, por exemplo, as reformas de Paris pelas mãos de Haussmann e de Barcelona pelas mãos de Cerda (tratadas no capítulo 4) e, por fim, o planejamento urbano que surge mais tarde, a *cidade-torre* de Le Corbusier.

A primeira resposta propõe a dispersão e a desconcentração da cidade, como já foi mencionado, com a da cidade-jardim de Ebenezer Howard, reformador social cuja proposta envolve deixar a cidade grande, velha, suja, barulhenta, congestionada.

Variações da cidade-jardim foram implementadas na França com Toni Garnier (1869-1948), arquiteto de Lion que concebeu a Cité Industrielle em 1898 — filiado ao pensamento regional francês de Le Play e da escola francesa de geografia. E na Inglaterra e nos Estados Unidos, onde tal modelo da cidade-jardim influenciou movimentos pró-moradia popular em bairros organizados para a socialização do imigrante. Tais experiências foram favorecidas pelo desenvolvimento do transporte coletivo, pela importância das hipotecas baratas e de longo prazo.

Em Nova York, os subúrbios planejados se situaram em torno de estações ferroviárias, beneficiados pelo crescimento do metrô, o que possibilitou a interligação centro-subúrbio. O zoneamento do solo e a regulamentação da altura dos edifícios foram medidas que se inserem na Lei de zoneamento de 1916. Com ela o Estado passa a ter direito de regulamentar o uso privado da propriedade a fim de garantir saúde, segurança, conforto.

A permanência da importância de "um lar saudável" teve continuidade após o sofrimento representado pelas duas grandes guerras na Inglaterra. Houve grande avanço dos programas de construção de casa na Inglaterra após a Primeira Guerra Mundial. Até então, o número de novas moradias construídas na Inglaterra é irrisório. Entre as duas guerras, mais de 1 milhão de moradias são construídas pelas autoridades locais. Chalés unifamiliares com seus jardins foram construídos em terras baratas e não urbanizadas nos arrabaldes da cidade à medida que linhas de bonde eram instaladas. A densidade máxima era de 12 casas por acre. Projetos de arquitetos apresentavam um formato simplificado da cidade-jardim e eram aprovados pelas Juntas locais. Só após a Segunda Guerra Mundial, o governo central assume o controle dos programas de construção de novas cidades e desenvolve um projeto gigantesco de construção de moradias decorrente do Plano Marshall. Na Inglaterra, de 1946 a 1950, o governo trabalhista constrói 13 novas cidades, sendo oito na área de Londres.

Vamos aqui abrir um parêntese para lembrar a engenheira Carmem Portinho que, sendo a terceira mulher a se formar engenheira no Brasil, ingressou nos quadros de engenheiros da Diretoria de Obras e Viação da prefeitura do Distrito Federal. Ainda na década de 1930, Carmen participou do primeiro curso de urbanismo do país criado na Universidade do Distrito Federal. Poucos anos depois, recebeu uma bolsa do Conselho Britânico para estagiar junto às comissões de reconstrução e remodelação das cidades inglesas destruídas pela guerra. Chegou à Inglaterra com a guerra ainda em curso, sentindo os graves problemas de falta de moradia, e acompanhou de perto as propostas e o esforço para sua solução.

Na década de 1950, a engenheira foi responsável pela construção do conjunto residencial Pedregulho, no bairro de São Cristóvão, projeto arquitetônico de Affonso Eduardo Reidy, que trabalhava no mesmo departamento e que também projetou o conjunto similar para o bairro da Gávea. Foi também a responsável pela construção do Museu de Arte Moderna do Rio de Janeiro, um dos exemplares mais destacados da arquitetura moderna no Brasil. A construção dos conjuntos habitacionais projetou-a no Brasil e no exterior como engenheira de renome (Dicionário histórico biográfico brasileiro pós-1930, 2001).

A *cidade monumental* foi outra das respostas aos problemas da cidade-gigante e seus desafios e envolveu os planos de reforma urbana para a construção de uma cidade grandiosa, monumental, como nos casos de Barcelona, de Viena e de Paris. Vamos agora mencionar outro caso menos conhecido entre nós e presente no livro de Peter Hall aqui citado.

Um caso relevante da cidade monumental é expresso no plano do arquiteto Daniel Hudson Burnham (1846-1912) para Chicago. Autor dos primeiros arranha-céus na década de 1880 e 1890, foi chefe de Obras da Exposição Mundial do IV Centenário de Descobrimento da América acontecida em 1893. Para ela projetou a White City, cidade feita para durar um ano, às margens do lago Michigan. Chicago, é preciso notar, enfrentava situações difíceis, tendo que lidar com grande massa de imigrantes, ameaça de desordens, necessidade de eliminar focos de doenças, de controlar a depravação moral e o perigo do socialismo. Será frente a tais desafios que Burnham projetou o seu Plano para Chicago em 1909.

Antes Burnham já havia tomado parte na luta pela construção do Passeio Público, o Mall em Washington D.C. que teve início em 1901. O plano original da cidade, de autoria de L'Enfant, de 1791, seguia as ideias de George Washington para a nova capital e nele estava previsto um grande parque do Capitólio até o rio Potomac. Isto, entretanto, não teve prosseguimento e o espaço foi sendo ocupado por pastagens, pelo comércio e, em 1850, foi cortado por uma ferrovia. Em 1901, um comitê visando a resolução da questão acaba por aceitar a proposta de Burnham, que sugere a construção de um monumento a Lincoln realizado mais tarde, em 1922.

Burnham planejou também centros cívicos com prédios municipais interconectados com parques públicos ao longo de passeios da orla ou amplas avenidas também incluindo a principal estação ferroviária, como a Union Station em Washington. Ali se colocava a demanda por ordenar, harmonizar estética e visualmente a cidade com a abertura de novos logradouros, remoção de cortiços e ampliação dos parques. Inspirado no modelo de Hausmann, argumentou que a melhoria e o embelezamento da cidade seriam um bom investimento e atrairiam muitos visitantes. Seu plano previa a implantação de um parque e uma avenida. Fazendo um ângulo reto com o parque, ficaria o eixo principal da cidade no plano que teve implantação em 1922. Tal projeto foi considerado a realização de uma cidade aristocrática para mercadores ricos e uma utopia muito cara.

O projeto de Burnham para a Exposição a ser realizada em Chicago teve grande reconhecimento na Europa, o *kaiser* em Berlim o nomeia para participar da comissão encarregada de preparar plano similar para a capital alemã. Ainda que a "cidade" criada para a Exposição tenha tido vida efêmera, já que foi encerrada por um enorme incêndio, Chicago é a cidade que apresenta a maior diversidade e variedade da arquitetura moderna do século XX no mundo ocidental e merece ser visitada e analisada por estudantes e arquitetos de todo o mundo.

Vale registrar que tanto o nazismo quanto o fascismo valorizavam em princípio a vida rural, única saudável, e viam a grande cidade como fonte de agitação. Assim, mesmo tendo um pensamento antiurbano, acabaram por favorecer o crescimento das cidades e sonharam como uma urbanização monumental nas metrópoles. Tais planos monumentais retornam na Roma de Mussolini, que acaba por não os concretizar.

O nazismo, que valorizava pequenas colônias junto às grandes cidades com a urbanização de vilarejos de cerca de 20 mil habitantes capazes de combinar o melhor da vida urbana com a vida rural (típicos da cidade-jardim), acaba por realizar um plano de reconstrução de Berlim, que passa a ser o palco de cerimônias públicas com função quase mágica, e de criação de eixos monumentais para a realização de assembleias. Hitler queria dar a Berlim os traços dos Champs-Élysées e dos edifícios monumentais da Ringstrasse vienense. Seu inspetor geral de obras, Albert Speer, conhecia e admirava Washington e a Exposição do IV Centenário de Chicago de Burnham, e fez seus planos para Berlim com seus eixos monumentais. A Berlim nazista seria um magnífico exemplo da cidade monumental.

O terceiro caminho para enfrentar os problemas da cidade-gigante, segundo Peter Hall, é a *cidade-torre*.

Assim como para se entender Howard e a cidade-jardim deve-se ter o contexto de Londres do fim do século XIX, para se compreender Le Corbusier deve-se ter em mente o centro de Paris do século XX, entre 1916 e 1965. Por trás das fachadas harmônicas resultantes da reforma Haussmann permaneceram os cortiços e as endemias ameaçando a população da cidade. Em Paris, nos diz Hall, permanecia a luta entre a vida cotidiana, exuberante e caótica, e a vida comandada pela ordem expressa nas grandes obras. É a isto que o arquiteto suíço Le Corbusier procurará responder buscando alguma autoridade que assumisse o planejamento urbano sugerido por ele. Descendente de uma família de relojoeiros, o arquiteto apresenta a casa como uma máquina de morar.

O pensamento de Le Corbusier, segundo Hall, padece de um paradoxo: o mal da cidade moderna era a alta densidade e o remédio apresentado era aumentar a densidade. Para tal, era preciso demolir a cidade existente e substituí-la por outra com altas torres erguidas no meio de um parque. Suas ideias precisam ser vistas como uma reação à cidade de Paris, onde viveu. Em seu *Plano Voisin* para Paris em 1925, Corbusier propõe 18 edifícios enormes que, no intuito de resolver o excesso populacional, aumentam a densidade. Para melhorar a circulação, aumentar a quantidade de espaço livre, é preciso que a construção de edifícios ocupe pequena parte do terreno. Se o comércio acontece no centro das cidades, amplas avenidas devem atravessar os centros nem que para isto os centros antigos devam ser derrubados. Pensa uma estrutura diversificada, segregada em zonas. A cidade deveria ter escritórios para a elite no centro deixando 95% da área livre; áreas residenciais para elite deixando 85% livre; e, por fim, áreas residenciais para trabalhadores deixando 48% do espaço livre. Chamou tais apartamentos de células uniformes que deveriam ter, inclusive, mobília padronizada.

Suas ideias estão apresentadas em seus livros *A cidade contemporânea*, de 1922, e *A cidade radiosa*, de 1933. Quando publica *A cidade radiosa*, em meio à Grande Depressão, acredita na virtude do planejamento centralizado. Tudo seria determinado por um plano e este seria produzido por especialistas, aqueles que conheciam a ciência do urbanismo. Em sua cidade sindicalista, todos irão morar em gigantescos prédios coletivos denominados *unités*.

Muitos arquitetos da União Soviética nos anos 1920 desenvolvem ideias próximas. O planejamento soviético, também baseado no urbanismo monumental, acabou seguindo outros princípios diferentes das ideias de Le Corbusier que sugeria a construção de uma nova Moscou em outro local. O plano Quinquenal de urbanização de Moscou, de 1935, dá origem às novas fachadas de prédios ao longo de gigantescas avenidas. A concentração no monumental e na arquitetura como símbolo de poder tem nessas experiências seu ponto de maior destaque.

Vale notar que a arquitetura de Le Corbusier se fez presente e pode ser vista até hoje na antiga Berlim Oriental, com seus conjuntos habitacionais nas imediações da Alexanderplatz. A proposta de Le Corbusier foi construída parcialmente em Marselha em 1946 e em mais dois outros projetos na França e outro em Berlim. A nova capital para o Punjab em Chandigar na Índia e a cidade de Brasília são casos mencionados por Hall como realizando experiências corbusianas (Hall, 2011:253-257).

De qualquer modo, vale registrar que a maioria de seus projetos ficou no papel.

Le Corbusier e Frank Lloyd Wright aparecem na literatura entre os arquitetos mais influentes da história e seus projetos e métodos ainda seguem relevantes. Vejamos como podemos acompanhar estas duas vertentes da arquitetura moderna e seus dois expoentes.

Le Corbusier talvez seja mesmo o arquiteto modernista mais famoso. É dele a frase: "Uma casa é uma máquina para se viver." Como arquiteto autodidata, ele tinha como método refletir sobre o projeto proposto. Tinha uma abordagem muito científica e racional em relação ao início de seu processo criativo.

Sua reflexão sobre sua prática profissional vai ganhar visibilidade maior com os seus famosos cinco pontos da arquitetura. Segundo Le Corbusier, "A vida moderna exige, e está esperando por um novo tipo de planta", e é o que ele faz. As paredes estruturais são removidas e substituídas por pilotis, liberando o piso térreo e a paisagem. Esse movimento garantiu grande flexibilidade ao espaço interno, oferecendo opções intermináveis para a composição do espaço. Um jardim no terraço substituiu o chamado "espaço perdido" no nível térreo. Finalmente, também por causa da liberação das paredes estruturais, as janelas da fachada foram ampliadas e cresceram horizontalmente, garantindo bastante luz natural. Segundo ele, "a luz cria ambiência e senso de lugar, bem como a expressão de uma estrutura" (Arquitetura moderna e urbanismo contemporâneo, 2019).

Outro dos mais famosos arquitetos do século XX é Frank Lloyd Wright. Ele propõe uma arquitetura orgânica marcada por uma estrutura que possui uma racionalidade específica. Como um sistema, o edifício e o terreno são entidades de interseção com uma continuidade espacial inquebrável. A arquitetura deve ser integrada ao seu terreno como um organismo vivo.

Um edifício deve ser integrado à sua época para que seja conveniente para o ser humano que ocupa o espaço. Isso só é possível por meio da criação de um vínculo com o local. O método criativo de Wright determina basicamente uma abordagem orgânica para qualquer projeto. "Uma boa planta baixa é o começo e o fim, porque toda boa planta é orgânica. Isso significa que seu desenvolvimento em todas as direções é inerentemente inevitável." O edifício, portanto, atua como um organismo que é parte do meio ambiente, que só pode existir em circunstâncias específicas e que não pode ser desmontado ou remontado em nenhum outro lugar, divergindo totalmente do antigo *know-how* de seu tempo e da filosofia da padronização (Arquitetura moderna e urbanismo contemporâneo, 2019).

Vale notar que no Brasil a influência do modernismo francês de Le Corbusier foi hegemônica deixando pouco espaço para outros modernos como Gropius ou Mies van der Roher, figuras importantíssimas da arquitetura moderna. A história de Le Corbusier no Brasil se fez presente a partir de sua consultoria ao projeto de construção do prédio do Ministério da Educação e Saúde em 1934 sob a coordenação de Lucio Costa. Trataremos do assunto adiante.

A onipresença da arquitetura moderna de fonte corbusiana ofusca a importância de outros arquitetos de grande expressão na época. Entre as figuras e tradições pouco lembradas se encontra Frank Lloyd Wright, arquiteto que tem enorme importância no universo norte-americano e mundial. Sua relevância pode ser atestada pelo registro de seus principais projetos e construções como a Robie House, projetada entre 1908 e 1910, a chamada Casa da Cascata, o Hotel Imperial em Tóquio e grande quantidade de casas, alguns edifícios comerciais e igrejas, entre muitos outros. Vale lembrar que é também dele o projeto do Museu Guggenheim inaugurado em 1933 em Nova York, que marca a ruptura da arquitetura até então dedicada aos museus.

Durante o século XX, projetos de remodelação de grandes cidades continuaram a ser implementados principalmente nos Estados Unidos, tendo como um caso exemplar o da cidade de Nova York. Robert Moses (1888-1981), importante e poderoso construtor, foi o responsável por inúmeras obras públicas tais como *parkways*, pontes, túneis, vias expressas e até habitações populares. Juntando habilidades de planejador urbano e compromisso com o espírito público, acaba tendo um enorme poder sobre a remodelação da cidade. Em uma de suas iniciativas, Moses planejava derrubar um quarteirão da zona oeste do Greenwich Village e foi então que uma dona de casa e jornalista consegue mobilizar a opinião local e obter sucesso ao impedir tal iniciativa. Trata-se de Jane Jacobs, que relata tal experiência em seu livro *Vida e morte das grandes cidades norte-americanas*, de 1961. O livro marca uma inversão no caminho de abordagem das grandes cidades e teve grande influência na história do planejamento urbano. Nele Jacobs fazia a defesa da alta densidade populacional na cidade; da conservação dos bairros como eram antes de os planejadores fazerem sua remodelação; da mistura de funções e dos usos do solo para que tivessem pessoas em diferentes horários.

Nos Estados Unidos, projetos de habitações populares foram construídos em St. Louis, em Chicago e em Newark e seguiram o modelo apresentado por Le Corbusier. Em St. Louis foi construído o premiado projeto Pruitt-Igoe. Eram 33 blocos idênticos, caixotes de 11 andares, que perfaziam mais de 2.800 apartamentos entregues entre 1955-56. Durante a construção houve corte nas despesas fazendo baixar a qualidade do produto entregue. Por outro lado, os prédios foram habitados basicamente por negros, muitos desempregados, com famílias dependentes de assistência social e tendo mulheres como chefes de família.

Em 1966 já se dizia que o projeto aparentava ser uma zona assolada por algum cataclismo, tendo todas as janelas quebradas, lixo espalhado por toda parte, a pintura de suas paredes totalmente descascada. Para completar, em 1969 houve uma greve de inquilinos que durou nove meses.

Vale esclarecer este ponto. A suposição era que os aluguéis devessem cobrir os gastos com a manutenção e, como a maioria dos moradores não podia pagar, o município cortou a manutenção. Assim, tirou-se a conclusão de que famílias paupérrimas, dependentes da assistência social, cheias de filhos e que se sentiam incapazes de agir sobre o seu ambiente não seriam capazes de habitar tal tipo de moradia.

Em 1970, 65 dos apartamentos estavam desocupados. Em 1972 foi por fim aceito que não havia solução para o projeto e ele foi implodido. Isto foi preservado para a posteridade em foto. O projeto se torna então símbolo de tudo de errado que poderia ser feito em remodelação urbana. A partir deste desastre, outros projetos similares foram abandonados (Hall, 2011:276-281).

Ao divulgar a fotografia da implosão do conjunto habitacional, "o crítico da arquitetura Charles Jencks anunciou ao mundo, em 1977, que a arquitetura moderna morreu em julho de 1972 em Saint Louis, nos Estados Unidos, com a implosão do conjunto habitacional Pruitt-Igoe, de Minoru Yamasaki" (Segawa, 2001:190). Este episódio também foi mencionado por Sérgio Magalhães (2008), registrando que o conjunto premiado e concebido segundo as melhores regras do modernismo foi considerado sem solução. E, observa: "Nós só vamos discutir as mudanças nos anos 1980" (Magalhães, 2008:206).

Para além da recusa à construção dos grandes blocos residenciais, outras recusas começam a surgir. A suburbanização das cidades, principalmente norte-americanas, foi marcada pela via expressa e pelo automóvel. Tudo isto começa a ser condenado em São Francisco, vanguarda na luta contra vias expressas, *versus* Los Angeles, seu paradigma.

E será também na década de 1970 que o Clube de Roma vai propagar a crença na beleza do pequeno.

O urbanismo modernista se opõe à cidade real, diz Vera Rezende (2008:82): "veja o Plano Voisin que Le Corbusier fez para Paris: ele propôs a destruição de centro de Paris e sua verticalização, com a eliminação do casario. O modernismo está sempre brigando com a cidade real [...]. E o urbanismo de melhoramentos [...] pressupõe a evolução da cidade". Alargar a rua, fazer outra rua onde se faz necessário. Hoje não se consegue fazer mais este tipo de projeto sem enfrentar muitas resistências, "mas são duas filosofias de intervenção na cidade extremamente contraditórias".

Hoje já é muito extensa a lista de arquitetos, urbanistas e pensadores críticos ao estilo moderno. Entre eles, vale citar Michel de Certeau em *O fantasma da cidade*, onde critica a arquitetura moderna, valoriza a história dos lugares e dos percursos. Novas experiências de reforma, de revitalização que conjugam local/arquitetura espetacular/*marketing* urbano são tópicos que vão marcar o final do século XX e início do século XXI e serão objeto de atenção mais adiante.

Referências

ARQUITETURA moderna e urbanismo contemporâneo. Disponível em: www.archdaily.com.br/br/927555/o-processo-criativo-de-quatro-pioneiros-da--arquitetura-moderna. Acesso em: 7 nov. 2019.

BRESCIANI, Maria Stella. Planos e projetos para intervenções na cidade de São Paulo: 1890-1930. A polêmica entre arte e ciência. In: HEIZER, Alda; VIDEIRA, Antonio Augusto Passos. *Ciência, civilização e república nos trópicos*. Rio de Janeiro; Mauad X; Faperj, 2010, p. 97-113.

CERTEAU, Michel de; GIARD, Luce. O fantasma da cidade. In: _____. *A invenção do cotidiano*, vol. 2: Morar, cozinhar. Petrópolis, RJ: Vozes, 1994, p. 189-202.

DICIONÁRIO histórico biográfico brasileiro pós-1930. 2. ed. Rio de Janeiro: Ed. FGV, 2001.

HALL, Peter. *Cidades do amanhã*: uma história intelectual do planejamento e dos projetos urbanos no século XX. São Paulo: Perspectiva, 2011.

JACOBS, Jane. *Morte e vida das grandes cidades*. São Paulo: Martins Fontes, 2000.

MAGALHÃES, Sérgio (Depoimentos). In: FREIRE, Américo; OLIVEIRA, Lucia Lippi (Org.). *Novas memórias do urbanismo carioca*. Rio de Janeiro: FGV, 2008, p. 189-232.

MATOS, Olgária. *A Escola de Frankfurt*: luzes e sombras do Iluminismo. São Paulo: Moderna, 2006.

PEVSNER, Nicolaus. *Origens da arquitetura moderna e do design*. São Paulo: Martins Fontes, 2001.

RESENDE, Vera (Depoimentos). In: FREIRE, Américo; OLIVEIRA, Lucia Lippi (Org.). *Novas memórias do urbanismo carioca*. Rio de Janeiro: FGV, 2008, p. 65-101.

SEGAWA, Hugo. *Arquiteturas no Brasil 1900-1990*. São Paulo: Edusp, 2001.

7. O patrimônio em questão: diferentes visões de preservação e de restauração

Vamos repetir uma afirmação que já foi e que ainda será mencionada muitas vezes ao longo deste livro. Só quando a cidade antiga está em processo de desaparecimento é que se celebra seu encantamento e beleza. Assim, o patrimônio urbano ganha relevância ao mesmo tempo que a necessidade de transformar, de reformar a cidade se torna urgente.

O patrimônio do qual se falava até o século XIX tinha a ver com objetos (bens móveis) e, no máximo, com edifícios simbólicos, ícones de épocas passadas cujas ruínas deveriam ser restauradas ou deixadas como marcas do passado. O reconhecimento, a valorização da cidade pré-industrial como parte do passado configuram a cidade-monumento e foi somente após as reformas urbanas da segunda metade do século XIX que tal passado pode passar a se apresentar como cidade-museu.

Para se garantir a habitação e a mobilidade para os novos habitantes da cidade, foi necessário enfrentar a questão de destruir ou não o passado. Tais reformas assumiram perfis distintos nos casos da existência de espaços vazios encontrados nas cidades ou naqueles outros em que foi necessário o "bota abaixo". Assim, a noção de patrimônio urbanístico histórico e sua conservação foram simultâneas às reformas urbanas.

Cabe também apresentar em linhas gerais como se deu a constituição do que veio a ser patrimônio, ou seja, quais foram os principais passos da constituição do campo chamado patrimônio. Pomian (1984) nos apresenta uma visão bastante geral que nos auxilia a pensar a questão. Segundo o autor, em "qualquer sociedade existem objetos mantidos temporariamente ou definitivamente fora do circuito das atividades econômicas, sujeitos a uma proteção especial e expostos ao olhar dos deuses ou dos homens: os objetos de coleção".

A coleção de bens, de objetos que estão fora do circuito das atividades econômicas está privada de utilidade, mas não de valor de troca. O valor de troca depende dos significados que são atribuídos aos objetos pelos mitos (permuta entre deuses e homens; heróis e homens comuns; o mundo sobrenatural e o comum; o tempo das origens e o presente) e/ou pelas tradições. Objetos "portadores de significado" são suporte da memória coletiva e fonte da história dos homens e da terra. Objetos "portadores de significados" são objetos que têm "ressonância". Como reconhecer isto?

Questões referentes à constituição de uma história do patrimônio, relativas à preservação e restauração de bens foram e são tratadas por muitos autores, entre eles vale citar Françoise Choay e Dominique Poulot.

Françoise Choay, em *A alegoria do patrimônio* (2001), nos diz que a questão atual é uma espécie de "culto" ao patrimônio. Isto requer um questionamento e ela vai buscar a origem de tal "culto" em momentos históricos anteriores, quando as sociedades ocidentais tiveram que lidar com resquícios/vestígios do passado que passaram a ganhar cargas simbólicas.

Choay vai construir uma diferenciação entre monumento e monumento histórico. O primeiro se apresenta como forma de lembrar algo, tocar pela emoção, rememorar ou fazer novas gerações rememorarem. Vale mencionar os exemplos do Túmulo do Soldado Desconhecido, o Arco do Triunfo, entre outros. E o monumento histórico é aquele que desenvolve outra relação com a memória e com a duração. E sublinha a autora, um monumento só se torna monumento histórico *a posteriori*, representa objeto de outro tempo que vai ser valorizado pela história da arte, pela história geral. A casa onde morou Machado de Assis no Rio de Janeiro (que já desapareceu); a casa e o jardim onde viveu Monet em Giverny; o local onde foi assinada a Declaração de Independência dos EUA são locais que passaram a ser valorizados posteriormente, ou seja, são monumentos históricos.

Diante do desafio contemporâneo de tudo patrimonializar ou de tudo destruir, continuamos a inventar tradições, ou seja, em cada momento histórico selecionamos o passado que deve ser lembrado e o que deve ser esquecido.

As invasões bárbaras, por exemplo, levaram à desvalorização do passado romano e grego que só vai voltar a ter importância no Quatrocento italiano (século XV), quando há a valorização de relíquias consideradas testemunhos materiais de tempos antigos. O Renascimento pode remontar aos princípios arquitetônicos gregos e romanos favorecidos pela redescoberta em 1486 da obra *Da arquitetura* em 10 volumes de Vitrúvio, arquiteto romano que viveu no século I a.C. Tal obra constitui, por assim dizer, o tratado de arquitetura do período greco-romano, fonte de inspiração para diversos textos de arquitetura e urbanismo. Seus principais princípios são utilidade, beleza e solidez, princípios estes que inauguram a chamada arquitetura clássica. Com a redescoberta deste tratado, foi possível lançar as bases da arquitetura do Renascimento, que passa a ser uma releitura dos dias de glória da Grécia e de Roma.

O confisco dos bens da aristocracia após o fim do Antigo Regime na França e o vandalismo que os ameaçava leva o Estado a assumir um papel de proteção. Molda-se a partir daí a ideia de posse coletiva de tais bens como um equivalente, como parte da ideia de cidadania. E assim os bens culturais passaram a ser exibidos em espaços públicos, em museus, e expressam o patrimônio, ou seja, passam a ser vistos como a reificação de uma identidade nacional a ser consolidada pelos modernos Estados-nações.

O patrimônio exibido pelo museu desempenha um papel central, junto com o censo e o mapa, na configuração de uma "comunidade imaginária", segundo Benedict Anderson (2005). As três instituições montam, por assim dizer, a gramática do Estado nacional. O museu confere legitimidade à ancestralidade da população, o censo registra aqueles que podem ser obrigados a pagar impostos e o mapa exibe o espaço geográfico do território sobre o qual se exerce a soberania daquele Estado.

O patrimônio contribui para a legitimidade do poder, participa de uma mitologia das origens e/ou é parte das lutas identitárias. Se as origens apelam para aspectos religiosos e míticos, elas vão cedendo lugar para começos seculares tais como a luta pela independência, a expulsão de um invasor. De qualquer modo, o patrimônio se refere a uma herança a ser regulada por leis e regulamentos e cuidada por especialistas que cuidam do destino reservado às obras, às coleções a serem expostas nos museus (Poulot, 2012).

No caso da França, os bens da aristocracia e da Igreja foram considerados patrimônio, herança da nação, constitutivos do Estado-nação moderno. Os principais conceitos e os valores patrimoniais a serem preservados foram sendo redefinidos e vão adquirindo novos significados ao longo do século XIX. Novos conceitos emergem em função da Revolução Industrial e fazem da Inglaterra a provedora principal das noções românticas de preservação. Se o século XIX foi aquele de enormes mudanças econômicas e sociais, foi também quando o debate sobre o tema da preservação de construções antigas ganhou novas dimensões.

Como já foi mencionado, só mais tarde é que surge a questão do patrimônio urbano no momento mesmo em que se tornou necessário reformar/transformar a cidade. Então houve, por assim dizer, uma visão oscilante entre: preservar a cidade antiga deixando-a intocada; preservar o núcleo da cidade antiga, como um museu; integrar passado e presente, mesclar.

O conceito de preservação não existiu sempre com idêntico significado. Carlos Fortuna (1997) nos ajuda a compreender as diferenças entre Ocidente e Oriente e mesmo no interior do Ocidente ao longo do tempo. A atual igreja de São Pedro no Vaticano, por exemplo, foi construída em cima da antiga igreja de São Pedro que existiu durante 12 séculos. Muitas igrejas coloniais na América espanhola foram construídas em cima de templos indígenas destruídos por ocasião da ocupação, no caso, mostrando a compreensão do significado simbólico de tais edificações e nenhum cuidado preservacionista com a cultura original. Preservar teve ao longo do tempo diferentes motivações, quer seja lembrança pessoal, tipo de vida, valor artístico, valor histórico. Hoje se assiste à valorização das restaurações dos monumentos pelo espetáculo, pela encenação. O sentimento de urgência em preservar cresce à medida que a destruição ameaça os monumentos, quer por guerras civis, quer pelo abandono. As guerras sempre foram responsáveis por muita destruição ontem e hoje, basta ver o que vem acontecendo na Síria, no Irã. Por outro lado, a destruição também avança diante de novas releituras históricas que questionam o passado marcado pela colonização, a ocupação, a escravidão. As estátuas que perenizavam os "heróis" do passado são depredadas à medida que são questionados os fatos históricos nos quais eles foram protagonistas.

A importância das viagens na constituição do campo do patrimônio também é enfatizada. No caso do mundo europeu, a maneira de lidar com o passado sofreu alterações a partir de duas experiências: o encontro do mundo até então desconhecido e a busca de vestígios do passado.

O homem sempre foi um andarilho, mas quero primeiro fazer referência às viagens modernas, aquelas que deram origem à descoberta do chamado Novo Mundo. As viagens, a curiosidade e a observação dos viajantes deram origem aos relatos de viagem. Neles estão descrições dos costumes e rituais dos indígenas, ilustrações de plantas e animais desconhecidos e relatos de episódios, verdadeiros ou imaginados, vividos pelo passageiro ou pelo autor. Toda essa literatura teve enorme impacto no pensamento europeu. A força de tal literatura produziu ainda maior interesse sobre o Novo Mundo e suas diferenças em relação ao mundo europeu.

Os textos e as iconografias sobre a colônia portuguesa e sobre o Brasil independente, produzidos pelos viajantes do século XIX, forneceram algumas matrizes da nacionalidade, entre elas, a dos trópicos. Natureza e trópico geraram um imaginário sobre o Brasil, presente em diversos autores e livros. Basta ver a iconografia produzida por Jean-Baptiste Debret divulgada em seu livro *Viagem pitoresca ao Brasil*. As viagens exploratórias sobre as regiões recém-descobertas, seja a América Portuguesa, a Espanhola, as ilhas do Caribe, as ilhas do Pacífico, deram origem aos relatos, à iconografia, aos mapas (Pratt, 1999).

Importa também mencionar outro tipo de viagem que se diferencia da anteriormente mencionada. É a viagem que nos séculos XVI e XVII se tornou comum, a viagem em busca de vestígios do passado, vestígios em locais em torno do mar Mediterrâneo: Grécia, Roma, Egito e também Constantinopla, que já tomada pelos turcos em 1453 se tornara Istambul. Vale lembrar que as viagens à Terra Santa já tinham sido interrompidas quando os turcos tomaram os "lugares sagrados", o que deu origem às Cruzadas.

A história do patrimônio passa pela história do colecionismo que advém destas viagens ao passado Mediterrâneo. As viagens em busca de vestígios da Antiguidade deram origem a um tipo de agente, de especialista em antiguidades, um erudito, estudioso de objetos (moedas, estátuas, frisos). Ele viajava, descrevia, desenhava, fazia cópias, montava catálogos, vendia. Era o "antiquário". Os objetos achados, identificados, vendidos eram reunidos pelos compradores nos chamados "gabinetes de curiosidades", locais que reuniam plantas, mapas, estátuas, moedas, figuras de antepassados, genealogias, um pouco de tudo.

O patrimônio como um "presente do passado" dependeu de missões, de visitas e de coleta de peças realizadas pelos antiquários, guardadas por colecionadores e cuidadas por conservadores. Assim, emerge um conhecimento, uma competência de especialista a respeito da conservação, da restauração e das controvérsias sobre as inclusões e exclusões no cânone do patrimônio, ou seja, como indica Poulot (2012), uma série de "dispositivos de enquadramento".

Vale mencionar também a importância do gosto pelas artes que até o século XVIII demandou a produção de "guias" que apresentavam o repertório indicando quais os objetos que mereciam ser vistos, quais monumentos das belas-artes estavam espalhados pelas cidades em igrejas, castelos e palácios. Os "guias" satisfaziam a demanda de visitantes estrangeiros, principalmente dos ingleses que realizavam o *Grand Tour*, viagem tradicional de aprendizagem pela Europa empreendida por jovens aristocratas ingleses (Poulot, 2012). Os monumentos antigos conferiam prestígio à cidade e eram indicados nos guias para visitação dos estrangeiros.

A existência de um mercado para os objetos, a necessidade de produzir uma avaliação sobre tais bens fazem as descobertas arqueológicas e o conhecimento da arte caminharem simultaneamente. Um caso da maior importância é a descoberta de Pompeia em 1748; este sítio arqueológico, junto com o de Herculano, abre a discussão sobre a responsabilidade coletiva em relação às obras-primas universais.

As viagens ao mundo greco-romano e ao Egito em busca de objetos do passado favoreceram a releitura de Roma como berço da sensibilidade moderna, ajudada pelo retorno do Papado à cidade (1377) e pelo esforço de reconstrução de Roma como cidade barroca, sede da Igreja Católica. Neste aspecto é que a cidade de Roma ganha sua relevância, já que possui a maior coleção de monumentos antigos e de coleções de objetos de arte reunidos no museu pontifício.

O estilo das construções religiosas contemporâneo às viagens em torno do Mediterrâneo e do Sacro Império romano do Ocidente era o barroco. Estilo este que tem a ver com a resposta da Igreja Católica à Reforma Protestante (1517). Com ela, os alicerces da visão de mundo dominante se alteram. A reação católica se estrutura, se organiza no Concílio de Trento (1545 a 1563), onde bispos espanhóis e portugueses são figuras de destaque.

Juntando viagens e movimento de reação católica à Reforma Protestante, vale lembrar que em 1549 chegou à colônia portuguesa na América a Companhia de Jesus na figura de seu representante maior do catolicismo místico e militante, o padre Manuel da Nóbrega.

Como entender o estilo barroco? A literatura a respeito é enorme e vamos aqui pontuar alguns aspectos que nos permitem entender tal estilo.

A Igreja Católica, por meio da exuberância de formas e da pompa litúrgica, vai defender a espiritualidade e seu poder. A antiga harmonia entre Deus e o homem estaria rompida, cria-se então uma distância insuperável entre o sagrado e o terreno. Diante disto, emerge a sensação de luto, a sensação de perda que induz à celebração da vida pela festa, pela ostentação. Tudo se torna espetáculo, teatral. O vácuo entre o sagrado e o terreno vai ser ocupado pelos santos e pela Virgem Maria.

O barroco vive da tensão entre razão e fé, razão e sentimento e vai procurar atingir mais a sensibilidade de seus fiéis pelo fausto, pelo luxo ostensivo. Para aliciar, conquistar corações, o barroco faz apelo aos sentidos e aos sentimentos, lança mão de efeitos visuais, festas, espetáculos, procissões com seus penitentes, andores e crucifixos.

Sabemos que o barroco teve várias leituras ao longo do tempo. Foi visto como estilo "feio", fora da norma ou do preceito derivado do clássico exemplar. Já que era instrumento de adesão religiosa, negava, por assim dizer, a autonomia da arte. Em contraponto a essa visão negativa, há o reconhecimento de que é uma arte dirigida a Deus e que, ao mesmo tempo, valoriza as técnicas do trabalho diário, reconhece a revelação que vem de baixo com a confecção de imagens, estas tão condenadas pelo calvinismo.

A nova Basílica de São Pedro em Roma, como já mencionamos, foi construída após a destruição da capelinha original, o que mostra que a ideia de preservação de patrimônio ainda não fazia parte da cultura europeia. O projeto da nova Basílica representa o corpo da igreja com sua cúpula expressando a cabeça da cristandade, as alas laterais seriam os braços desse corpo capaz de abraçar os cristãos. A praça de São Pedro faz, por assim dizer, a conexão entre a praça citadina e a igreja monumental. A praça de São Pedro e a praça Navona são espaços exemplares do barroco em Roma onde os arquitetos Bernini e Borromini são as figuras centrais.

O barroco vai surgir primeiro no centro do poder — Roma —, depois se difunde por todos os lugares onde a Igreja Católica se fazia presente, como no Reino das Duas Sicílias, na Península Ibérica, nos condados alemães, confirmando a enorme força e presença da Igreja Católica. Sua força na Espanha e em Portugal se faz notável pela transmissão de seus valores às colônias pelas mãos da Companhia de Jesus e também por outras ordens que se estabeleceram no Novo Mundo como beneditinos, franciscanos, carmelitas.

Pode-se dizer que a presença do barroco em Roma, na Europa e em suas colônias expressa a primeira globalização após a do Império Romano.

Ao se buscarem vestígios da Antiguidade, também se acharam vestígios mais recentes da própria Europa: templos religiosos dos séculos V ao XIV que foram construídos em estilo gótico. O gótico e o barroco, que tiveram origens em períodos históricos específicos, ficaram como vestígios para a posteridade. Os monumentos que foram descobertos informam sobre gostos, valores e orientações das sociedades do passado. Tais estilos, como já foi mencionado, não foram sempre avaliados da mesma maneira.

As construções em estilo gótico também não foram sempre valorizadas. Representavam os vestígios do período em que as cidades europeias do norte tinham encolhido. Marcadas pela simplicidade de linhas, poucos adornos, pareciam falar de um mundo terreno de extrema simplicidade e de quase pobreza. Entretanto, com o desenvolvimento do estilo gótico, as paredes deixaram de ser o suporte ao peso vertical dos edifícios, o que permitiu as aberturas entre os seus pilares que passaram a ser ocupadas pelos vitrais e que funcionavam como livros para contar as histórias da Bíblia.

Para nos ajudar a ler o que a arquitetura está nos dizendo, é preciso compreender a gramática dos estilos, nos diz Cragoe (2014). A tal simplicidade artística do gótico começa a ser negada com a descoberta dos vitrais coloridos que passam a marcar a construção das casas de oração. Tais vestígios que positivavam o gótico estão configurados em igrejas como a Catedral de Notre-Dame, a Saint Chapelle, a Catedral de Chartres e muitas outras espalhadas pela cristandade europeia.

Vamos agora procurar entender como o romantismo e o *revival* gótico no século XIX tiveram papel relevante em colocar o debate sobre preservação na ordem do dia.

O estilo gótico marcou a arquitetura da Idade Média, do século XII até a Renascença, quando então perde sua predominância e retoma a inspiração clássica. O gótico voltou a ser apreciado nos séculos XVIII e XIX, impulsionado pela valorização do passado nacional e pelo romantismo neogótico, revivalista (restauração que se faz presente na Inglaterra — com a construção da Abadia de Westminster) e na França pela restauração de catedrais levada adiante por Violet Le-Duc, "restauração interpretativa" que propunha retirar o excesso. Na Inglaterra o neogótico predominou de 1840 até 1920, sendo um exemplar notável do neogótico a Abadia de Westminster.

As catedrais góticas passaram a ser restauradas no século XIX e tal processo deu ocasião à formulação de diferentes orientações que tiveram em Eugène Viollet-le-Duc e John Ruskin tipos ideais de duas posições diversas de restauração do patrimônio do passado. Ambos, é preciso lembrar, são encantados pelo gótico, mas participam de visões de mundo, de universos distintos representados pelo caso francês e inglês.

A particularidade do caso inglês, como já foi mencionado no capítulo 5, também se apresenta pela figura de William Morris que funda o *Arts and Crafts Movement* e defende o artesanato sob a influência de John Ruskin. Morris e Ruskin estão entre os "pensadores vitorianos" que apontam para o caminho de uma cultura romântica na Inglaterra. A Era Vitoriana, marcada pela prosperidade, pela paz entre os britânicos, pela consolidação da revolução industrial, vai ser questionada pelo *Arts and Crafts Movement*, defensor da renovação do artesanato artístico cujas verdadeiras raízes estão no trabalho manual.

Faz parte também deste *turn* romântico a pintura de William Turner (1775-1851) que retrata a natureza, principalmente a água e o mar tanto em seu lado encantador quanto ameaçador com as tempestades e a agitação do mar. Suas pinturas evocam o sentimento do "sublime", conceito este tratado por Edmund Burke e por Immanuel Kant. Para este o sublime estaria ligado à experiência estética da natureza e de sua infinitude. A filosofia da arte vai apontar a diferenciação entre sublime e belo, sendo o primeiro relativo a uma perfeição do ponto de vista metafísico, grandioso, que se eleva, que se sustenta no ar, e o belo relativo à proporção, à harmonia das partes em relação ao todo.

Será em tal contexto que Ruskin e Morris estiveram inseridos. Assim, uma vertente do pensamento de volta ao passado e sobre restauração se faz presente nas propostas do inglês John Ruskin. Para ele os monumentos históricos eram "relíquias" e, enquanto tal, as marcas do tempo neles impressas faziam parte de sua essência e deveriam ser respeitadas. Nesse sentido, ele é contra a intervenção que destrói as marcas do tempo, esse tipo de intervenção seria mentiroso. A ruína deve ser mantida enquanto tal, já que se destina à memória afetiva.

Segundo Ruskin, os edifícios domésticos deveriam ser também protegidos, já que tinham o mesmo poder de memória dos edifícios públicos. O edifício é testemunho duradouro ante o transitório. Ele se equipara às ruínas, às relíquias e não é nosso, pertence àqueles que o construíram. Restaurar um edifício é o mesmo que falsificar uma pintura.

Isto não significa que não devamos cuidar deles. Ao contrário, advoga a inspeção dos monumentos e sua proteção. A preservação envolvia sua manutenção no estado em que chegaram até nós, como relíquia. Se o edifício tem trabalhos de diferentes períodos, tais diferenças devem ser mantidas. Vale o exemplo da mesquita de Córdoba que teve acrescentada em seu interior uma igreja mantida mesmo após a restauração.

William Morris foi pintor de papéis de parede, de tecidos e de livros. Ligado à Irmandade Pré-Rafaelita, produz também poesia e ficção. Queria criar objetos belos a preços acessíveis. Recusou a manufatura industrial barata das artes decorativas e da arquitetura. Defendia o retorno ao artesanato, queria elevar o artesanato à condição de arte. O *Arts and Craft*, como já foi mencionado, defende o *revival* do artesanato tradicional, o retorno de uma vida simples e o desenvolvimento do *design* em objetos de uso domiciliar.

Morris, ao buscar o futuro nas relíquias do passado, pensa também sobre a função do artista em seu tempo, nos diz o historiador da cultura Carl Schorske (2000). O artista recupera ou se apropria das lendas da tradição — mitos nórdicos ou germânicos — da poesia dos trovadores e do ideal do artesão medieval. Assim, se era revolucionário na expressão estética, era conservador na busca do apoio aos seus ideais. Ele explicita a versão inglesa de um tema comum do século XIX — o desencanto com a civilização moderna.

W. Morris foi apaixonado pelo cristianismo medieval. Sofre influência de John Ruskin, que em sua obra *Stones of Venice* demonstra a superioridade do gótico sobre outras formas de desenho, o que vai fornecer o fundamento para um medievalismo tardio. O compromisso com o medieval como forma de rejuvenescer o ambiente moderno se afirmaria pela restauração da cultura artesanal. Morris luta contra a fábrica inglesa e seus produtos, a favor da unidade medieval entre artista e artesão, arte e ofício, beleza e utilidade. O renascimento do artesanato poderia restaurar o prazer do trabalhador e a beleza da vida moderna. Estudou, trabalhou e produziu no campo das artes manuais. Morris, que luta contra a fábrica inglesa, adere ao movimento socialista e em seus sonhos o futuro socialista se parece com a imagem romântica da Idade Média.

Em 1877, William Morris funda a Society for the Protection of Ancient Buildings, ocupada em "salvar" igrejas, mesmo aquelas não góticas. Pretende impedir que edifícios fossem reformados ou destruídos e contribui para a fundação do National Trust (Schorske, 2000). Tal sociedade tinha um senso de defesa do patrimônio da humanidade e se envolveu no movimento para impedir que mosaicos bizantinos da Basílica de São Marco em Veneza fossem trocados por modernos. Luta pela criação de leis de proteção que na Inglaterra começam em 1882 e vão ter continuidade em 1900, em 1913, em 1930, em 1940 e em 1950.

A preservação de mansões de campo, a proliferação de sociedades de preservação locais e nacionais como instrumento de pressão e sensibilização para que leis de proteção fossem decretadas podem ser creditadas a Morris e a Ruskin.

John Ruskin e as Sociedades de Antiquários produziram em 1872 uma lista de monumentos existentes na Inglaterra antes de 1760 e que deveriam receber atenção. Entre eles, estavam monumentos pré-históricos como círculos de pedras — Stonehenge — e terrenos de cemitérios. Esta lista nacional deveria ser mantida por diferentes públicos. Eles, por outro lado, se voltavam contra o movimento que restaurava igrejas paroquiais deterioradas e transformava todas elas em edifícios góticos. Tal restauração destruía edifícios normandos e criava uma falsa uniformidade.

Ruskin terá enorme influência no mundo de fala inglesa e também se fará presente até no pensamento que vai reler a arquitetura colonial no Brasil, como nos mostra a arquiteta Maria Lucia Bressan Pinheiro ao analisar o pensamento de John Ruskin no debate cultural brasileiro dos anos 1920 (Pinheiro, 2008), como registramos no capítulo 9 sobre a arquitetura neocolonial.

O *revival* do medievalismo se dá em plena era da industrialização e põe em movimento o imaginário de uma comunidade utópica, baseada na harmonia e na cooperação. Diante dos impactos da revolução industrial, surge tal corrente que vai apresentar projetos de preservação das tradições e do passado, assim como projetos utópicos de novos modelos igualitários de organização das cidades e da sociedade, como exemplificam os casos de W. Morris e de John Ruskin, considerados entre os maiores expoentes desse movimento político cultural.

Tal desafio, derivado do avanço da industrialização, colocou questões do tipo: o que fazer com o passado em ruína? Que estilos de reinterpretação do passado devem prevalecer? Como deve ser a cidade do futuro?

O caso inglês oferece um exemplo avançado de resposta a tal desafio. Vejamos o livro *Da ruína ao edifício neogótico, reinterpretação e preservação do passado na Inglaterra vitoriana*, de Cristina Meneguello (2008), que vai nos falar exatamente do *revival* do medievalismo que vai guiar projetos de preservação das tradições e do passado em plena era da industrialização. A autora se coloca na perspectiva de tentar compreender o paradoxo que se apresenta na Inglaterra a partir de 1830 — as ciências se voltam para a frente, enquanto as artes vão buscar o futuro olhando para trás.

A autora e muitos outros autores apresentam um desenho comparativo da Inglaterra e da França ante a questão da preservação. No Inglaterra do século XIX proliferam os estudos das ruínas, a criação de museus, a adoção da arquitetura gótica nos prédios públicos, o romance histórico, o surgimento do turismo para as classes populares que não podiam realizar o *Grand Tour* pela Europa e que vão então encontrar tesouros no seu próprio condado.

Do outro lado do Canal se encontra a França, que não lidera a Revolução Industrial, que vai se fazer notar pela força da revolução política. Ali o ódio contra os privilégios e a sobrevivência da nobreza dá ocasião a rebeliões violentas dos camponeses com pilhagem e ataques aos seus bens. A radicalização leva à execução dos poderosos e nobres, para o delírio do povo. Em continuação, se instaura o Terror, com crescimento da luta pela pureza, pelas virtudes da Revolução. Diante de tudo isto se coloca a questão de garantir a sobrevivência dos bens simbólicos do antigo regime na França. Como enquadrá-los sob novo enfoque? A criação de instituições estatais para cuidar, preservar, recuperar bens móveis passa a ser a resposta a tal demanda.

Figura contemporânea ao inglês John Ruskin (1819-1900) é o francês Eugène Emmanuel Viollet-le-Duc (1814-89), que comunga de várias de suas ideias e que se contrapõe a muitas outras. Ambos veem o gótico como um princípio estrutural novo na arquitetura. Para eles, pesos verticais, forças oblíquas e relações de equilíbrio dotavam tal estilo de um valor racional, e sua beleza provinha de tais técnicas. Na valorização do gótico também se encontra a reabilitação do artífice. Ambos eram profundos apreciadores do gótico e condenavam o neogótico. O verdadeiro *revival* do gótico deveria envolver a correção das alterações e das reformas consideradas erradas aplicadas às catedrais medievais, como no caso da atuação de Gilbert Scott na Inglaterra.

Entre 1873 e 1879, os dois estiveram envolvidos com restauração. Ruskin conhecia e citou Le-Duc. A revista *The Builder* (Meneguello, 2008) apresenta ao público inglês os restauros feitos por ele na Notre-Dame. E as ideias de Le-Duc estão expressas no seu *Dictionnaire raisonné de l'architecture française* em verbetes técnicos sobre altar, balaustrada, catedral, entre outros itens, em que explicita os princípios construtivos da Idade Média quando a planta liberta as paredes da sustentação. Suas ideias exerceram grande influência também na Inglaterra.

Para Le-Duc é possível recriar o passado. Afirma em seu dicionário que "restaurar um edifício é devolvê-lo a um estado completo que pode jamais ter existido". Para ele o passado estava morto, daí ser possível ser alterado pelo presente. Foi construtor, desenvolveu técnicas de restauro, defendeu a manutenção das partes adicionadas em qualquer época.

Le-Duc quer que a restauração faça o edifício voltar ao passado, voltar à lógica racional que presidiu sua construção no passado. Daí a importância de buscar as leis de estrutura da época na qual a construção foi feita. Condena a imitação do passado. Achava absurdo dar a uma prefeitura o aspecto de uma igreja ou dar a uma igreja um exterior diferente do interior, caso exemplificado pela igreja de La Madeleine em Paris com seu exterior de colunas dóricas. Propõe uma restauração interpretativa com o monumento voltando integralmente ao seu momento de origem, ou seja, sem as marcas do tempo. Daí sua afirmação de que "restaurar um edifício é devolvê-lo a um estado completo que pode jamais ter existido".

Eugène E. Viollet-le-Duc prega a investigação para evidenciar o sistema construtivo e as regras gerais de cada arquitetura nacional, tanto a antiga quanto a nova, considerando técnicas e materiais novos. Em seu texto sobre a manutenção e restauração das catedrais da França, Le-Duc vai ressaltar o rico patrimônio religioso abandonado na França. Todos os homens influentes demandam que se cuide dos velhos edifícios para prevenir sua ruína, menos os jovens artistas, arquitetos, pintores formados pelas escolas de belas-artes que, segundo ele, aprendem tudo sobre a Grécia, sobre Roma, mas desprezam, deixam no ostracismo tudo o que se levantou na França entre o século XI e o século XVI. Para ele, "o minucioso exame de nossas velhas construções religiosas ou civis, é a verdadeira escola, aquela que forma o espírito e o gosto" (Viollet-le-Duc, 2000:140). Ressalta a necessidade de se caminhar rápido para ser possível recolher todo o passado. Faz também, nesse texto, algumas observações sobre os méritos e os perigos da centralização da França no cuidado com seu patrimônio.

Viollet-le-Duc defende a necessidade de criação de um estilo para o século XIX. Segundo ele, a arquitetura pertence tanto à ciência quanto à arte. Arquitetos devem se interessar para além das fachadas, devem se tornar construtores habilidosos. Suas ideias, seus conselhos não foram colocados em prática por ele próprio, já que foi principalmente restaurador de catedrais francesas e mestre da arquitetura gótica.

Ele também propõe novo método de estudar o passado. É preciso saber como o prédio foi construído. Analisar, classificar o passado e preparar o futuro. Estudar o método usado no passado para ser usado com liberdade. Liberdade esta que permite completar as lacunas do passado. Os monumentos góticos, por exemplo, são compostos de uma estrutura lógica e é isto que importa.

Sob sua influência, predominou na França a perspectiva de que a restauração feita com cuidado deve fazer o monumento ficar contemporâneo ao tempo em que foi construído. Daí a necessidade de conhecer a relação com o passado, do patrimônio — prova do gênio nacional — a ser protegido pelo Estado.

Voltando à trajetória de Viollet-le-Duc, ele ganha prêmio em Salão de 1834 de viagem à Itália, marco e sonho de todo artista. A viagem à Sicília, Pompeia, Pádua, Veneza, Roma serve para ele imaginar o monumento tal como era no passado.

Tudo isso pode ajudá-lo a "compreender a alma do nosso país", definir o que não pode perecer, escreve ele no prefácio de sua obra *Dictionnaire raisonné de l'architecture française* publicada em 1854. Mantém uma visão romântica que permanece mesmo com a industrialização triunfante. Torna-se um teórico da restauração. Reiteramos o que ele diz: "Restaurar um edifício não é reparar ou refazer, é reestabelecer um estado completo que pode jamais ter existido."

Pondo em prática suas ideias, ele vai em 1840 fazer a restauração da Sainte-Chapelle retirando as modificações do século XVII para voltar ao que seria seu estado primitivo. Em 1845 vai restaurar a Notre-Dame, trabalho no qual ele se envolve por 20 anos. Em 1846 cuidará da Basílica de Saint-Denis. A seguir, vai cuidar da restauração de Toulouse e das ruínas da cidade medieval de Carcassone.

Em 1858 publica o *Dictionnaire raisonné du mobilier*. Com tais dicionários ele forma escultores, talhadores de pedra, de bronze, ensina técnicas que já tinham desaparecido ou que estavam ameaçadas pela industrialização. Foi nomeado em 1853 para ministrar a cadeira de história da arte na Escola de Belas-Artes (onde fica apenas um ano). Participa da defesa da arquitetura da cidade durante a Comuna de Paris. No fim da vida vai para os Alpes, onde escreve várias obras destinadas aos jovens. Morre em 1879 em Lausanne, na Suíça.

Para além das diversas concepções de restauração entre os dois autores, vale registrar que na Inglaterra a restauração teve a forte presença de particulares organizados em associações voluntárias. Na França a preservação foi alçada principalmente a negócio do Estado. Vários autores mencionam que a preservação e o restauro são oriundos de duas teorias identificadas uma com o modelo inglês e outra com o francês, ou seja, Ruskin e Le-Duc, que representariam, o primeiro, a corrente anti-intervencionista, e, o segundo, a intervencionista.

Sabemos que a tradição francesa é marcada pelo estatismo, centralismo, patrimônio planificado e regulamentado pelo Estado. Tal tradição foi predominante entre os países europeus e também entre os latino-americanos sob influência da cultura francesa. E na tradição anglo-saxã predomina o associativismo, culto ao passado, a relíquias, valorização ética, puritanismo. No caso, se deu mais ênfase ao ético do que ao estético com a valorização maior do esforço humano, menor ênfase na nacionalidade.

É fora de dúvida que as ideias de Le-Duc foram marcantes e tiveram eco nos restauradores de língua alemã na Europa central, como pode ser constatado na restauração das cidades de Dresden na Alemanha e Varsóvia na Polônia após a Segunda Guerra Mundial.

Em uma visão mais matizada entre os dois, pode-se considerar que ambos os casos foram guiados por preceitos estéticos e morais, assim como a regulamentação por parte do Estado se fez presente tanto na Inglaterra quanto na França, ainda que em graus distintos. Neste sentido, pode-se dizer que há certo artificialismo na oposição radical entre Le-Duc e Ruskin.

Para Pevsner (2001), Le-Duc vence no uso de novos materiais. Ruskin vence na preservação dos edifícios. Ruskin não buscaria um novo estilo, não tinha tal objetivo. Estilos do passado, mesmo que não fossem copiados, deveriam servir de ensinamento. Para Choay (2011), Le-Duc vence na preservação e Ruskin, na nostalgia.

Como os dois autores pensam o gótico, a forma como compreendem o passado informa o entendimento sobre sua preservação e, como já dissemos, para Ruskin, a restauração seria a pior destruição, seria igual à fraude, e para Le-Duc, é possível e recomendável fazer "recriações do passado".

Por outro lado, de Le-Duc faz uma ponte com o futuro ao defender a necessidade de criação de um estilo arquitetônico para o século XIX. Defende que a sociedade do século XIX seja dotada de nova estrutura para satisfazer as novas necessidades com o uso de novos meios. Na sociedade de massas, século da velocidade e da ciência e da tecnologia, tudo deve ser funcional, ter "bom funcionamento". Tudo e cada detalhe devem servir a um propósito. Não deve existir nada que não preencha uma função. Tais propostas começam a se fazer presentes desde meados do século XIX.

A ideia de que a cada época cabe uma arquitetura específica se encontra escrita na fachada do famoso prédio da Secessão em Viena.

Voltando ao ponto central. Será após a Revolução Industrial, com a alteração do modo de fazer e de viver, que se cria um fosso entre dois períodos e que se passa a consagrar o monumento histórico, ligado à memória afetiva, e a se preservar raízes históricas representadas pelas construções do passado.

O patrimônio urbano pretende reconhecer e valorizar a cidade pré-industrial como parte do passado. Preservar o passado foi orientado por distintas motivações: pela lembrança pessoal, pelo valor artístico ou pelo valor histórico.

Um bom exemplo desta conexão entre presente e passado parece se desenhar na reforma de Barcelona no século XIX. Como já vimos no capítulo 4, a reforma alterou profundamente a cidade, principalmente agregando novas áreas. E envolveu a abertura de três grandes vias que cortaram a parte central e derrubaram construções antigas. Uma comissão composta por arquitetos e historiadores foi então encarregada de fazer um levantamento de prédios a serem demolidos e determinando o que deveria ser conservado. Assim, a destruição e a preservação caminharam juntas.

A abertura de uma das novas ruas descobriu ruínas romanas e construções góticas e a partir de então se colocou a questão de definir qual passado deveria ser valorizado e preservado. Várias sugestões passaram a ser oferecidas, desde a de um museu a céu aberto até a de criação de um bairro gótico. O projeto de um bairro gótico com a restauração do espaço, o translado de construções góticas, surgidos a partir de 1911, só teve impulso de fato por ocasião dos preparativos para a Exposição Universal de 1929.

A cidade de Barcelona passou a ser um espaço onde a memória social valorizou tanto aspirações políticas da independência catalã quanto permitiu a exploração turística de um passado agregado de valor.

A revolução industrial com seu maquinismo instalado nas cidades e a concentração operária decorrente produzem um clima de nostalgia que leva à valorização do mundo pré-industrial, de relíquias, de ruínas, de histórias nacionais. Basta citar, como já foi mencionado, a emergência do movimento romântico que valoriza simultaneamente a natureza e o passado e acaba por produzir a reabilitação do gótico.

Diante das cidades do passado: como responder necessidades do presente? Como criar espaço, habitação e mobilidade para os novos habitantes da cidade? Como embelezar? Tais necessidades são tratadas de diferentes modos tendo em vista: a existência de espaços livres vazios (Viena, Chicago, Belo Horizonte); a necessidade ou não de destruir parte do que existia (Paris, Rio de Janeiro).

Questões relativas aos monumentos históricos migram para o patrimônio urbanístico no fim do século XIX, época das reformas de Haussmann em Paris, quando destruição e políticas de conservação caminham juntas. Retornamos ao ponto: só quando a cidade antiga está em processo de desaparecimento se celebra seu encantamento e beleza. A articulação entre os campos da conservação do passado e do planejamento das cidades tem lugar nesta situação. Reconhecer e valorizar a cidade pré-industrial como um todo ou apenas parte do passado antigo. Aqui vale destacar a figura de Gustavo Giovannoni (1873-1947), não por acaso arquiteto italiano, que teve que lidar com Roma, a mais importante cidade-museu, e é considerado o "inventor" do conceito de "patrimônio urbano" (Choay, 2011).

Giovannoni marcou a Itália com seus "planos diretores" para Roma e outras cidades italianas, deixou sua presença na legislação sobre o patrimônio e transmitiu ensinamentos em seu curso para as escolas de arquitetura. Suas ideias presentes no livro *L'urbanisme face aux villes anciennes* foram expostas na sua Conferência de Atenas (1931), em que Giovannoni fala sobre a conservação dos monumentos de arte e de história, e na Carta de Veneza (1964). Segundo Choay, Giovannoni reconhece a importância da evolução técnica das sociedades da Europa Ocidental e, ao mesmo tempo, defende a forte manutenção do núcleo que as associa à cidade antiga. E, se pergunta, como fazer coexistir duas entidades em escalas compatíveis? Sugere que a vida e a evolução das duas entidades sejam asseguradas por "planos orgânicos de desenvolvimento" para as cidades novas e "planos reguladores" para as cidades antigas. Defende descongestionar o núcleo antigo colocando-o fora dos grandes eixos de tráfego, reduzindo-o a um bairro misto associando comércio e residências. Foi crítico ao urbanismo dos Congressos Internacionais de Arquitetura Moderna (Ciam) e em particular a Le Corbusier que se limita a uma única escala e à rede automobilística.

Em seu plano para reconstrução do centro antigo de Roma programou mexer o menos possível na cidade antiga, descongestionar as ruas criando circuitos periféricos que evitem a travessia do centro antigo, deslocar o centro da cidade para outra direção junto com as vias de comunicação.

Arquitetos, engenheiros, historiadores da arte discutem, formulam doutrinas ora enfatizando valores ligados ao passado — valor original —, ora valores ligados ao presente — valor de uso.

Para além do debate sobre o que fazer com o passado e como atuar sobre as ruínas, se encontra a proposta de que os arquitetos deveriam projetar casas para o homem comum. Este era o princípio original que se fazia presente nos projetos das cidades-jardim inglesas. Para Peter Hall (2011), a renovação estética vem exatamente da Inglaterra com William Morris (e sua firma) e com suas ideias provenientes de John Ruskin. Para estes, os pintores e arquitetos deveriam se voltar para o artesanato, trabalhar com a xilogravura e com iluminuras, fazer mobílias, estamparia e tapeçaria.

Para tal corrente os arquitetos deveriam projetar casas para o homem comum. Daí as cidades-jardim inglesas tratadas no capítulo 5. Daí um *revival* do estilo doméstico inglês, guinada para o campo, a casa de classe média se torna o reduto do arquiteto progressista. Daí Ruskin ser também considerado precursor da Bauhaus que enfatiza o presente e o futuro, que projeta utensílios para o homem comum, ligados ao seu valor de uso.

Arquitetos e *designers* aceitam as responsabilidades sociais, tornam seu serviço, seus edifícios e objetos de uso diário projetados não só para satisfazer desejos estéticos, mas para realizar finalidades práticas. A Bauhaus com o prédio em Berlim de 1926; as "cadeias" de aço tubular de Mies van der Rohe de 1930; o carro fusca, design alemão de 1941 por sugestão de Hitler como carro da família. Pintores e escultores caminham em sentido oposto. Afastam-se do seu público.

A questão "o que fazer com os remanescentes do passado?", "o que fazer com as ruínas?" (Carena, 1984), pode parecer uma questão longínqua no tempo e no espaço. Movimentos recentes de reconstrução, de restauração de centros históricos em vários locais do mundo e as variadas questões daí decorrentes serão abordados nas relações entre cidade e patrimônio para o caso do Rio de Janeiro, tratado no capítulo 11.

O incêndio do prédio do Museu Nacional na noite de domingo, dia 2 de setembro de 2018, atualizou tal questão. O prédio do Museu Nacional era um monumento histórico. Sua construção tinha como função primeira ser a moradia de uma família de posses na colônia portuguesa e, com a chegada da família real em 1808, se torna seu local de moradia. Foram os acontecimentos históricos que conferiram ao prédio o estatuto de monumento histórico.

O incêndio que destruiu o Museu Nacional e seu prédio deu ocasião a inúmeras manifestações a respeito. Vou destacar a que circulou por WhatsApp do antropólogo Eduardo Viveiros de Castro. Disse ele:

> Eu não construiria nada naquele lugar. E, sobretudo, não tentaria esconder, apagar esse evento, fingindo que nada aconteceu e tentando colocar ali um prédio moderno, um museu digital, um museu da internet — não duvido nada que surjam com essa ideia. Gostaria que aquilo permanecesse em cinzas.

Quero aqui apenas registrar que tal proposta, a de manter as ruínas, pode ser aproximada à proposta de John Ruskin, como vimos neste capítulo.

Em fevereiro de 2021 a Unesco coordenou junto com vários órgãos do patrimônio no Brasil a licitação para a escolha do projeto de restauro do prédio que pegou fogo e que foi residência oficial da família imperial e sede do Museu Nacional. A proposta vencedora vai manter como eram os jardins à frente e a fachada principal, assim como a lateral do "jardim das princesas".

No lado oposto será construído um novo jardim, uma elevação de três andares subterrâneos com café, auditório, escritórios e espaço para uma reserva técnica. Tal acréscimo não alterará o volume da construção original.

Dentro do Museu o restauro não vai tentar recriar o século XIX. Ficarão paredes sem reboco, como feridas expostas, revelando a pedra e o tijolo que conseguiram resistir ao fogo. Já a capela, que estava muito modificada por ocasião do incêndio, será reconstruída de acordo com seu original do século XIX. A reportagem publicada pela *Folha de S.Paulo* (22 de fevereiro de 2021) parece indicar que o projeto vencedor fez um mix de partes que vão voltar a um passado que já tinha sido alterado ou destruído, partes que vão exibir as ruínas (as marcas do fogo) e, por fim, partes que serão um acréscimo para adequar o prédio às necessidades de um museu contemporâneo. Os comentários pelas redes sociais foram notáveis tanto a favor quanto contra o projeto vencedor.

A polêmica em torno do projeto de reconstrução envolveu não só diferentes concepções de restauro, mas também diversas visões sobre qual passado deva ser preservado: o Paço de São Cristóvão, residência da família imperial ou Museu Nacional, o antigo Museu Real, que veio ocupar o prédio a partir de 1892, a mais antiga instituição científica do Brasil.

Tal polêmica foi crescendo inclusive nas redes sociais e deu ocasião a um pronunciamento "oficial" em resposta à corrente que deseja privilegiar a memória histórica do Império. Vale registrar o pronunciamento público:

> NOTA SOBRE O PROJETO DE TRANSFORMAÇÃO DO MUSEU NACIONAL EM CENTRO DEDICADO À FAMÍLIA IMPERIAL
>
> O Museu Nacional é uma instituição vinculada à Universidade Federal do Rio de Janeiro (UFRJ) desde 1946. Criado por D. João VI em 1818 com o nome de Museu Real, visava atender aos interesses de promoção cultural e científica do país e seu acervo foi aumentado significativamente por D. Pedro II. Posteriormente, passou a se chamar Museu Nacional e consolidou-se como um museu universitário, com papel central para pesquisa, ensino e difusão do conhecimento nas áreas de ciências naturais e antropológicas.
>
> O Museu é a mais antiga instituição científica brasileira, ocupando o Palácio São Cristovão desde 1892. Nesse sentido, a intenção de transformar o edifício num centro turístico dedicado à família imperial, deslocando o acervo científico do museu para um anexo da propriedade, desvirtuaria o lugar de relevância proposto por D. João VI na sua criação. Cabe ainda destacar o papel do Museu Imperial, em Petrópolis, como instituição federal já responsável pela preservação e divulgação do importante acervo do país relativo ao império brasileiro.
>
> Após o trágico incêndio de setembro de 2018, quando o edifício e o acervo foram parcialmente destruídos, o projeto de cooperação internacional Museu Nacional Vive foi articulado pela UFRJ, Unesco do Brasil e Fundação Vale. Com uma estrutura de governança articulada, que inclui um Comitê Executivo, um Comitê Institucional e um Grupo de Trabalho de Segurança e Sustentabilidade Pós-Inauguração, o projeto estabelece as diretrizes estratégicas, monitora e garante a execução das ações para a reconstrução e restauração do Paço de São Cristovão e seu anexo e, ainda, a reforma da Biblioteca e do Horto Botânico e a implantação do Campus Cavalariças.
>
> O projeto arquitetônico recentemente divulgado prevê a restauração completa do Palácio em seus três andares, com a dedicação de seus espaços inteiramente para as exposições e atividades educativas. No bloco principal, está previsto um circuito expositivo histórico em que se apresentará aspectos referentes à história da ciência no Brasil, a história do Museu Nacional e a história do Palácio de São Cristóvão, contextualizando a relação Museu Nacional e família imperial.

As entidades aqui representadas entendem que o projeto Museu Nacional Vive está estruturado de forma a atender aos diferentes interesses e expectativas que se estabelecem em torno dessa importante instituição científica e cultural e o seu edifício-sede. O projeto que está sendo desenvolvido coletivamente estabelece o restauro respeitoso do Paço de São Cristovão como patrimônio tombado pelo Iphan, mas também a reconstrução simbólica do Museu Nacional, adequado às expectativas colocadas desde a sua criação por D. João VI e em consonância com as demandas museais contemporâneas.

Associação Brasileira de Antropologia (ABA)
Associação Brasileira de Gestão Cultural (ABCG)
Associação Nacional de História (Anpuh)
Associação Nacional de Pesquisa em Tecnologia e Ciência do Patrimônio (Antecipa)
Associação Nacional de Pesquisa e Pós-Graduação em Arquitetura e Urbanismo (Anparq)
Associação Nacional de Pós-Graduação e Pesquisa em Ciências Sociais (Anpocs)
Associação Nacional de Pós-Graduação e Pesquisa em Geografia (Anpege)
Docomomo Brasil
Federação Nacional de Estudantes de Arquitetura e Urbanismo do Brasil (Fenea)
Federação Nacional dos Arquitetos e Urbanistas (FNA)
Icom Brasil (Comitê Brasileiro do Conselho Internacional de Museus)
Icomos Brasil (Comitê Brasileiro do Conselho Internacional de Monumentos e Sítios)
Instituto de Arquitetos do Brasil (IAB)
Programa de Pós-Graduação em Museologia da Universidade Federal da Bahia (PPGMuseu)
Programa de Pós-Graduação Interunidades em Museologia da Universidade de São Paulo (PPGMus)
Rede Brasileira de Coleções e Museus Universitários (RBCMU)
Sociedade de Arqueologia Brasileira (SAB)
Brasil, 27 de março de 2021.

Outro exemplo mais antigo vale ser também mencionado. Trata-se das Ruínas de São Miguel das Missões e de seu Museu no Rio Grande do Sul. O sítio histórico de São Miguel foi tombado como Patrimônio em 1938, logo após a criação do Iphan, e se tornou Patrimônio da Humanidade em 1983. Em São Miguel, um dos Sete Povos das Missões, foram mantidos os vestígios materiais do corpo principal da igreja, partes da construção do convento e fundações de habitações indígenas que apontam o modelo de ocupação realizado pelos jesuítas nos anos 1680. O sítio foi preservado no estado em que foi reconhecido oficialmente, como ruína, e em seu tombamento esteve presente a figura do arquiteto modernista Lucio Costa.

Vale igualmente lembrar que no final de agosto de 2019 foi aberta ao público no Rio de Janeiro uma casa em estilo eclético francês situada na esquina das ruas Guilhermina Guinle e São Clemente no bairro de Botafogo. Este é um dos prédios construídos como residência particular para a família Rocha Miranda pelo arquiteto francês Joseph Gire, também responsável pelo Hotel Glória e pelo Copacabana Palace. Gire, que passou por Buenos Aires, onde deixou inúmeros prédios, a partir de 1916 veio para o Rio de Janeiro, onde teve como clientela a família Guinle (Cabot, 2014).

Após a restauração, o edifício a passou a abrigar a Casa Firjan e está disponível para as mais variadas atividades de cultura. Neste caso, faz-se presente a proposta do arquiteto e restaurador francês Viollet-Le-Duc, a restauração que fez o edifício voltar ao seu esplendor do tempo passado.

Os exemplos citados nos permitem voltar ao tema do que fazer com o passado: deve ou não haver a restauração e, se sim, como fazê-la? John Ruskin e Viollet-le-Duc exemplificaram as duas correntes no campo da restauração que, de algum modo, ainda estão em voga.

Antes da restauração, existiu o desafio sobre o que deve ser mantido e o que pode e dever ser derrubado. Inúmeras manifestações acontecem mundo afora quando as pessoas vão às ruas para questionar o patrimônio histórico expresso em estátuas que agora são derrubadas, monumentos que são pichados. São questionados os heróis de até então — escravocratas, racistas, colonizadores. Vale também lembrar que fenômeno semelhante aconteceu quando foram derrubados os monumentos aos revolucionários socialistas dos países do Leste europeu. Tal temática deu origem ao premiado *Adeus, Lênin!*, filme alemão de 2003.

Referências

ANDERSON, Benedict. Censo, mapa, museu. In: _____. *Comunidades imaginadas*: Reflexões sobre a origem e a expansão do nacionalismo. Portugal: Edições 70, 2005, p. 221-248.

ARAÚJO, Emanuel (Org.). *O universo mágico do barroco brasileiro*. São Paulo: Sesi, 1998.

BOITO, Camilo. *Os restauradores*. Cotia: Ateliê Editorial, 2003.

BRANDI, Cesare. *Teoria da restauração*. Cotia: Ateliê Editorial, 2004.

BRANDÃO, Carlos Antonio Leite. Identidade e arquitetura na América Latina; o transnacional e o transcultural como estratégias do barroco e do século XXI. *Varia Historia*, Belo Horizonte, n. 27, 2001, p. 117-145.

CABOT, Roberto. *Joseph Gire*: a construção do Rio de Janeiro moderno. Rio de Janeiro: Casa da Palavra, 2014.

CARENA, Carlo. Ruína/restauração. In: ENCICLOPÉDIA Einaudi. Porto: Imprensa Nacional, Casa da Moeda, v. 1, 1994, p. 197-224.

CHOAY, Françoise. *A alegoria do patrimônio*. São Paulo: Estação Liberdade; Unesp, 2001.

_____. *O patrimônio em questão*: antologia para um combate. Belo Horizonte: Fino Traço, 2011.

CRAGOE, Carol Davidson. *Como decifrar arquitetura*. Um guia visual completo dos estilos. Rio de Janeiro: Edições de Janeiro, 2014.

GOMES JÚNIOR, Guilherme S. *Palavra peregrina*: o barroco e o pensamento sobre as artes e as letras no Brasil. São Paulo: Edusp, 1998.

FORTUNA, Carlos. As cidades e as identidades — narrativas, patrimônios e memórias. *Revista Brasileira de Ciências Sociais*, a. 12, n. 33, fev. 1997, p. 127-141.

HALL, Peter. *Cidades do amanhã*: uma história intelectual do planejamento e do projeto urbanos no século XX. São Paulo: Perspectiva, 2011.

MENEGUELLO, Cristina. *Da ruína ao edifício neogótico, reinterpretação e preservação do passado na Inglaterra vitoriana*. São Paulo: Annablume; Fapesp, 2008.

OLIVEIRA, Lucia Lippi. *Cultura é patrimônio*: um guia. Rio de Janeiro: FGV, 2008.

OLIVEIRA, Rogério Pinto Dias de Oliveira. Conservação, restauração e intervenção em arquiteturas patrimoniais. Monografia (bacharelado) — Curso de Pós-graduação em Arquitetura e Patrimônio Arquitetônico no Brasil, Pontifícia Universidade Católica do Rio Grande do Sul, Porto Alegre, 2007.

PEVSNER, Nicolaus. *Origens da arquitetura moderna e do design*. São Paulo: Martins Fontes, 2001.

PINHEIRO, Maria Lucia Bressan. O pensamento de John Ruskin no debate cultural brasileiro dos anos 1920. *19&20*, Rio de Janeiro, v. III, n. 4, out. 2008. Disponível em: www.dezenovevinte.net/arte%20decorativa/mlbp_ruskin.htm.

POMIAN, K. Coleção. In: *ENCICLOPEDIA Einaudi*. Porto: Imprensa Nacional; Casa da Moeda, v. 1, 1984, p. 51-87.

POULOT, Dominique. A razão patrimonial na Europa do século XVII ao XXI. *Revista do Patrimônio*, História e Patrimônio, n. 34, 2012, p. 27-43.

PRATT, Mary Louise. *Os olhos do Império*. Bauru: Edusc, 1999.

SANT'ANNA, Márcia. Preservação como prática — sujeitos, objetos, concepções e instrumentos. In: REZENDE, Maria Beatriz et al. (Org.). *Dicionário Iphan de patrimônio cultural*. Rio de Janeiro; Brasília: Iphan; DAF; Copedoc, 2015.

SCHORSKE, Carl. A busca do graal: Wagner e Morris. In: _____. *Pensando com a história*. São Paulo: Companhia das Letras, 2000, p. 108-112.

VIOLLET-LE-DUC, Eugène Emmanuel. *Restauração*. Cotia: Ateliê Editorial, 2000.

8. O patrimônio no Brasil: a construção de um campo de atuação do Estado

O patrimônio histórico no Brasil pode ser analisado tomando o caso exemplar da constituição do Serviço do Patrimônio Histórico e Artístico Nacional (Sphan) a partir de 1937. Para analisar tal experimento, serão abordadas as primeiras manifestações de defesa de igrejas coloniais ainda nos anos 1920, as disputas em curso ao longo dos anos 1930 por ocasião de sua criação e as principais figuras responsáveis pela criação e montagem do órgão. Em um segundo momento, iremos mencionar as principais alterações organizacionais e de concepção de patrimônio que vão acontecer a partir dos anos 1970. Por fim, vamos mencionar o novo universo que veio a fazer parte do campo do patrimônio a partir da Constituição de 1988.

A criação do Sphan (este órgão da administração federal foi Serviço, depois Departamento, depois Instituto, depois Secretaria, acompanhando as reformas e reorganizações da burocracia, sendo esta última a denominação que tem hoje; neste capítulo será mantida a denominação original de Serviço) e a invenção do patrimônio expressam uma das estratégias do Estado voltada à construção da nação, ou melhor, de um sentimento de nacionalidade. Patrimônio em seu sentido mais comum significa herança. Assim, cabe a pergunta a ser feita: qual herança se quer salvar? Qual passado importa lembrar? Qual tradição deve ser valorizada? Quem diz o que deve ser preservado? O processo de constituição de um patrimônio envolve as ações de colecionar, classificar e preservar partes deste passado.

As estratégias do Estado na invenção do patrimônio envolveram práticas e políticas de preservação. Entre as práticas de preservação estão tombamentos, conservação, restauração, tendo as duas últimas aberto grande espaço para a atuação dos arquitetos. Para que tais práticas tivessem vigência foram produzidas informações técnicas, realizadas vistorias, elaborados relatórios, criadas rotinas e explicações a respeito dos critérios para a escolha dos bens a serem preservados.

Entre as políticas de preservação estão a legislação apropriada e a construção de instrumentos de atuação. Faz parte também das políticas a definição a respeito da relação entre as esferas federal, estadual e municipal, assim como a relação entre o Estado e os particulares, sendo o Estado considerado representante do interesse nacional, ou seja, do interesse público.

Vou, como já está consignado na literatura a respeito, pontuar as principais realizações dos primeiros anos, do chamado "primeiro tempo", também denominado "anos heroicos" da política de patrimônio no Brasil.

Neste primeiro tempo, os intelectuais reunidos em torno do Sphan conseguiram construir um "patrimônio nacional" ao definir os "vestígios" que deveriam fazer parte do patrimônio, ou seja, deviam ser tombados, preservados, restaurados. A grande contribuição dessa empreitada foi representar o Brasil não só como natureza, trópico, como foi concebido durante o século XIX no romantismo.

Foi assim que as construções de um tempo (o Brasil colonial) passaram a ser identificadas como um patrimônio que precisava, que deveria ser preservado. A partir de então, passamos a ter um tempo no passado, quando estaria configurada a origem da nação. Tais vestígios tinham um local, estavam situados principalmente em uma parte do território nacional, Minas Gerais. E assim foram tombadas cidades inteiras em Minas Gerais, além de monumentos em outras cidades.

Nos tempos iniciais do Serviço foram criados também os primeiros museus consagrando feitos históricos dos tempos coloniais tais como o Museu dos Inconfidentes, ressaltando a Inconfidência Mineira, e o do Ouro, ambos em Ouro Preto, e o Museu das Missões, consagrando a atuação dos jesuítas no Rio Grande do Sul.

O passado brasileiro "memorável" em termos de arte era o barroco, ainda que barroco não seja exclusivamente nacional. Os responsáveis pelo Sphan vão destacar que aqui teve lugar uma versão particular e considerada autêntica, o barroco brasileiro. Tal passado "memorável" se fazia presente em prédios, ou seja, em bens de pedra e cal.

Assim, arte, história e tradição em conjunto forneceram os fundamentos para a produção de uma identidade nacional configurada como patrimônio.

Vale mencionar que na história da criação do Sphan duas figuras aparecem como centrais: Mário de Andrade e Rodrigo Melo Franco de Andrade. Mário de Andrade é quem em 1936 elabora por solicitação do ministro da Educação

Gustavo Capanema um anteprojeto para a criação e estruturação do órgão. Naquela ocasião Mário propôs um sistema no qual oito classificações de bens deveriam ser usadas para definir o que deveria ser preservado, sendo a entrada principal arte, entendida como habilidade do engenho humano.

Tal projeto, é bom lembrar, não foi o que vingou na ocasião. Em seu lugar tem-se a Lei nº 378, de 13 de janeiro de 1937, que apresentava nove classificações para os bens, sendo a entrada principal arte e história. Responsável por tal lei, Rodrigo Melo Franco de Andrade foi a figura de maior destaque na medida em que foi ele quem, com ajuda de outros intelectuais, criou o órgão e o dirigiu ao longo de 30 anos. Este tempo corresponde aos anos heroicos.

Vamos retornar aos anos 1920 para compreender os primeiros movimentos de defesa de um passado brasileiro.

A atuação de Mário de Andrade nos anos 1930 se faz presente ao discutir, desenvolver sua concepção particular de folclore e de cultura popular. Mário de Andrade (1893-1945) era bacharel em letras e formado pelo Conservatório Musical de São Paulo. Poeta, crítico de arte, estudioso do folclore e da música, foi uma das mais importantes figuras no movimento modernista de 1922.

Nos anos iniciais do modernismo ainda era marcante a divisão entre o saber culto e o popular. Culto era identificado a estrangeiro, vindo de fora. Popular, por outro lado, era visto como ingênuo, pitoresco, rude. Mário queria abolir, ou melhor, minimizar esta distinção e erguer as "partes que estavam nas sombras", pelo exame da diversidade, pelos levantamentos monográficos.

Daí suas viagens etnográficas e suas "descobertas do Brasil", entre elas, a do barroco brasileiro. Tudo isto correspondia ao que ele entendia ser o dever do artista: ser útil à sociedade. As cartas de Mário aos companheiros de geração apresentam sua perspectiva sobre a missão do intelectual naquele tempo e lugar.

Mário de Andrade, desde os anos 1920, esteve envolvido em vários projetos e produziu uma importante reflexão sobre música popular do Brasil. Para isso percorreu o país para gravar seus gêneros musicais. Sua reflexão e seu trabalho são apontados como fontes de inspiração para múltiplas pesquisas posteriores e vieram a ser determinantes para os caminhos traçados pelo movimento folclórico que começou a ganhar força mais tarde, nos anos 1940.

Sua gestão na direção do Departamento Municipal de Cultura de São Paulo em 1935 e sua proposta para o Sphan procuram captar todo o universo da produção cultural. O interesse de Mário de Andrade em formular, em conceber uma nova conceituação do folclore como processo de conhecimento é parte deste processo e vai justificar seu empenho em abrir cursos para formar folcloristas. Neste sentido, inaugurou em 1935 um curso de folclore que visava entre outros fins ensinar como apreender a cultura do caipira do interior. Ocupou-se, assim, em tratar o folclore como um processo de conhecimento, abrindo curso para formar folcloristas, e em elaborar uma nova conceituação do folclore guiado pela etnografia. Por sua iniciativa, é criada a Sociedade de Etnografia e Folclore e em seu Boletim são publicadas muitas das comunicações apresentadas nas reuniões daquela Sociedade.

Cabe aqui apenas registrar que a institucionalização do folclore se deu pelo caminho dos museus, dos institutos, dos órgãos governamentais. As ciências sociais que se organizavam nos anos 1930 nas universidades descartaram a "ciência do folclore" (Vilhena, 1997).

Para Mário de Andrade, o folclore, expressão da nossa brasilidade, ocupava um lugar decisivo na formulação de um ideal de cultura nacional. Tal proposta era partilhada por inúmeros folcloristas e por outros intelectuais que perguntavam pelo "ser" brasileiro e estavam discutindo a nação, a identidade nacional.

A questão da identidade nacional se fazia presente também em outro campo, tendo como foco o universo da arquitetura. Desde os 1910 teve lugar um movimento voltado para constituir um estilo arquitetônico a partir das características que seriam genuinamente nacionais. Ao perseguir tal objetivo, o movimento denominado neocolonial voltou seu olhar para antigas casas de fazenda e chácaras, assim como para a arquitetura religiosa da Bahia, de Pernambuco e de Minas Gerais nos tempos coloniais. Ou seja, volta-se para o passado como inspiração para a construção de um presente.

O engenheiro português Ricardo Severo foi figura central no movimento neocolonial, resultado de sua atuação no espaço cultural de São Paulo. O papel de Ricardo Severo e o desenvolvimento do movimento neocolonial estão apresentados no capítulo 10. Maria Lucia Bressan Pinheiro (2011), uma das mais importantes pesquisadoras do tema, vai registrar a presença atenta de Mário de Andrade entre os ouvintes das conferências proferidas por Ricardo Severo.

Mário de Andrade se entusiasma pelo neocolonial, escreve sobre arte religiosa e valoriza a tradição colonial presente na arte de Aleijadinho. Tal vertente vai também inspirar Rodrigo Melo Franco de Andrade. Ambos vão valorizar a tradição portuguesa com as missões jesuíticas (século XVII), com Aleijadinho em Ouro Preto e com Mestre Valentim no Rio de Janeiro no século XVIII, que passam assim a ser considerados os vestígios mais importantes dos tempos coloniais.

Ao ser consagrado como estilo nacional, expressão das raízes brasileiras originárias da presença portuguesa no período colonial, o neocolonial recebeu apoio oficial do governo de São Paulo e do governo brasileiro. No Rio de Janeiro a figura maior do movimento foi José Mariano, que desempenha papel central de orientador e financiador de investigações desta arquitetura. Na então capital da República, o neocolonial foi o estilo de muitos pavilhões da Exposição do Centenário da Independência, em 1922. Tal estilo foi adotado na restauração do conjunto arquitetônico que veio a ser o pavilhão das Grandes Indústrias. Esse edifício veio a abrigar, a partir de 1924, o Museu Histórico Nacional, que teve Gustavo Barroso como seu idealizador e diretor.

Foi assim na década de 1920, durante as discussões sobre nacionalismo e as raízes do passado nacional na arquitetura, que tiveram lugar os primeiros debates sobre a preservação do patrimônio arquitetônico, artístico e cultural, que desaguariam na criação em 1934 da Inspetoria de Monumentos Nacionais, ligada ao Museu Histórico Nacional, e em 1937 do Serviço do Patrimônio Histórico e Artístico Nacional.

Gustavo Barroso, nascido do Ceará, atuou em diversos jornais e revistas da capital. Como folclorista escreveu e publicou mais de 90 obras, foi membro do Instituto Histórico e Geográfico Brasileiro e eleito para a Academia Brasileira de Letras em 1923. Em 1922, por ocasião das comemorações dos 100 anos da independência, teve papel fundamental na fundação do Museu Histórico Nacional. Como fundador e diretor perpétuo do Museu Histórico Nacional, vai ali reunir coleções de vultos ilustres, de batalhas memoráveis da história do país. E foi ali no Museu Histórico Nacional que tiveram lugar as primeiras iniciativas de recuperação de monumentos nacionais situados nas cidades mineiras.

Assim, pode-se considerar que o primeiro órgão federal de proteção ao patrimônio, a Inspetoria dos Monumentos Nacionais, foi criado em 1934 no Museu Histórico Nacional por iniciativa de Gustavo Barroso. Foi também Gustavo Barroso quem consegue o patrocínio do governador mineiro Antonio Carlos para realizar obras de recuperação do patrimônio da Ouro Preto entre 1926 e 1928. Esta Inspetoria atuou sobretudo na restauração de monumentos na cidade considerada desde 1933 a principal relíquia do passado nacional a ser preservada. Gustavo Barroso também propõe um plano de restauração de pontes, chafarizes e igrejas de Ouro Preto que veio a ser realizado entre 1935 e 1937.

As ideias de defesa de monumentos históricos no Brasil já tinham ganhado alguma atenção nos anos 1920, ainda que com pouca efetivação, quando foram criadas Inspetorias Estaduais de Monumentos Históricos em Minas Gerais (1926), na Bahia (1927), em Pernambuco (1928), não por acaso os principais locais com rica presença de arquitetura religiosa colonial.

Das cidades históricas mineiras, Ouro Preto é a que recebe maior atenção, já que fora a capital do estado até a construção de Belo Horizonte. Ouro Preto e Aleijadinho são valorizados por muitos intelectuais tais como Manuel Bandeira e Mário de Andrade, entre outros poetas e escritores. Há então um processo de redescoberta das cidades coloniais mineiras que, é bom que se diga, foi acontecendo ao longo da Primeira República. Rodrigo Melo Franco de Andrade, como mineiro ilustre, conhecia a antiga capital da província, Alceu Amoroso Lima a visitou em 1916, Mário de Andrade lá esteve em 1919, Lucio Costa conheceu Diamantina em 1920. Tais viagens ganhavam *status* de experiência de conversão à brasilidade, de descoberta do Brasil. Isto se aplica também ao famoso encontro dos modernistas paulistas com os mineiros em sua famosa viagem para Minas Gerais realizada em 1924 (Braga, 2010).

A valorização de Ouro Preto, que já vinha de antes, volta à ordem do dia em 1930 quando do bicentenário de nascimento de Aleijadinho. Em 1934, como já mencionamos, a Inspetoria de Monumentos Nacionais propõe a restauração de pontes, chafarizes e igrejas desta cidade. Este ciclo se completa em 1936, quando é decretada a repatriação dos restos mortais dos conjurados mineiros e cresce a necessidade de criação de um órgão federal capaz de cuidar do patrimônio.

Mesmo havendo um interesse pela arte e pela arquitetura brasileira, isto ainda não se apresentava sob a ótica do preservacionismo (Pinheiro, 2011).

A primeira preocupação relativa ao patrimônio visava exatamente impedir a saída do país de obras de arte tradicionais brasileiras. Havia a valorização dos objetos, mobiliário, ornatos que não deveriam ser vendidos para fora, nem ser privatizados por brasileiros, por colecionadores nacionais. Tal preocupação com a venda, o roubo de tais objetos ainda vige até hoje. O próprio clero vendia objetos para obter recursos para reformar igrejas, já que as edificações apresentavam as marcas do tempo e ameaçavam ruir. A decadência de igrejas e conventos se faz notável. Em 1924, dom Sebastião Leme, seguindo orientação do papa Pio XI, emite circular aos bispos alertando sobre a questão da preservação e proibindo ao clero ceder papéis, livros e objetos de arte sob sua guarda.

Pode-se dizer que a vertente propriamente preservacionista se mostrava modesta, tendia a minimizar o problema. O patrimônio nacional ainda era considerado de pouco valor tendo em vista sermos um povo de passado ainda recente. Tal consideração, nosso passado recente, é o que negava relevância aos bens patrimoniais em São Paulo, por exemplo, em comparação com cidades colônias de Minas, Pernambuco e Bahia, ricas da presença da arquitetura religiosa barroca.

Podemos agora nos indagar sobre as disputas referentes à montagem do campo do Patrimônio?

A figura fundamental da história do patrimônio do Brasil, como já mencionado, foi Rodrigo Melo Franco de Andrade, responsável pela criação e direção do órgão por 30 anos.

Rodrigo Melo Franco de Andrade (1898-1969), membro da elite mineira, fez seu curso de direito no Rio, em Belo Horizonte e em São Paulo, como era comum na elite da Primeira República. Trabalhou em diferentes postos do governo e foi chefe de gabinete do governo mineiro de Afrânio de Melo Franco. Foi jornalista, colaborou escrevendo críticas, artigos e realizando entrevistas para diversos jornais; escreveu colunas, foi escritor e poeta. Ele teve uma posição central na famosa *Revista do Brasil* a partir de 1926, quando Assis Chateaubriand a adquire de Monteiro Lobato. Ali ele foi o redator-chefe e Prudente de Morais Neto, o secretário. Ambos trataram de modernizar a linguagem do periódico e abrir espaço aos escritores modernistas (Luca, 1999).

Com a Revolução de 1930 e as mudanças administrativas e políticas ocorridas, o mineiro Francisco Campos, credenciado pela ampla reforma promovida na educação em Minas Gerais, assume o recém-criado Ministério da Educação e Saúde e convida Rodrigo M. F. de Andrade para ser o chefe de gabinete. Neste mesmo ano, Rodrigo passa a dedicar-se integralmente à montagem do novo ministério até 1932, quando Francisco Campos sai do ministério sendo substituído por Washington Pires. Em 1934, Gustavo Capanema é nomeado para assumir a pasta e escolhe como chefe de gabinete Carlos Drummond de Andrade, que já tinha trabalhado com ele no governo de Minas desde 1928, emprego este arranjado para ele por Rodrigo.

Rodrigo Melo Franco, enquanto chefe de gabinete de Francisco Campos, foi quem indicou Lúcio Costa para a direção da Escola de Belas-Artes em 1930, inaugurando uma experiência modernista que, no primeiro momento, enfrenta oposição e resulta em fracasso. Lúcio Costa organiza o Salão de Arte de 1931, o que dá origem a uma polêmica com a congregação da Escola e desencadeia uma greve dos seus alunos. Vale notar também que Lúcio Costa fora originalmente membro da vertente neocolonial dos anos 1920, tendo sido estagiário de José Mariano. Sua conversão ao modernismo teria sido resultado de sua leitura do livro de Le Corbusier, *Por uma arquitetura* (Cavalcanti, 2018).

Lúcio Costa e Luciano Gallet, o primeiro no campo da arquitetura e o segundo no campo da música, são figuras relevantes, são "pais fundadores", por assim dizer, da modernidade em seus respectivos campos no Rio de Janeiro. Luciano Gallet foi indicado para a direção do Instituto Nacional de Música. É bem verdade que os dois ficam pouco tempo e enfrentam grandes oposições às reformas que pretenderam implantar, Lúcio Costa na Escola de Belas-Artes e Luciano Gallet no Instituto. No campo da música vale lembrar o importante papel que a *Revista Brasileira de Música*, criada em 1934, teve sob a direção de Luiz Heitor Corrêa de Azevedo. Foi na Escola Nacional de Música, nome que o Instituto passou a ter no Estado Novo, que foi criada, em 1939, a primeira cátedra de Folclore (Naves, 2008).

Voltando a Rodrigo, ele é indicado em 1936 por Mário de Andrade e Manuel Bandeira e convidado por Capanema para organizar e dirigir o novo serviço de patrimônio a ser criado. A partir daí sua vida se identifica com o Sphan, órgão que ajudou a criar em 1936 e que dirige de 1937 até 1967. Após se aposentar, ainda toma posse no Conselho Consultivo do Sphan, onde fica até sua morte em 1969.

Os depoimentos a respeito de Rodrigo valorizam sempre o que seria sua principal característica, sua capacidade de "acomodar os dissensos". Esse seria o traço que marcaria a gestão de Rodrigo no Sphan, onde conseguiu reunir intelectuais oriundos das correntes as mais diversas em torno de um projeto comum, como foram os casos de alguns de seus maiores colaboradores como Carlos Drummond de Andrade, Prudente de Morais Neto, Sérgio Buarque de Holanda, Mário de Andrade, Gilberto Freyre e muitos outros. A parceria e amizade com Prudente de Moraes Neto, que já vinha de antes, duraria por toda a vida.

A maioria desses intelectuais era ligada ao movimento modernista mineiro da década de 1920 e se reuniu, a partir de 1934, em torno do ministro Gustavo

Capanema, formando o que Helena Bomeny chamou de "a constelação Capanema". Foram eles os responsáveis por implantar e conduzir políticas pioneiras nas áreas de educação e cultura, como é o caso do Sphan (Bomeny, 2001).

Os modernos se concentram no gabinete do ministro Capanema, que tinha como chefe de gabinete Carlos Drummond de Andrade. No Sphan, além de Mário e de Rodrigo, terão papel relevante Afonso Arinos de Melo Franco, Prudente de Moraes Neto e Manuel Bandeira. A outra figura importantíssima foi a do arquiteto Lúcio Costa, que veio a exercer a chefia da Divisão de Estudos e Tombamentos de 1937 a 1972. Pode-se dizer que em torno do Ministério estiveram modernistas e tradicionalistas e que juntos pensaram a questão da construção da identidade nacional entrelaçando tradição e modernidade.

Outra figura que tem importância em operar essa ponte entre o moderno e o tradicional certamente é Prudente de Moraes Neto. Neto de Prudente de Morais, presidente da República de 1894 a 1898, pertence a ilustre família da elite política paulista. Parceiro e amigo de Rodrigo Melo Franco de Andrade, terá durante o Estado Novo papel relevante na revista *Cultura Política*, revista oficial do regime, junto com Almir de Andrade e Rosário Fusco.

Vamos registrar agora o primeiro conflito entre grupos interessados em constituir o campo do patrimônio no país. Esta foi principalmente uma disputa pela hegemonia das concepções. O grupo modernista que se reúne em torno de Capanema no Ministério da Educação vai se contrapor aos neocoloniais que igualmente tinham valorizado a tradição colonial portuguesa. Para os neocoloniais, valorizar a cópia significava evocar o passado e isto era bom. E aceitavam a reprodução estilizada. Para os modernos, ao contrário, não se devia nem imitar nem reproduzir. Para estes era possível restaurar o passado e fazer uma releitura do passado, o que iria permitir a construção do futuro. Tal perspectiva era similar ao pensamento do Estado Novo que propunha o resgate do passado para lançar-se ao futuro. Conhecer o passado é visto como fundamental, já que seria ele que ilumina a construção de uma nova consciência para o futuro (Oliveira, 2008).

Assim, os anos 1930 assistiram a um grande conflito em torno do estilo de arquitetura e de patrimônio no Brasil. Dois estilos arquitetônicos, o neocolonial e o modernista, suscitam discussões sobre o caráter nacional e também sobre a preservação do patrimônio histórico, arquitetônico, artístico e cultural brasileiros. Neocoloniais e modernos brigavam entre si nos anos 1930, ainda que estivessem juntos na recusa à arquitetura acadêmica e/ou eclética.

Estas correntes da arquitetura — a acadêmica, a neocolonial e a moderna — disputaram o mercado estatal nos anos 1930. Tal confronto se fez exemplar no caso da construção de dois prédios estatais, o do Ministério da Educação e Saúde e o do Ministério da Fazenda, a serem situados na Esplanada do Castelo. O concurso para a construção da sede do Ministério da Educação e Saúde se faz mais conhecido, já que ali se deu o principal confronto. A comissão para avaliar os projetos era composta de várias figuras do campo acadêmico, entre elas Adolfo Morales de los Rios Filho. Foram selecionados três projetos e venceu o de Archimedes Memória, arquiteto que desenhou o Pavilhão das Grandes Indústrias para a Exposição do Centenário em 1922. Aquele local onde se instala o Museu Histórico Nacional, onde veio a funcionar a Inspetoria dos Monumentos Históricos, criação de Gustavo Barroso.

Gustavo Barroso e Archimedes Memória, é bom registrar, fizeram parte também do movimento integralista. Para a Ação Integralista Brasileira (AIB) era de suma importância conquistar o Ministério da Educação para, a partir dele, alcançar e divulgar a verdadeira cultura brasileira. Consideravam que Vargas havia prometido tal Ministério a Plínio Salgado para obter sua adesão ao Estado Novo. Tal possibilidade, entretanto, deixa de existir. Quando da decretação do Estado Novo, todos os partidos políticos foram alijados da vida política e isto é o que leva alguns integralistas a realizarem em 1938 o ataque ao Palácio Guanabara.

A competição entre neocoloniais e modernistas também passou pelo crivo do conflito político-ideológico dos anos 1930. Entre os neocoloniais havia muitos integralistas e entre os modernos muitos se aproximavam do movimento comunista.

Lúcio Costa, que tivera seu projeto desclassificado no concurso, vem a ser contratado por Capanema para fazer o novo projeto. Para realizar o novo projeto solicitado pelo ministro Capanema, o arquiteto Lúcio Costa reúne o grupo que inclui Jorge Moreira, Affonso Reidy (representante da Prefeitura do Distrito Federal no grupo de trabalho), Ernani Vasconcelos e Oscar Niemeyer, todos envolvidos na realização de algo que deveria ser indiscutível, marcante, de igual valor ao apresentado pelos irmãos Roberto para o prédio da Associação Brasileira de Imprensa (ABI) localizado na mesma Esplanada.

A recusa em construir o projeto vencedor e o convite a Lúcio Costa para elaboração de novo projeto se tornam o conflito político-ideológico da década.

Lúcio Costa, por exemplo, queria ter Le Corbusier como consultor do novo projeto e assim evitar que fosse convidado Marcelo Piacentini, arquiteto em alta no governo italiano e que já estivera por aqui como consultor do projeto para a cidade universitária (Cavalcanti, 2018).

O projeto de fazer uma obra ícone se colocava como alvo para o grupo que se organiza em torno de Lúcio Costa. Consideraram que, para construir um palácio fazendo uso de técnicas inovadoras e até então usadas em fábricas, era preciso contrabalançar com o uso de materiais nobres e com obras de arte. Assim se dedicaram a escolher artistas, entre eles Cândido Portinari e Celso Antonio. Bruno Giorgi com a estátua de casal representando a juventude e Burle Marx (que desenhara a cobertura do prédio da ABI e a praça Santos Dumont em frente ao Aeroporto) com os jardins como que completam o grupo que trabalhará neste projeto e em muitas das obras subsequentes. Além de obras de arte, foram desenhados para o ministério mesas, cadeiras, poltronas, armários, luminárias, tapete para que nada escapasse ao estilo moderno.

Nos anos 1930, na luta entre arquitetura moderna e neocolonial, a vitória coube aos modernos na medida em que tal estilo se tornou o padrão adotado pelo governo federal naquilo que esteve subordinado ao Ministério da Educação. *Modernistas na repartição*, título de livro de Lauro Cavalcanti (1993), expressa bem a conexão entre os arquitetos e artistas modernos e a burocracia do Estado Nacional.

Na política implementada pelo Sphan predominou a classificação estética. Valorizou-se em primeiro lugar o barroco, depois o neoclássico e o moderno. O estilo eclético foi considerado a ovelha negra. A recusa da cópia (representada pelo neocolonial) e da mistura (pelo ecletismo) se contrapunha à valorização do barroco e do moderno. A concepção dos modernistas que valorizaram o passado colonial recusava outros estilos e arquiteturas e construía por assim dizer uma linha de continuidade entre o colonial e o moderno como as únicas formas de arte que mereciam fazer parte do panteão brasileiro. Um exemplo dessa continuidade parte do prédio do Ministério da Educação no Rio de Janeiro, passa pela Pampulha em Belo Horizonte e chega a Brasília.

Concluindo, pode-se dizer que a identidade nacional envolveu tradição e modernidade entrelaçadas. Mário de Andrade e Manuel Bandeira são autores que podem ser citados como ícones desse imbricamento. Tal síntese entre o colonial (tradicional) e o moderno se faz presente no núcleo do Sphan. Rodrigo, que presidiu o órgão por 30 anos, foi quem criou e dirigiu a *Revista do Patrimônio*; Afonso Arinos foi quem pensou, refletiu e orientou o grupo por meio de textos e conferências; Carlos Drummond, após a gestão Capanema, foi quem organizou o arquivo do Sphan e, por fim, Lúcio Costa, como chefe da Divisão de Estudos e Tombamentos (de 1937 a 1972), tinha um grande peso na decisão sobre o que tombar. Os argumentos apresentados nos seus pareceres ao Conselho Consultivo do Sphan, que ao fim e ao cabo aprovava ou não os tombamentos, oferecem fonte fundamental para os estudiosos do assunto.

A atuação mais visível do Sphan se deu mediante o mecanismo do tombamento, regulamentado pelo Decreto-Lei nº 25, de 30 de novembro de 1937, que protegia bens móveis e imóveis predominantemente remanescentes da arte colonial ameaçados pela urbanização, pelo saque, pela comercialização dos antiquários e colecionadores.

Entre os traços gerais da retórica sobre o patrimônio, ou seja, da forma como se argumenta, se fala, se nomeia o patrimônio está a denúncia do caráter inorgânico da tradição, da sua deficiência organizacional, de seu diletantismo. Predominam o sentimento de fragilidade da tradição e a denúncia das ameaças que pairavam sobre os bens do passado. Daí que para preservar as riquezas nacionais foi necessária uma Lei, uma regulamentação capaz de proteger os bens e símbolos dos desvarios, da política predatória, das decisões equivocadas. A solução foi então uma legislação federal adequada tendo o Estado configurado no Sphan a responsabilidade pelo estabelecimento da política de conservação e valorização. E cabendo a seus técnicos a grande missão de salvar o patrimônio histórico da nação. Vários tópicos relativos ao patrimônio, ao Sphan e a sua política podem ser consultados atualmente no *Dicionário Iphan de patrimônio cultural* disponível na internet.

Há uma história "oficial" que divulga como marco fundador do Sphan o anteprojeto apresentado em 1936 por Mário de Andrade ao ministro Capanema. O anteprojeto seria então a verdadeira certidão de nascimento do Sphan. Tal versão lançada em 1980 consagra um histórico e forja uma linha de continuidade evolutiva que não contempla a complexidade e os antagonismos presentes na conjuntura dos anos 1930.

Márcia Chuva (2012) vai mencionar e questionar tal versão e para tal recupera depoimentos que reafirmam, como já foi aqui mencionado, o papel central de Rodrigo Melo Franco e sua equipe na qual se encontra, entre outros, Afonso

Arinos de Melo Franco. Este teria sido figura central na elaboração da noção de civilização material na qual o branco português deixou maiores materiais construtivos, perspectiva esta que orientou a primeira linha de atuação de preservação do serviço de patrimônio.

Sem dúvida, o papel de Mário de Andrade, sua concepção de cultura brasileira e patrimônio, a valorização de bens materiais e práticas cotidianas, celebrações, ritos constituem as bases de uma política de patrimônio e do conhecimento do folclore. E tais princípios foram recuperados por ocasião das primeiras mudanças de perspectiva e de rumo no patrimônio que foram sendo introduzidas na década de 1970.

Aloísio Magalhães foi a principal figura que vem de outra importante experiência relacionada com a área de patrimônio: a criação do Centro Nacional de Referência Cultural (CNRC), em 1975. Ali se alargou o escopo do passado memorável que passa a incluir também festas, ritos, consagrando o "saber-fazer". Esta "nova" interpretação do que se devia proteger se deu pelo retorno à figura de Mário de Andrade. No espaço do CNRC começou a ser gestada uma nova instituição com o objetivo de unificar e articular a área de cultura do governo federal.

As propostas de tombamento até então, segundo Aloísio Magalhães, valorizavam os bens móveis e imóveis impregnados de valor histórico que expressavam a criação individual. Daí ter ficado de fora o fazer popular, coletivo, inserido no cotidiano, e que expressava os bens culturais vivos.

Sua proposta é então voltar ao projeto original de Mário de Andrade de "tradições móveis". Aloísio evita trabalhar com a noção de "cultura popular" ou de "folclore", já que para ele os bens culturais não devem ser considerados sobrevivências do passado. Nos anos 1980 ele cunha a expressão "patrimônio cultural não consagrado" para se referir a manifestações não reconhecidas até então como bens culturais.

Assim, o tempo de Aloísio Magalhães no patrimônio, que teve como precursor uma experiência notável do CNRS, operou uma mudança na concepção do órgão. Passou-se a falar de referência cultural. Tudo isto produziu em um primeiro momento a ampliação do que deveria ser considerado patrimônio nacional.

Foi então nos anos 1970 e 1980 que houve a ampliação dos bens considerados patrimonializáveis. Outros passados como o Terreiro de Casa Branca, primeiro terreiro de candomblé em Salvador, Bahia, que foi tombado pelo Sphan em 1980.

Estações ferroviárias passaram a ser também consideradas bens patrimoniais do passado, já que expressavam a modernização do século XIX.

O processo de remodelação institucional nesta época é enorme e não pretendemos dar conta de todas as transformações. Além do CNRS mencionado, vale citar o Programa de Cidades Históricas (PCH) criado em 1973 e a Fundação Nacional Pró-Memória (FNPM) criada em 1979. Os órgãos responsáveis pelas questões de patrimônio no Ministério da Educação passam a ser a Secretaria do Patrimônio Histórico e Artístico Nacional com a responsabilidade normativa e legal, o poder de intervenção do Estado, e a Fundação Nacional Pró-Memória com atuação prática (Rezende et al., 2015).

Em 1981 é novamente reestruturada a área com a criação da Secretaria Nacional da Cultura (SEC). Tal Secretaria passou a ter duas subsecretarias (com o nome das antigas secretarias originais): a Subsecretaria do Patrimônio Histórico e Artístico Nacional (Sphan) e a Subsecretaria de Assuntos Culturais (Seac), cada uma delas com suas respectivas fundações, a Pró-Memória e a Funarte.

A figura central em todo este processo de transformação dos órgãos do Estado responsáveis por políticas culturais e de patrimônio é Aloísio Magalhães (1928-82), artista plástico e *design* reconhecido pela criação do logotipo do 4º Centenário do Rio de Janeiro em 1964 (Leite, 2014) e do símbolo para a Bienal de São Paulo em 1965. Participou da fundação da Escola Superior de Desenho Industrial (Esdi) no Rio de Janeiro. Trabalhou para o Banco Central, desenhando novo papel-moeda, o cruzeiro novo, e foi também consultor da programação visual da reforma dos Correios e Telégrafos. Será com esta bagagem que forma o grupo em Brasília que dará origem ao CNRC, assumindo a direção da nova estrutura que vai gerenciar as políticas de patrimônio: a nova Sphan e a FNPM. Suas conferências, entrevistas e discursos foram reunidos no livro *E Triunfo? — a questão dos bens culturais no Brasil* (1985), onde estão suas principais ideias sobre o papel fundamental da cultura no desenvolvimento econômico e social.

Aloísio Magalhães morreu em 1982 quando participava de uma reunião da Unesco em Veneza. Sob a gestão de Aloísio Magalhães, foram encaminhadas as primeiras solicitações brasileiras para inscrição de bens na Lista do Patrimônio Mundial da Unesco: Ouro Preto (1980) e as ruínas de São Miguel das Missões (1981).

Vale registrar que a inserção brasileira no sistema internacional de patrimônio cultural sob a liderança da Unesco se dá na conexão entre patrimônio e turismo. Tal inserção pode ser considerada resultado de missões realizadas nas décadas de 1960 e 1970 de seus consultores ao Brasil no âmbito do programa "Turismo Cultural" desta organização. Daí a consagração, entre outras cidades, do Centro Histórico de Salvador como Patrimônio da Humanidade em 1984 (Pereira, 2012).

Também sob a gestão de Aloísio foi realizado o primeiro Seminário nas Cidades Históricas com apoio da Fundação Roberto Marinho, então sob a direção de Joaquim Falcão, dando espaço para o debate em torno do uso turístico e da autossustentabilidade dos bens tombados, cujo caso exemplar é a restauração da cidade de Tiradentes (MG).

Para se falar da concepção ampliada de patrimônio cultural nos dias de hoje, deve-se retornar ao artigo 216 da Constituição de 1988. A partir de então vai-se valorizar a cultura popular e o folclore que, como observamos, têm uma longa história no país.

O Decreto nº 3.551, de 2000, regulamenta tal concepção ao instituir o Inventário e o Registro de Bens Culturais de Natureza Imaterial. A partir do registro de bens culturais de natureza imaterial, outros tipos de bem passaram a merecer atenção, como a pintura corporal dos índios que habitam uma parte do território da nação; a feitura de panelas de barro de Goiabeiras do interior do estado do Espírito Santo, o Círio de Nazaré, o samba de roda, o ofício das baianas do acarajé e a viola de cocho. Passa-se a falar em resgate, em registro dos bens imateriais.

A nova concepção de patrimônio chamada imaterial ou intangível vai se referir a lugares, festas, religiões, formas de medicina popular, música, dança, culinária, técnicas, entre outras manifestações. E o procedimento principal, além do registro dessas práticas, será o acompanhamento para verificar sua permanência e suas transformações.

O registro reflete o reconhecimento do valor das expressões culturais, ou seja, que fazem parte do patrimônio cultural brasileiro. Estabelece também, para o Estado, o compromisso de garantir sua salvaguarda pela documentação, acompanhamento e apoio.

O Centro Nacional de Folclore e Cultura Popular (CNFCP) oferece subsídios, detalhes operacionais para a elaboração do processo do "dossiê de Registro". Nele devem constar a investigação e a descrição do surgimento da manifestação, sua história e sua trajetória. Também os bens associados, o contexto e a rede de atores e relações sociais que propiciam sua existência. Completam o dossiê um guia de fontes documentais e bibliografias, documentos visuais, fonográficos e audiovisuais sobre a manifestação cultural.

A atuação do Estado se dá por meio de um plano de salvaguarda que visa: apoiar as condições de produção, circulação, transmissão e manutenção dessas expressões; valorizar e promover os que procuram consolidar e/ou reforçar sua sustentabilidade; defender os direitos reconhecendo os direitos coletivos; acompanhar, avaliar a pesquisa da manifestação; avaliar o diagnóstico de impactos econômicos, sociais e culturais, ou seja, toda a documentação que permite o registro e o acompanhamento das transformações dos bens imateriais.

Os critérios da seleção e da atribuição de valor patrimonial, assim como o plano de salvaguarda, oferecem um campo privilegiado para a atuação de um profissional em particular — o antropólogo —, assim como o tempo da valorização dos bens de "pedra e cal" da fase heroica do Sphan foi campo preferencial para atuação dos arquitetos.

Isto tudo certamente produz identidades de grupos sociais até então esquecidos ou marginalizados do território nacional. Apenas vale notar que é difícil pensar em construir uma identidade nacional a partir desses bens. São bens de pouca "ressonância", dificilmente serão reconhecidos como bens materiais ou imateriais da nação. Podem ser expressões de inclusão cultural e social, o que não é pouco.

Pode-se dizer que a formação de diferentes vertentes do patrimônio, seja material ou imaterial, se fez presente dentro da burocracia de Estado, já que patrimônio foi compreendido e regulamentado como questão de interesse nacional e, portanto, como política do Estado brasileiro.

Há figuras centrais, lideranças intelectuais que congregaram em torno de si outros "adeptos" e que se organizaram e mesmo competiram pela ocupação de uma posição na burocracia oficial. Em alguns casos, a relação entre esses personagens precede a ocupação de cargos-chave na burocracia que cuida do patrimônio. Em outros, a aproximação se dá em função de sua proximidade no interior dessa mesma burocracia.

Um dos aspectos mais marcantes e desafiadores desse processo que procuramos apresentar aqui é que a criação de órgãos voltados para a preservação e restauração do patrimônio aconteceu precisamente em períodos autoritários, em que a atuação do Estado se expande para um número maior de áreas e em que, ao mesmo tempo, a estrutura do Estado passa por um processo de reorganização de suas funções. Isto aconteceu nos anos do Estado Novo e ressurge também nas décadas de 1970-80, com a ampliação do escopo do que seria patrimônio nacional, sua modernização, quando o país de novo vive sob um regime autoritário.

O campo do patrimônio não é nem nunca foi pacífico, recebe críticas de diferentes matizes. E o tombamento de bens materiais, assim como o registro de bens imateriais, não seria diferente.

Vale notar que no lugar da ideia de autenticidade — originalidade e permanência — que guiava o campo da preservação de bens materiais, agora, no caso de bens imateriais, o que é tomado como parâmetro é guiado pelas noções de referência cultural e de continuidade histórica.

O tombamento ontem e o registro hoje inscrevem os bens no patrimônio nacional. E isto confere reconhecimento, o que é extremamente importante na luta simbólica.

Voltaremos a falar de patrimônio ao relacionar patrimônio aos projetos de restauração de centros históricos. O tema continua a receber a atenção de urbanistas, de arquitetos envolvidos em reformas urbanas do século XX e XXI.

Cresce a cada dia o número de profissionais e de pesquisas que tratam do tema patrimônio no mundo e no Brasil. Tese, livros, artigos, números especiais de revistas cobrem o assunto e expressam o crescimento do interesse a respeito. Patrimônio assim como memória são temas que emergem na medida em que se tem a sensação de que o tempo corre mais depressa.

O volume e a qualidade de estudos, de pesquisas sobre o tema da cidade também crescem no mesmo ritmo que crescem os desafios enfrentados. Vou mencionar aqui apenas uma revista que apresenta um significativo conjunto de autores e textos relevantes. Trata-se da *Revista do Patrimônio* n. 34, de 2012, cujo tema é "História e Patrimônio".

Referências

BOMENY, Helena. *Constelação Capanema*: intelectuais e políticas. Rio de Janeiro, FGV, 2001.

BRAGA, Vanuza. Relíquia e esperança: Ouro Preto e as políticas de preservação do patrimônio no Brasil. In: FERREIRA, Marieta de Moraes (Org.). *Memória e identidade nacional*. Rio de Janeiro: FGV; Faperj, 2010, p. 181-216.

CAVALCANTI, Lauro. *Dezoito graus*: a biografia do Palácio Capanema. São Paulo: Olhares, 2018.

_____. *Modernistas na repartição*. Rio de Janeiro: UFRJ, 1993.

CHUVA, Márcia. Fundando a nação: a representação de um Brasil barroco, moderno e civilizado. *Topoi*, Rio de Janeiro, v. 4, n. 7, jul./dez. 2003, p. 313-333.

_____. Por uma história da noção de patrimônio cultural no Brasil. *Revista do Patrimônio Histórico e Artístico Nacional*, Brasília, n. 34, 2012, p. 147-165.

FONSECA, Maria Cecília Londres. A invenção do patrimônio e a memória nacional. In: BOMENY, Helena. *Constelação Capanema*: intelectuais e políticas. Rio de Janeiro, FGV, 2001, p. 86-101.

_____. *O patrimônio em processo*. Trajetória da política federal de preservação no Brasil. Rio de Janeiro: UFRJ; Iphan, 1997.

GONÇALVES, José Reginaldo dos Santos. *A retórica da perda*. Os discursos do patrimônio cultural no Brasil. Rio de Janeiro, UFRJ; Iphan, 1996.

_____. O jogo da autenticidade: nação e patrimônio cultural no Brasil. In: _____. *Ideólogos do patrimônio*. Rio de Janeiro: IBCP, 1991, p. 63-76.

_____. O patrimônio como categoria de pensamento. In: ABREU, Regina; CHAGAS, Mário (Org.). *Memória e patrimônio*. Rio de Janeiro: DP&A; Faperj, 2003, p. 21-29.

KESSEL, Carlos. *Arquitetura neocolonial no Brasil*: entre o pastiche e a modernidade. Rio de Janeiro: Jauá Editora; Faperj, 2008.

LAVINAS, Laís Villela. Um animal político na cultura brasileira: Aloísio Magalhães e o campo do patrimônio cultural no Brasil (anos 1966-1982). Dissertação (mestrado em história) — Universidade Federal do Estado do Rio de Janeiro, Rio de Janeiro, 2014.

LEITE, João de Souza. O desenho como razão ser: a criação do símbolo do IV Centenário do Rio de Janeiro. In: TURAZZI, Maria Inez; MESQUITA,

Cláudia; LEITE, João de Souza (Org.). *Rio 400+50*: comemorações e percursos de uma cidade. Rio de Janeiro: Edições de Janeiro, 2014, p.122-169.

LUCA, Tânia Regina de. *A Revista do Brasil*: um diagnóstico para a (na)ação. São Paulo: Unesp, 1999.

MAGALHÃES, Aloísio. *E Triunfo?* – a questão dos bens culturais no Brasil. Rio de Janeiro: Nova Fronteira, 1985.

MESQUITA, Cláudia. *Rio 400+50 comemorações e percursos de uma cidade*. Rio de Janeiro: Edições de Janeiro, 2014, p. 76-121.

MOTTA, Lia. Cidades mineiras e o Iphan. In: OLIVEIRA, Lucia Lippi (Org.). *Cidade*: história e desafios. Rio de Janeiro, FGV, 2002, p. 124-139.

_____. O patrimônio cultural urbano à luz do diálogo entre história e arquitetura. *Revista do Patrimônio Artístico e Histórico Nacional*, n. 34, 2012, p. 249-280.

MÜHLHAUS, Carla. Para além da pedra e cal. *Nossa História*, a. 2, n. 13, nov. 2004, p. 62-67.

NATAL, Caion Meneguelo. A retórica da tradição: tempos e espaço da arquitetura neocolonial no Brasil, 1914-1930. In: CHUVA, Márcia; NOGUEIRA, Antonio Gilberto Ramos (Org.). *Patrimônio cultural*: políticas e perspectivas de preservação no Brasil. Rio de Janeiro: Mauad X; Faperj, 2012, p. 125-132.

NAVES, Santuza Cambraia. Os regentes do Brasil no período Vargas. In: PONTES JÚNIOR, Geraldo; PEREIRA, Victor Hugo Adler (Org.). *O velho, o novo e o reciclável Estado Novo*. Rio de Janeiro: Instituto de Letras da UERJ, 2008, p. 215-230.

OLIVEIRA, Lucia Lippi. *Cultura é patrimônio*: um guia. Rio de Janeiro: FGV, 2008.

_____. Patrimônio cultural: caminhos e desafios. *Observatório Itaú Cultural*, São Paulo, n. 22, mai./nov. 2017, p. 183-195.

_____. Política Nacional de Cultura: dois momentos — 1975 e 2005. In: GOMES, Angela de Castro (Coord.). *Direitos e cidadania*. Rio de Janeiro: FGV, 2007, p. 137-153.

PEREIRA, Cecília Ribeiro. O Turismo Cultural e as missões da Unesco no Brasil. Tese (doutorado em desenvolvimento urbano) — Universidade de Pernambuco, Recife, 2012.

PINHEIRO, Maria Lucia Bressan. *Neocolonial, modernismo e preservação do patrimônio no debate cultural dos anos 1920 no Brasil*. São Paulo: Edusp; Fapesp, 2011.

REVISTA do Patrimônio Histórico e Artístico Nacional, n. 23, 1994; n. 24, 1996; n. 34, 2012.

REZENDE, Maria Beatriz et al. Fundação Nacional Pró-Memória. In: _____. (Org.). *Dicionário Iphan de patrimônio cultural*. Rio de Janeiro, Brasília: Iphan/DAF/Copedoc, 2015.

SANTOS, Mariza Veloso Motta. Nasce a Academia Sphan. *Revista do Patrimônio Histórico e Artístico Nacional*, n. 24, 1996, p. 77-95.

VILHENA, Luis Rodolfo. *Projeto e missão*. O movimento folclórico brasileiro, 1947-1964. Rio de Janeiro: Funarte; FGV, 1997.

9. Da arquitetura neocolonial à moderna

Um estilo arquitetônico ainda pouco estudado e reconhecido é o neocolonial. Vamos procurar aqui traçar um panorama de seu significado, de suas origens e destacar a conjuntura histórica na qual teve maior aceitação. A seguir, vamos apontar as mais importantes disputas entre os arquitetos neocoloniais e modernistas pelo controle do patrimônio e das encomendas oficiais do Estado brasileiro.

Para começar, podemos citar o livro de Antonio Risério, *A casa no Brasil* (2019), em que o autor aborda o significado de tal estilo. No capítulo intitulado "A casa neocolonial", Risério apresenta o neocolonial como "uma reação nacionalista contra esse ecletismo que importamos da Europa durante o século XIX. Uma reação que acendia a luz sobre antigas casas de fazenda e chácaras, ou de lugares como o Pátio do Colégio, o Pelourinho e Ouro Preto" (Risério, 2019:232).

Pode-se considerar o neocolonial um movimento e um estilo que foram quase "apagados" da memória nacional. Tal estilo vem merecendo mais recentemente a atenção de arquitetos e historiadores. O livro da arquiteta Maria Lucia Bressan Pinheiro, *Neocolonial, modernismo e preservação do patrimônio no debate cultural dos anos 1920 no Brasil* (2011), e o livro do arquiteto e historiador Carlos Kessel, *Arquitetura neocolonial no Brasil: entre o pastiche e a modernidade* (2008), oferecem os principais parâmetros da análise que se segue. Serão os principais guias e as fontes da leitura que será apresentada aqui. Espero não ter falseado suas ideias!

O neoclássico e o eclético

A arquitetura brasileira ao longo do século XIX procurou vencer o que era considerado o atraso, o passado na construção de prédios, na cultura e na vida social. O neoclássico, cópia da arquitetura greco-romana, foi trazido principalmente pela Missão Artística Francesa que teve em Grandjean de Montigny seu ícone.

Seu desdobramento produziu no Brasil um dos principais estilos arquitetônicos o eclético, que teve presença marcante e também foi alvo de fortes críticas.

O estilo eclético teve longa duração e abrangente presença no país. Em arquitetura, o ecleticismo é entendido como a mistura de diversos estilos do passado para a criação de uma nova linguagem arquitetônica. Ainda que sempre tenha existido alguma mistura de estilos durante a história da arquitetura, o termo arquitetura eclética é usado principalmente com referência aos estilos surgidos durante o século XIX que combinavam elementos de diversas épocas. Estes, em sua maioria, inspiravam-se na arquitetura originada na École des Beaux-Arts de Paris, daí ser nomeado por muitos historiadores de "estilo Beaux-Arts".

O ecletismo se desenvolveu ao mesmo tempo e em íntima relação com a chamada arquitetura historicista, que buscava reviver diferentes estilos antigos e gerou os estilos "neo" (neogótico, neorromânico, neorrenascentista e neobarroco). O historicismo fazia a associação do estilo a determinada função.

A arquitetura eclética também se aproveitou dos novos avanços da engenharia do século XIX, como a que possibilitou construções com estruturas de ferro forjado. As inovações estruturais possibilitadas pela "arquitetura do ferro" foram amplamente utilizadas por engenheiros em estações de trem e em mercados e por arquitetos que se dedicavam ao *art nouveau*.

Entre as construções mais expressivas desse estilo em Paris, destacam-se a Ópera de Paris (1861-75), projeto de Charles Garnier; o Grand Palais (1897-1900), construído para a Grande Exposição Universal de 1900, projeto dirigido por Charles-Louis Girault, que forma um complexo com o Petit Palais; e a Gare d'Orsay (1898), atualmente Museu d'Orsay, originalmente a estação terminal da linha de trem Paris-Orléans, projeto de Victor Laloux, também destinado à Exposição Universal de 1900.

Além do uso e mistura de estilos históricos, o que foi nomeado como arquitetura eclética se caracterizou pela simetria, pela busca de grandiosidade, pela rigorosa hierarquização dos espaços internos e pela riqueza decorativa. O ecletismo procurou atingir seu paradigma de belo ideal como o melhor caminho para o artista expressar sua individualidade, além de associar a aparência do edifício à influência social de seu proprietário.

Aqui no Brasil a Imperial Academia de Belas-Artes e a sua sucedânea, a Escola de Belas-Artes, privilegiaram durante décadas o neoclassicismo. A gênese francesa da Imperial Academia de Belas-Artes e o "afrancesamento" da corte e da sociedade no Segundo Reinado brasileiro podem explicar tal escolha e permanência. Logo a seguir, já na República foi adotada a arquitetura eclética assumida como versão francesa da modernidade presente na Reforma Haussman em Paris.

No Brasil, a versão do ecletismo reuniu elementos dotados das linhas curvas do barroco, paredes lisas e ornamentos com o pouco dourado do rococó e colunas e arcos romanos típicos do estilo neoclássico. O bom exemplo do eclético no Brasil pode ser visto nos Teatros Municipais das cidades de Manaus, de São Paulo e do Rio de Janeiro.

Por outro lado, o emprego do ferro fundido para as estruturas de construções está presente no Theatro José de Alencar em Fortaleza, nos mercados de Manaus e no Ver-o-Peso em Belém do Pará, e na Estação da Luz em São Paulo, exemplos significativos de uma nova maneira industrial de construção civil na virada do século XIX caracterizada como *art nouveau*.

São Paulo é uma das cidades que mais registram grande transformação da arquitetura brasileira. A antiga cidade de taipa de pilão foi substituída por construção de tijolos, trazidos pelos ingleses e fabricados depois pelos italianos. A cidade de São Paulo passa da arquitetura colonial à industrial em um curtíssimo período de tempo. E, ali, um dos grandes responsáveis pela execução de tal transformação foi o arquiteto campineiro Ramos de Azevedo, dono de importante escritório de construção civil da cidade.

A República, proclamada em 1889, pode-se dizer, adotou o estilo eclético ao fazer em 1903 a remodelação da capital federal abrindo a avenida Central, depois nomeada Rio Branco, como o mais significativo conjunto urbanístico. Essa hegemonia do estilo eclético quase não deixou espaço para outras edificações baseadas no *art déco* e no *art nouveau*, estilos que surgiram na virada do século XIX para o XX. Vale lembrar ainda que o eclético foi também o estilo que predominou na construção de prédios em Belo Horizonte, nova capital de Minas Gerais, como é abordado no capítulo 10.

Se o Brasil deixara de ser uma monarquia e se tornara uma república, a presença simbólica da França continuava presente e forte no imaginário nacional. Considerou-se que a reforma urbana na capital pretendia concretizar a realização de um sonho: ser uma espécie de Paris tropical.

Foi exatamente essa falta de um caráter nacional no estilo eclético, adotado na arquitetura dos prédios da avenida Central, que levou Monteiro Lobato a criticar duramente tal estilo. Vale lembrar que Lobato também critica o modernismo da pintura de Anita Malfati (Azevedo, Camargos e Sacchetta, 1997).

O neocolonial

Neste contexto de ecletismos múltiplos influenciados por correntes europeias é que vai surgir o neocolonial. Foi este um movimento estético que se inicia na década de 1910 e que se propunha a resgatar a arquitetura e os motivos decorativos típicos da época colonial, de origem ibérica, e empregá-los na arquitetura contemporânea. Vale lembrar que até então a herança portuguesa era vista como representando o atraso e o mau gosto.

Foi um movimento que procurou constituir um estilo arquitetônico a partir das características genuinamente nacionais. Ao perseguir tal objetivo, permitiu voltar o olhar para antigas casas de fazenda e chácaras, assim como para a arquitetura religiosa da Bahia, de Pernambuco e de Minas Gerais. Buscou, por assim dizer, recriar o estilo colonial, ou seja, por meio da valorização do eclético dos colonizadores se opor ao ecletismo afrancesado.

Como isto surgiu por aqui? A literatura aponta que o marco de lançamento do movimento foi a conferência "A arte tradicional no Brasil", feita em 1914, na Sociedade de Cultura Artística de São Paulo, pelo arquiteto e engenheiro português Ricardo Severo. Na conferência, Severo defendeu o estilo colonial brasileiro de raízes lusitanas como o verdadeiro estilo nacional, em contraposição ao ecleticismo e ao revivalismo da arquitetura da época que, segundo o autor, representavam estilos estranhos à tradição brasileira. Assim, o estilo neocolonial seria um movimento simultaneamente tradicionalista e moderno.

Para Severo, o futuro estaria indissociavelmente ligado ao passado. Diz ele na referida conferência que não estava propondo uma nostalgia do passado ou uma manifestação de saudosismo romântico e retrógrado. Defendia a necessidade de se criar uma arte que fosse nossa e de nosso tempo e para tal era preciso pesquisar as realizações do nosso passado. Só assim seria possível caminhar para o futuro.

O movimento faz a defesa das manifestações artísticas tradicionais e de elementos de constituição da arquitetura brasileira como expressões da nacionalidade. Por meio do rastreamento das origens portuguesas da cultura brasileira, Severo defendia o estudo da arte colonial para a "perfeita cristalização da nacionalidade". O culto à tradição e a exaltação das raízes culturais e étnicas portuguesas estão na base da defesa de uma arte brasileira e de um "renascimento arquitetônico", nos termos de Severo. Ao ser contra a importação da tradição alheia, defende ser melhor reproduzir a própria tradição.

Para Severo, as casas e templos brasileiros se originam em casas e templos portugueses de fundo tradicional onde se mesclam influências ibéricas, romanas e árabes. Severo se ocupa então em fazer inventário de elementos construtivos tais como telhados, beirais moçárabes, rótulas ou gelosia romana e árabe, janelas, portas.

Em 1917, Severo faz outra Conferência então no Grêmio Politécnico de São Paulo que vem a ser publicada na *Revista do Brasil* (a. II, v. 4, jan./abr. 1917). Ali ele enfatiza a necessidade de investigação direta — etnográfica e arqueológica —, que permitirá a valorização da materialidade ao enfatizar a natureza dos materiais e a técnica construtiva. Segundo ele, para que seja possível desenvolver a proposta da produção contemporânea de uma arquitetura de base tradicional, era preciso privilegiar a análise da arquitetura religiosa no Brasil colônia. E é isto que apresenta ao longo da conferência ao dividir tal arquitetura em cinco grupos. Será no terceiro grupo que menciona as igrejas de Ouro Preto destacando o plano curvilíneo original nesta parte de Minas Gerais. Atribui tal originalidade a Aleijadinho, ainda que as igrejas que menciona na conferência não sejam de Aleijadinho. Não importa tal equívoco, mas sim que tal perspectiva vai inspirar Rodrigo Melo Franco de Andrade. As missões jesuíticas (sec. XVII), Aleijadinho em Ouro Preto e Mestre Valentim no Rio de Janeiro no século XVIII constituem o ápice da arquitetura colonial e da tradição portuguesa. Isto teria sido interrompido pela Missão Artística Francesa e pela fundação da Escola de Belas-Artes, a partir de então estilos em voga e considerados universais.

Severo estabeleceu correspondência direta entre exemplares brasileiros e lusos; fez a defesa do estilo barroco (o que não era comum) que é, assim como o gótico, para ele uma das mais belas expressões artísticas de uma época.

Quem era Ricardo Severo e qual sua posição no campo da arquitetura no Brasil?

Engenheiro português interessado em história, arqueologia, etnografia e na construção da história nacional de Portugal. Participa de sociedades históricas e arqueológicas eruditas, experiência comum na Europa e na França entre os anos 1849 e 1870.

Emigra para o Brasil em 1891 e em 1892 se casa com filha de Henrique Santos Dumont, pai de Santos Dumont e um dos mais ricos fazendeiros de café. Retorna a Portugal e fica por 10 anos no Porto, onde recebe a influência de Raul Lino e dirige a revista *Portugália* em período de grande agitação política naquele país.

No bojo do surgimento de sentimentos nacionalistas, tem lugar em Portugal o movimento que valoriza as habitações tradicionais e que ficou conhecido como "Casa Portuguesa". Nesse movimento se destaca o arquiteto Raul Lino, de formação inglesa e que foi fortemente influenciado pelo movimento inglês *Art&Crafts* (desdobramento das ideias de John Ruskin e onde se destaca William Morris), também denominado *Domestic Revival* ou ainda *English Free Architecture*.

O livro de Raul Lino *A nossa casa — apontamentos sobre o bom gosto na construção das casas simples*, de 1918, teve grande popularidade também no Brasil. Ali se valoriza o conforto da casa como ambiente doméstico e acolhedor que denota o respeito aos moradores. Assim as habitações apresentam abundantes referências, com "jeito de colagem". A casa passa a ser vista quase como um museu de pormenores e de motivos de épocas, estilos e influências nacionais distintas (Ribeiro, 1994). Para Raul Lino, o que dá a característica arquitetônica a uma cidade são as casas e não os monumentos. A casa é a nota normal da vida cotidiana. Ao privilegiar a arquitetura da moradia, mostra sua filiação ao pensamento de John Ruskin para quem a verdadeira arquitetura doméstica é que dá origem às demais. O pensamento de Ruskin está presente em seu livro *As sete lâmpadas da arquitetura* — a do sacrifício e a da verdade, a da beleza e da vida, a da obediência, a da fé e a da recordação (da memória) que teve penetração também no Brasil. Sobre a importância de Ruskin, consultar o capítulo 7.

Ao retornar ao Brasil em 1907, Ricardo Severo dá continuidade ao programa de exaltação das raízes portuguesas, e para além das conferências de 1914 e de 1918 vai projetar casas que apresentam sua versão do "estilo tradicional brasileiro" ou neocolonial.

A partir de 1918, Ricardo Severo vai financiar viagens com o objetivo de documentar a arquitetura colonial. Para conhecer melhor tal estilo, ele encomenda estudos ao pintor José Wasth Rodrigues, um dos poucos que se interessa à época por temas brasileiros e regionais. E também um dos primeiros a manifestar preocupação com demolições e que sugere a criação de uma fundação capaz de embargar as demolições e impedir as restaurações desrespeitosas.

Assim, será com Severo que se começa a ter um tipo de ecletismo marcado pelo uso de material capaz de garantir o luxo e o conforto e soluções arquitetônicas ornamentais ou funcionais inspiradas pela arquitetura colonial, ou seja, uma arquitetura eclética revestida de elementos decorativos tradicionais.

Assim, em São Paulo na década de 1910 se faz presente o neocolonial que prega o retorno da tradição. Diante do surto dinâmico de São Paulo após a Primeira Guerra Mundial, Severo também participa como sócio da firma Ramos de Azevedo das atividades que envolvem a valorização da arquitetura paulista em contraponto ao que seria o ecletismo de mau gosto presente na arquitetura decadente do Rio de Janeiro.

O panorama arquitetônico de São Paulo valorizaria mais a casa (habitação individual/familiar), apontando a penetração da visão de John Ruskin. São Paulo passa então a ser considerada a cidade mais bem construída. E assim vai se configurando a distinção: superioridade do Rio nos edifícios públicos e superioridade de São Paulo na arquitetura residencial.

Maria Lucia Bressan Pinheiro (2011) vai registrar uma presença muito importante nas conferências mencionadas. Mario de Andrade foi um de seus ouvintes e escreve uma série de artigos sobre "A arte religiosa no Brasil", publicados na *Revista do Brasil* em 1919 e 1920. Seu primeiro artigo, "Arte religiosa no Brasil — Triunfo Eucarístico de 1733", será publicado no n. 49 da revista; os demais sairão nos números 50, 52 e 53. Mário conhece *in loco* as igrejas mencionadas por Severo e denuncia o abandono no qual se encontram.

Mário de Andrade se entusiasma pelo neocolonial, escreve sobre arte religiosa e valoriza a tradição colonial presente na arte de Aleijadinho. Se Ricardo Severo quer demonstrar as raízes portuguesas da arte brasileira, Mário de Andrade quer mostrar a originalidade artística brasileira. Criticava a escolha errônea do estilo a ser empregado nas novas igrejas, como o bizantino-românico, o neogótico então em voga. Sugere critérios regionalistas que estavam sendo valorizados e defendidos pelo arquiteto português Raul Lino. Até então, nem Ricardo Severo nem Mário de Andrade estavam particularmente preocupados com a questão da preservação dos edifícios coloniais.

Um leitor atento — e crítico — dos artigos de Mário sobre "A arte religiosa no Brasil" foi Gustavo Barroso, que escreve então o artigo "A alma das catedrais" publicado na revista *Ilustração Brasileira*, n. 16, dez. 1921. Ali Gustavo

Barroso discorre sobre as qualidades das igrejas góticas europeias e demonstra familiaridade com as ideias de Viollet-le-Duc e de John Ruskin.

Gustavo Barroso, só para relembrar, nascido do Ceará, era membro da Academia Brasileira de Letras, folclorista ilustre, foi fundador e diretor do Museu Histórico Nacional, museu que vai ocupar o prédio reconstruído em estilo neocolonial para a Exposição do Centenário da Independência e que irá abrigar as primeiras iniciativas de recuperação de monumentos nacionais, situados nas cidades mineiras.

Das cidades históricas mineiras, Ouro Preto é a que recebe maior atenção já que fora a capital do estado até a construção de Belo Horizonte. Ouro Preto e Aleijadinho, cujo bicentenário é comemorado em 1930, são valorizados por Manuel Bandeira e Mário de Andrade, entre outros poetas e escritores. Gustavo Barroso consegue o patrocínio do governador mineiro Antonio Carlos para realizar obras de recuperação do patrimônio da cidade entre 1926 e 1928. Na década seguinte, em 1933, Ouro Preto será elevado à categoria de Monumento Nacional. Será também Gustavo Barroso quem vai propor um plano de restauração de pontes, chafarizes e igreja que veio a ser realizado em Ouro Preto entre 1935 e 1937.

Tais experiências não terão reconhecimento mais tarde quando da criação do Serviço do Patrimônio Histórico e Artístico Nacional (Sphan) em 1937. A disputa entre estilo neocolonial e moderno que se apresenta no campo do patrimônio vai se configurar na disputa entre os arquitetos modernos e os neocoloniais nos anos 1930. O principal campo de luta foi quando da construção do prédio do Ministério da Educação em 1934. Vale registrar que, no início da década de 1930, mais precisamente entre os anos 1932 e 1935, Gustavo Barroso se "afasta" da direção do MHN e vai atuar na Ação Integralista Brasileira, sendo um dos seus mais importantes chefes junto com Plínio Salgado e Miguel Reale.

O neocolonial no Rio de Janeiro

Voltando aos anos 1920 no Rio de Janeiro, onde a figura central foi a de José Mariano Carneiro da Cunha Filho (1881-1946), médico pernambucano, historiador de arte e criador/diretor da Sociedade Brasileira de Belas-Artes.

José Mariano forma um grupo de jovens arquitetos que se destacaram nos concursos promovidos por ele na Escola Nacional de Belas-Artes no início dos anos 1920. Tais concursos foram realizados com objetivo de incentivar a estética neocolonial (Uzeda, 2006). O prêmio Heitor de Mello em 1921, destinado a projetos residenciais, ficou conhecido como "Prêmio Casa Brasileira" e teve grande repercussão na imprensa. Em 1923, outro concurso promovido por José Mariano Filho foi dedicado a projetos de elementos para jardim. O primeiro lugar foi um portão de Ângelo Bruhns, o segundo e o terceiro foram o portão e o banco de Lúcio Costa. Em 1923 foi reeditado o Prêmio Heitor de Mello, vencido por Ângelo Bruhns, sendo o segundo lugar conferido a Lúcio Costa. Vale lembrar que Lúcio Costa, quando jovem, também projetou casas neocoloniais, como algumas que existem até hoje no largo do Boticário, no Rio de Janeiro.

Do mesmo modo que Ricardo Severo, José Mariano vai financiar, em 1924, como presidente da Sociedade Brasileira de Belas-Artes, viagens de jovens arquitetos a Minas Gerais para registrar detalhes da arquitetura colonial. Lúcio Costa foi a Diamantina, Nestor Figueiredo foi a Ouro Preto, Nereu Sampaio, a São João del-Rei e Congonhas e Ângelo Brunhs, a Mariana. Este talvez seja o mais importante esforço de mapeamento e de síntese da memória histórica do patrimônio artístico nacional. Lúcio Costa e também Attílio Correa Lima estiveram ligados ao movimento neocolonial no início de suas carreiras, antes de se tornarem adeptos do estilo moderno. As viagens patrocinadas por Mariano deram ocasião à solicitação para que os poderes públicos adotassem as primeiras medidas de preservação daquele passado.

Pode-se registrar que uma das mais importantes contribuições do neocolonial foi suprir a carência de estudos e de repertório sobre a arquitetura colonial. E isto foi feito dando bolsas de viagem para jovens arquitetos que foram a campo analisar, desenhar, observar tal arquitetura.

José Mariano elaborou, ele próprio, o projeto do Solar Monjope (inspirado do antigo Solar Monjope, fazenda do século XVII de sua família em Pernambuco), sua residência, seu modelo de casa neocolonial construída entre o parque Laje e a lagoa Rodrigo de Freitas (Pinheiro, 2011). Segundo ele, a "casa brasileira não poderá ser senão a nossa velha casa patriarcal, com o largo beiral de telhões de faiança, os alpendres floridos...". Tal Solar seria uma velha reminiscência da casa paterna com mesmo nome existente em Pernambuco.

O Solar Monjope foi construído para ser o modelo perfeito da arquitetura residencial brasileira, fonte canônica de inspiração para os adeptos do neocolonial. Ali ele seguiu mais de perto as sugestões de Ricardo Severo do que os arquitetos dos pavilhões neocoloniais da Exposição de 1922.

José Mariano era grande colecionador de objetos e elementos construtivos antigos, o que tornava o Solar Monjope exemplo ostensivo do colecionismo. Tal edificação foi demolida na década de 1970 para construção de conjunto de prédios e para tal recebeu o "de acordo" de Lúcio Costa.

Ao ser consagrado como estilo nacional, expressão das raízes brasileiras originárias da presença portuguesa no período colonial, o neocolonial recebeu apoio oficial do governo brasileiro. No Rio de Janeiro, então capital da República, o neocolonial foi o estilo de muitos pavilhões da Exposição do Centenário da Independência, em 1922, realizada em área conquistada ao mar pelo desmonte do morro do Castelo.

A valorização da estética neocolonial no Brasil por ocasião da Exposição pode ser registrada já que, dos 13 pavilhões do setor brasileiro projetados por arquitetos da Escola Nacional de Belas-Artes, quatro apresentavam o estilo neocolonial. Os outros pavilhões deste setor expressavam o estilo eclético dos modelos *beaux-arts*.

Eram neocoloniais dois portais, o Portal Monumental da avenida Beira-Mar, de Adolfo Morales de los Rios, e o Portal Monumental Norte, de Rafael Galeão. E quatro pavilhões, o Pavilhão de Viação e Agricultura, de Adolfo Morales de los Rios; o Pavilhão de Caça e Pesca, de Eduardo Armando de Oliveira, inspirado em elementos da arquitetura rural nordestina; o Pavilhão de Pequenas Indústrias, de Celestino Severo de San Juan e Nestor Egídio de Figueiredo, inspirado no convento de São Francisco em Salvador; e o Pavilhão das Grandes Indústrias, de Francisque Cuchet e Archimedes Memória.

Este último pavilhão, o das Grandes Indústrias, resultou da restauração do conjunto arquitetônico situado na ponta do Calabouço, reunião de conjunto formado pelo Forte do Calabouço, pela Casa do Trem e pelo Arsenal de Guerra, que receberam acréscimos neocoloniais para integrar a Exposição. Esse edifício veio a abrigar a partir de 1924 o Museu Histórico Nacional que, como já foi mencionado, teve Gustavo Barroso como seu idealizador e diretor.

A revista *Ilustração Brasileira* (cujo diretor era Álvaro Moreira) divulga a Exposição do Centenário da Independência de setembro de 1921 a 1922. Em suas páginas, o neocolonial é definido como estilo inspirado na arquitetura típica da época colonial, modernizada, ou seja, "sobre um esqueleto de distribuição moderna e de hodiernas condições higiênicas se deitará uma roupagem desse estilo arquitetônico" (Ilustração Brasileira, 13 set. 1921).

O Palácio das Indústrias, onde veio a se instalar o Museu Histórico Nacional, foi "completamente restaurado no estilo neocolonial" usando azulejos que lembram os antigos. O Palácio das Indústrias, segundo Pinheiro, expressa o sentido do termo "restauração" empregado por Viollet-le-Duc, ou seja, o de "restabelecer o edifício em um estado completo que pode não ter existido nunca num dado momento" (Pinheiro, 2011:103).

Por outro lado, os pavilhões mais importantes da Exposição foram construídos em diferentes versões do estilo clássico como o Palácio das Festas, de Arquimedes Memória e Fradique Cuchet. Quase todos obedecendo a cânones ecléticos, só havendo abertura para o novo estilo neocolonial nos pavilhões nacionais.

A maioria dos pavilhões estrangeiros também seguiu o estilo eclético, salvo o do México que, muito apreciado, seguiu o estilo neocolonial também chamado Mission Style ou Renascença Espanhola. Na época da Exposição, veio visitar o Rio o ministro da Educação José Vasconcelos (Tenório, 1994). Assim, o neocolonial, que, como já mencionamos, teve expressão em diversos países da América, demandava que cada país tivesse uma arquitetura de caráter regional definido.

Deve ser registrado que a busca das origens não se deu unicamente no Brasil, mas na América de origem hispânica, inclusive nas regiões que hoje fazem parte dos Estados Unidos. Na Califórnia e no Novo México ficou conhecido como estilo missioneiro ou *mission style*. Este estilo faz uma leitura do colonial californiano, que por sua vez faz uma leitura do colonial mexicano, e foi valorizado nas casas das estrelas de Holywood, acabando por influenciar na década de 1930 e nas seguintes a construção de casas em quase todo o mundo. Esta espécie de retorno ao passado tornou-se particularmente relevante, já que aconteceu no momento em que a maioria dos países latino-americanos celebrava seus centenários de Independência. Seria uma espécie de volta àquilo que havia 100 anos esses países todos rejeitavam: sua condição colonial.

A presença do neocolonial se fez presente na Exposição também no Pavilhão de Portugal. Vale observar que o prédio que representou Portugal no evento de 1922 foi reconstruído em Lisboa e sob a denominação de Pavilhão Carlos Lopes e pode ser observado hoje no parque Eduardo VII.

O neocolonial foi estilo escolhido para os edifícios de muitas instituições educativas. Foi também José Mariano quem promoveu em 1928 o concurso para a construção da Escola Normal do então Distrito Federal, sendo vencedor o projeto de Ângelo Brunhs. Este prédio do Instituto de Educação no Rio de Janeiro constitui um dos mais importantes exemplos de arquitetura neocolonial no Rio de Janeiro. Outros prédios como os da Universidade Rural em Seropédica, além de muitos outros pelo Brasil afora, como o prédio da Escola Prática de Agricultura do município de Pirassununga em São Paulo, confirmam a abrangência da presença do neocolonial em instituições de ensino. Vários educadores aprovavam e defenderam o neocolonial, inclusive Francisco Campos e Fernando de Azevedo.

Para além destes exemplos citados, o neocolonial se fez presente na arquitetura do Clube Botafogo de Regatas e na sede do Clube Vasco da Gama em São Cristóvão. Vale destacar que a sede do Vasco teve como arquiteto Ricardo Severo e contou com azulejos de Jorge Colaço, artista que teve a chance, por assim dizer, de reescrever a história de Portugal e de seus costumes na azulejaria.

No Brasil, os azulejos de Jorge Colaço estão na entrada social do Estádio de São Januário do Clube Vasco da Gama, no Liceu Literário Português no Rio de Janeiro e em residências particulares tanto no Rio quanto em São Paulo. Assim, onde teve presença marcante a colônia portuguesa, lá estão o estilo neocolonial dos prédios e os azulejos de Jorge Colaço.

Para além das obras de governo e dos prédios escolares, o maior sucesso do neocolonial foi sua influência na construção de casas que faziam uso de "soluções antigas de há muito aprovadas entre nós, como a varanda, por exemplo, ou o emprego saudável dos azulejos" (Risério, 2019). Risério registra também que o estilo *missionero* continuou a fazer muito sucesso por aqui nas décadas de 1930 até 1950. Tal estilo foi propagado pela construção de mansões das estrelas de Hollywood e divulgado para todo o mundo e para o Brasil pelo cinema.

Vale lembrar que a residência, hoje Instituto Casa Roberto Marinho, construída em 1939 pelo engenheiro Cézar Melo Cunha em estilo neocolonial, também foi inspirada na fazenda Monjope de Pernambuco. A casa de Castro Maia no Alto da Boa Vista, atual Museu do Açude, seguiu o estilo neocolonial.

Assim, é possível dizer que dois estilos, o neocolonial e o modernista, surgiram no bojo de discussões sobre a identidade nacional e fizeram parte do debate sobre a construção e preservação do patrimônio histórico, arquitetônico, artístico e cultural brasileiros.

Maria Lucia Bressan Pinheiro no capítulo 7 de seu livro faz uma ressalva. Menciona que havia um interesse pela arte e pela arquitetura brasileira, mas isto ainda não se apresentava sob a ótica do preservacionismo. A primeira motivação era a questão da venda de objetos para fora do país. Havia a valorização dos objetos e os problemas derivados de sua mobilidade, ou seja, objetos, mobiliário, ornatos não poderiam ser vendidos para fora, podiam ser privatizados por brasileiros, por colecionadores nacionais. José Mariano foi ele mesmo um grande colecionador de objetos de mobiliário, de ornatos retirados de edifícios originários e incorporados a residências particulares. O mesmo pode se dizer de Ricardo Severo.

O primeiro projeto de lei relativo ao patrimônio visava exatamente impedir a saída do país de obras de arte tradicionais brasileiras. Tal preocupação com a venda, o roubo de tais objetos está vigente até hoje. O próprio clero vendia objetos para obter recursos para reformar igrejas ou por ganância. As edificações apresentavam as marcas do tempo e ameaçavam ruir. A decadência de igrejas e conventos se fazia notável. Em 1924, dom Sebastião Leme, seguindo orientação do papa Pio XI, emite circular aos bispos alertando sobre a questão da preservação e proibindo ao clero ceder papéis, livros e objetos de arte sob sua guarda. Dom Sebastião Leme também adota a perspectiva neocolonial.

Pode-se dizer que a vertente preservacionista ainda era modesta. Era adotada uma perspectiva que tendia a minimizar o problema. Dizia-se que o patrimônio nacional era modesto, de pouco valor, tendo em vista sermos um povo de passado ainda recente.

Nos anos 1930, o tema do preservacionismo vai se fazer presente na atuação de Mário de Andrade no Departamento Municipal de Cultura de São Paulo, em 1935. Seu interesse e conhecimento no assunto o qualificam para responder à solicitação de Capanema e apresentar um anteprojeto para a montagem de uma instituição de Patrimônio, como observamos no capítulo.

Assim é que se pode dizer que os dois estilos, neocolonial e modernista, surgiram de discussões sobre o caráter nacional e também sobre a preservação do patrimônio histórico, arquitetônico, artístico e cultural brasileiros. Neocoloniais e modernos brigavam entre si, mas juntos garantiram a longevidade da recusa à arquitetura eclética.

Do neocolonial ao moderno: a arquitetura moderna no Rio de Janeiro

O modernismo brasileiro esteve vinculado diretamente aos valores permanentes da arquitetura brasileira dos primeiros séculos de colonização e recusou o ecletismo dos séculos XIX e início do XX.

A literatura sobre a arquitetura moderna é vasta e estuda em profundidade seus princípios até porque ela foi vitoriosa entre nós, culminando com a construção de uma nova cidade em tal estilo, Brasília.

Quando comecei a organizar as informações para escrever este capítulo, tive a sorte de encontrar um livro de Lauro Cavalcanti recém-lançado, *Dezoito graus: a biografia do Palácio Capanema* (2018). Assim, pude me valer desse seu texto para organizar parte substancial, o que será lido adiante.

O espaço privilegiado para a construção de novas cidades era as Américas. Ali foram transplantados projetos preexistentes e feitas algumas adaptações ao condicionamento do território desde o período colonial.

Este espaço disponível atraiu sempre figuras e correntes de atuação nos centros urbanos da Europa. Pode-se mesmo citar as figuras que vieram para o Brasil para fortalecer a importância da nova capital do Império Português nos trópicos. Aproximando mais ao tempo presente, por aqui passaram principalmente por sua capital as figuras de Alfred Agache (em 1929), de Frank Lloyd Wright (que teria visitado o país em 1924) e de Le Corbusier (em 1929 e 1936).

Nos anos 1930, o campo da arquitetura se via disputado por três correntes — a acadêmica, a neocolonial e a moderna — que, por sua vez, disputavam o mercado estatal. Tal confronto se faz exemplar no caso da construção de três prédios estatais a serem construídos na Esplanada do Castelo. O concurso para a construção da sede do Ministério da Educação e Saúde se faz mais conhecido, já que ali se deu o principal confronto. A comissão para avaliar os projetos era composta de várias figuras do campo acadêmico, entre elas Adolfo Morales de los Rios Filho que representava a Escola Nacional de Belas-Artes (Cavalcanti, 2018). Foram selecionados três projetos e entre eles vence o de Archimedes Memória, aquele que desenhou o Pavilhão das Grandes Indústrias para a Exposição do Centenário em 1922. O mesmo local onde se instala o Museu Histórico Nacional e onde veio a funcionar as Inspetorias dos Monumentos Históricos, criações de

Gustavo Barroso. Barroso e Archimedes Memória, é preciso lembrar, fizeram parte também do movimento integralista na década de 1930.

O gabinete do ministro Capanema, que tinha como chefe de gabinete Carlos Drummond de Andrade, concentra uma geração de modernos mineiros e de intelectuais de outras regiões, entre eles Manuel Bandeira e Mário de Andrade (intelectual que, como já foi mencionado, veio do neocolonial e que foi encarregado de escrever o anteprojeto do Serviço de Patrimônio).

Lúcio Costa, que tivera seu projeto desclassificado no concurso, vem a ser contratado por Capanema para fazer o novo projeto. Rodrigo Melo Franco de Andrade, outro mineiro de velha cepa, foi quem indicou Lúcio Costa para a direção da Escola de Belas-Artes em 1930, querendo com tal indicação atualizar o ensino das artes no país. Lúcio Costa organiza o Salão de 1931 que dá origem à polêmica com a congregação e a uma greve dos alunos. Vale lembrar também que Lúcio Costa era originalmente membro da vertente neocolonial dos anos 1920, tendo sido estagiário de José Mariano. Sua conversão do modernismo teria sido resultado de sua leitura do livro de Le Corbusier, *Por uma arquitetura.*

Para realizar o novo projeto, Lúcio Costa reúne o grupo que inclui Jorge Moreira, Affonso Reidy (representante da prefeitura do Distrito Federal no grupo de trabalho), Ernani Vasconcelos e Oscar Niemeyer, todos envolvidos na realização de algo que deveria ser indiscutível, marcante, de igual valor ao apresentado pelos Irmãos Roberto para o prédio da Associação Brasileira de Imprensa localizado na mesma Esplanada.

A recusa em construir o projeto vencedor e o convite a Lúcio Costa para a elaboração de novo projeto se tornam o conflito político-ideológico do mundo arquitetônico da década. Por um lado, Lúcio Costa queria convidar Le Corbusier como consultor do novo projeto e evitar que fosse chamado Marcelo Piacentini, arquiteto em alta no governo italiano e que já estivera por aqui como consultor do projeto para a cidade universitária.

O projeto de fazer uma obra ícone se colocava para o grupo que se organiza em torno de Lúcio Costa. Consideraram que, para construir um palácio fazendo uso de técnicas inovadoras e até então usadas em fábricas, era preciso contrabalançar com uso de materiais nobres e com obras de arte. Assim, se dedicaram a escolher artistas, entre eles Cândido Portinari e Celso Antonio. Bruno Giorgi com estátua de casal representando a juventude e Burle Marx (que desenhara a cobertura do prédio da ABI e a praça Santos Dumont em frente ao Aeroporto) com jardins como que completam o grupo que trabalhará em muitas das obras subsequentes. Além de obras de arte, foram desenhados para o ministério mesas, cadeiras, poltronas, armários, luminárias, tapetes para que nada escapasse ao estilo moderno. Tal procedimento, novidade por aqui, já fora usada por Frank Lloyd Wright em seus projetos nos EUA.

Para o Ministério do Trabalho foi feito o projeto de Mário Santos Maia concebido em estilo *art déco*, nomeado à época como "estilo Manhattan". Luis Eduardo Frias de Moura, arquiteto e funcionário do Ministério da Fazenda, foi encarregado pelo ministro Souza Costa de planejar a nova sede. Souza Costa desejava que ele fosse construído em estilo neoclássico. Queria que o atendimento passasse a ideia de eficácia e rapidez, com os guichês numerados e amplas abóbodas para deixar passar a luz, assim como o terminal ferroviário de Milão, de autoria do arquiteto Marcelo Piacentini. Aqui tivemos o contraponto ao que aconteceu no caso do prédio do Ministério da Educação e Saúde. O concurso público foi ganho por projeto de linhas funcionais, de autoria de Wladimir Alves de Souza e Eneas Silva, e tal resultado não foi aceito pelo ministro, que escolhe quem vai projetar e o que deseja como resultado.

Houve um projeto original de Le Corbusier que previa a construção do prédio do Ministério à beira-mar, o que envolveria a troca do terreno originalmente separado para tal. Isto não foi aceito e o projeto teve que ser realocado na Esplanada do Castelo. A Esplanada do Castelo ia sendo urbanizada ao mesmo momento que a avenida Presidente Vargas ia sendo rasgada na cidade. Várias modificações foram realizadas no projeto original. Girou-se o prédio para torná-lo perpendicular à rua principal e criando uma praça pública, assim como aumentando seu gabarito. Oscar Niemeyer desenhava novos esboços e aumentou a altura das colunas fazendo o auditório e o bloco de exposições atravessarem como um bloco contínuo o bloco principal, com o que ganhou o reconhecimento de Lúcio Costa.

A integração entre Brasil e EUA vai se acentuando a partir da entrada dos Estados Unidos na guerra e com um crescente intercâmbio de intelectuais entre os dois países. Será neste contexto que Lúcio Costa e Oscar Niemeyer se ausentam do Rio para participar do concurso para projetar e construir o pavilhão brasileiro na Feira de Nova York a se realizar em 1939. Assim, a arquitetura moderna passa a ser a representante do Brasil no estrangeiro. Segundo Lauro Cavalcanti, foi a partir de então que o neocolonial deixa de ser o estilo obrigatório dos prédios que representavam o Brasil no exterior.

Lucio Costa, ganhador do primeiro lugar, convida Oscar, ganhador do segundo lugar, para fazerem juntos o pavilhão e assim apresentarem a arquitetura e a arte brasileiras com os painéis de Portinari, as fotografias tanto de Ouro Preto quanto da sede da Associação Brasileira da Imprensa e do prédio do Ministério da Educação.

A arquitetura moderna vai a partir de então estar presente na construção do bairro da Pampulha em Belo Horizonte e será vitoriosa na construção da nova capital — Brasília. Sobre tais experimentos urbanos, ver o capítulo 8 "Cidades do futuro *versus* cidades do passado".

Referências

ATIQUE, Fernando. *Arquitetando a boa vizinhança*: arquitetura, cidade e cultura nas relações Brasil-Estados Unidos, 1876-1945. São Paulo: Pontes Editora, 2010.

AZEVEDO, Carmen Lucia de; CAMARGOS, Marcia Mascarenhas de Rezende; SACCHETTA, Vladimir. *Monteiro Lobato*: furacão na Botocúndia. São Paulo: Senac, 1997.

AZEVEDO, Fernando de. *A cultura brasileira*: introdução ao estudo da cultura brasileira. 4. ed., Brasília: UnB, 1963.

CARELLI, Mario. *Brasil-França*: cinco séculos de sedução. São Paulo: Papirus, 1994.

CONDURU, Robert. *Entre histórias e mitos*. Uma revisão do neocolonial. Disponível em: Vitruvius.com.br/revistas/read/resenhasonline/08.093/3025.

CAVALCANTI, Lauro. *Dezoito graus*: a biografia do Palácio Capanema. São Paulo: Olhares, 2018.

_____. *Modernistas na repartição*. Rio de Janeiro: UFRJ, 1993.

COSTA, Lúcio. *Registro de uma vivência*. São Paulo: Empresas das Artes, 1995.

COSTA, Maria Elisa (Org.). *Com a palavra, Lúcio Costa*. Rio de Janeiro: Aeroplano, 2000.

KESSEL, Carlos. *Arquitetura neocolonial no Brasil*: entre o pastiche e a modernidade. Rio de Janeiro: Jauá Editora; Faperj, 2008.

_____. Vanguarda efêmera: arquitetura neocolonial na Semana de Arte Moderna de 1922. *Estudos Históricos*, Rio de Janeiro, n. 30, 2002, p. 110-128.

LISSOVSKY, Mauricio; SÁ, Paulo Sérgio Moraes de (Org.). *Colunas da Educação*: a construção do Ministério da Educação e Saúde (1935-1945). Rio de Janeiro: MinC/Iphan, 1996.

MELLO, Joana. *Ricardo Severo*: da arqueologia portuguesa à arquitetura brasileira. São Paulo: Annablume; Fapesp, 2017.

MINDLIN, Henrique. *Arquitetura moderna no Brasil*. Rio de Janeiro: Aeroplano; Brasília: Iphan, 1999.

NATAL, Caion Meneguelo. A retórica da tradição: tempos e espaço da arquitetura neocolonial no Brasil, 1914-1930. In: CHUVA, Márcia; NOGUEIRA, Antonio Gilberto Ramos (Org.). *Patrimônio cultural*: políticas e perspectivas de preservação no Brasil. Rio de Janeiro: Mauad X; Faperj, 2012, p. 125-132.

OLIVEIRA, Lucia Lippi. A Primeira Guerra e o Brasil. In: LIMONCIC, Flávio; MARTINHO, Francisco Carlos Palomares (Org.). *A experiência nacional*: identidade e conceitos de nação na África, Ásia, Europa e nas Américas. Rio de Janeiro: Civilização Brasileira, 2017, p. 51-77.

PINHEIRO, Maria Lucia Bressan. Exposição Raul Lino cem anos depois... *Revista Pós*, v. 21, n. 36, 2014, p. 250-257.

______. *Neocolonial, modernismo e preservação do patrimônio no debate cultural dos anos 1920 no Brasil*. São Paulo: Edusp; Fapesp, 2011.

______. O pensamento de John Ruskin no debate cultural brasileiro dos anos 1920. *19&20*, Rio de Janeiro, v. III, n. 4, out. 2008. Disponível em: www.dezenovevinte.net/arte%20decorativa/mlbp_ruskin.htm.

______. Trajetória das ideias preservacionistas no Brasil: as décadas de 1920 e 1930. *Revista do Patrimônio*, n. 35, 2017, p. 13-35.

RAUL Lino, 1879-1974. Introdução de José Luis Quintino. Lisboa: Editorial Blau, 2003, p. 7-27.

RIBEIRO, Irene. *Raul Lino, pensador nacionalista da arquitetura*. Porto: Faup, 1994.

RISÉRIO, Antonio. *A casa no Brasil*. Rio de Janeiro: Topbooks, 2019.

TELLES, Augusto da Silva. O neocolonial: a polêmica de José Mariano. In: AMARAL, Aracy (Org.) *Arquitetura neocolonial*: América Latina, Caribe, Estados Unidos. São Paulo: Fondo de Cultura Económica; Memorial da América Latina, 1994, p. 237-248.

TENÓRIO, Mauricio. Um Cuauhtémoc carioca; comemorando o Centenário da Independência do Brasil e a raça cósmica. *Estudos Históricos*, v. 7, n. 14, 1994, p. 123-149.

UZEDA, Helena Cunha de. *Ensino acadêmico e modernidade*: o curso de arquitetura da Escola Nacional de Belas Artes, 1890-1930. Tese (doutorado) — Programa de Pós-Doutorado em Artes Visuais, Universidade Federal do Rio de Janeiro, Rio de Janeiro, 2006.

10. Cidades do futuro *versus* cidades do passado: a construção do patrimônio. Belo Horizonte/Ouro Preto e Brasília/Rio de Janeiro

No século XX, já sob a República, a diferença de regime que separava o império brasileiro e as repúblicas latino-americanas não mais existia. Após os inúmeros conflitos que marcaram a primeira década da República, o Brasil viveu um processo de modernização que procurou construir uma imagem do país perseguindo o imaginário europeu civilizado. No Rio de Janeiro, então capital federal, as reformas urbanas desejavam transformar a cidade em uma Paris tropical. O progresso e a riqueza da República Argentina pareciam seduzir e ameaçar os brasileiros, e Buenos Aires passou a ser considerada a cidade mais europeia do continente. Em 1900, o presidente Campos Sales visitou a Argentina e o poeta Olavo Bilac o acompanhou nesta viagem oficial. Ambos puderam admirar as obras de Torquato de Alvear que sanearam e embelezaram Buenos Aires.

Os monarquistas criaram a imagem da monarquia como responsável pela unidade e estabilidade do país. Diante deste imaginário era difícil definir o "caráter" da República. No enfrentamento entre tais representações, os republicanos precisaram atribuir ao Império, à continuidade da Casa de Bragança o atraso, o imobilismo. Foi preciso mostrar que a modernidade e o progresso estavam do lado da República.

Novas ideias chegavam ao país no fim do século XIX e orientavam os que pretendiam tal mudança. Entre as novas teorias, foi marcante a presença do positivismo. Os positivistas condenavam a monarquia porque esta representava um estágio — teológico, metafísico — atrasado da evolução. Os jovens militares e oficiais superiores que proclamaram a República beberam as ideias positivistas na Escola Militar.

Quando o novo regime foi implantado por uma ação militar, em 1889, a República ainda não tinha legitimidade simbólica. E era preciso construí-la. As figuras que participaram diretamente da proclamação da República — Floriano Peixoto, Benjamin Constant — dividiam mais do que uniam. Nesse contexto, foram os positivistas ortodoxos os maiores articuladores de símbolos para a jovem República, entre eles a bandeira e o seu dístico "Ordem e progresso".

Uma forma de construir uma legitimidade simbólica para a República e conferir um sentimento de identidade à nação se apresenta pela mobilização da história, valorizando algumas datas a serem comemoradas. Por exemplo, o 21 de abril, data da morte de Tiradentes, foi estabelecido em 1890 como feriado nacional pelo governo republicano.

Novas figuras entraram em cena nas décadas finais do século XIX. São médicos e engenheiros que ultrapassam seus campos de saber para discutir os rumos do país. São os "missionários do progresso", homens de ciência que querem salvar a nação. Os médicos higienistas falam dos problemas geradores das epidemias de febre amarela, de varíola que proliferam nas cidades e identificam as péssimas condições de vida a serem corrigidas, tarefa delegada principalmente aos engenheiros.

Os engenheiros, "missionários do progresso", são vistos como portadores de um saber objetivo, oposto ao saber livresco baseado na retórica, característico dos bacharéis. Influenciados pelo positivismo, consideravam-se eles próprios responsáveis pela direção e encaminhamento das reformas necessárias ao progresso e à civilização do país. Assim, o engenheiro passou a simbolizar o homem de ação, capaz de produzir o progresso — a grande meta a ser alcançada na marcha linear e ascendente dos povos.

O Clube de Engenharia, criado em 1880, oferece espaço para que os engenheiros discutam e apresentem propostas de transformação do espaço urbano. Dois projetos marcantes do início da República, a construção da nova capital para Minas Gerais e a reforma da capital federal, tiveram como principais responsáveis os engenheiros Aarão Reis na construção de Belo Horizonte e Francisco Pereira Passos na reforma do Rio de Janeiro.

Vamos tratar primeiro do projeto de transferência da capital de Minas Gerais de Ouro Preto para uma nova cidade a ser criada. Veremos como a sua qualificação — cidade do futuro — vai permitir que a antiga capital, Ouro Preto, ganhe foros de patrimônio nacional a ser preservado. Vamos fazer uma aproximação, estabelecer uma linha de continuidade entre Belo Horizonte e Brasília e, por fim, fazer um contraponto entre a nova capital do país, Brasília, e o Rio de Janeiro. Tal jogo entre futuro e passado também se fará presente por ocasião da transferência da capital do Brasil do Rio de Janeiro para uma nova cidade a ser criada — Brasília.

A mudança da capital de Minas Gerais de Ouro Preto para outro local, o velho arraial do Curral del Rei, envolveu uma disputa entre regiões e grupos da política mineira (Angotti-Salgueiro, 1987; Bomeny, 1994; Viscardi, 2007). A nova capital será apresentada como a representação da modernidade; ao mesmo tempo, a antiga vai ser definitivamente consagrada como representante da melhor e mais importante tradição do passado do país.

"A capital controversa", artigo de Cláudia Viscardi (2007), observa que a campanha para a mudança da capital do estado de Minas Gerais começa em 1890 nas páginas de jornal *O Pharol* de Juiz de Fora. Este jornal é defensor da transferência enquanto o *Jornal de Minas*, de Ouro Preto, se coloca como opositor a tal proposta. Juiz de Fora se candidata a ser a sede da nova capital, com economia e vida cultural mais adiantada. *O Pharol* lidera a campanha contra políticos tais como Cesário Alvim, João Pinheiro, Bias Fortes, entre outros que seriam os representantes dos interesses do Ouro Preto, ou seja, contra a transferência.

Juiz de Fora se apresentava como moderna, industrial e economicamente avançada, ao mesmo tempo, e, em oposição, era vista como rebelde e viciada. Ouro Preto se apresentava como culta e tradicional representante do estado de Minas e, por oposição, era vista como suja, malcheirosa e empobrecida. Ou seja, Ouro Preto inventa-se na tradição e Juiz de Fora, na modernidade.

As lutas inter-regionais, ainda segundo Viscardi, ajudariam também a explicar as diferentes posições no cenário político. A Zona da Mata, sob liderança de Juiz de Fora, se une ao sul de Minas, sendo as duas regiões cafeeiras que concentravam republicanos históricos, em oposição à região central, decadente, que reunia monarquistas e adesistas de última hora ao movimento republicano e, portanto, sem condições de se manter como capital. Se a Zona da Mata e o Sul de Minas estavam juntos na luta pela mudança, vão se separar quanto à escolha do local.

A mudança da capital foi o tema mais importante na pauta do Congresso Constituinte de Minas Gerais quando as diferentes posições se acirraram. Foi então apresentada a proposta de divisão da questão em duas partes: mudança da capital e localização da futura capital.

O conflito entre os dois grupos começa a ser enfrentado quando da nomeação pelo então governador Afonso Pena (1892-94) de uma comissão técnica chefiada pelo engenheiro Aarão Reis que terminou seus trabalhos em 1893. Nesta comissão foram indicados dois locais: Várzea do Marçal (próximo a São João del Rei) e Curral del Rei (território do município de Sabará). Os contrários à mudança que foram derrotados passaram então a apoiar a transferência para o Curral del Rei, que acabou sendo vitorioso por dois votos em um total de 72 representantes. E assim a capital foi criada em 1893 com o nome de Cidade de Minas. Sua construção iniciou-se em 1894, tendo sido concluída em 1897. Recebeu em 1901 o nome de Belo Horizonte.

Aarão Reis, engenheiro-chefe da Comissão Construtora, apoiado nas experiências de construção de novas cidades e de reformas urbanas em curso na Europa, planejou uma cidade com água encanada, iluminação elétrica e transporte ferroviário. Positivista, formado na Escola Politécnica do Rio de Janeiro, planejou a cidade em seus mínimos detalhes. A zona urbana recebeu um traçado em xadrez, em grelha, cortado com eixos monumentais de imensas avenidas, com ruas largas e arborizadas, com parques. O tamanho e a largura de ruas, quarteirões e praças foram definidos na planta e as avenidas que cruzavam em diagonal ligavam os pontos extremos da cidade. O centro foi valorizado com serviços modernos de saneamento e iluminação.

Vale registrar que Aarão Reis vai editar um álbum ilustrado impresso com imagens de Belo Horizonte criando, por assim dizer, "os arquivos futuros da cidade". Tal álbum apresenta vistas panorâmicas, igrejas, edifícios públicos e privados, reúne fotografias e desenhos de projetos em um total de 24 imagens que exibem o local antigo e no que ele se transformou com a construção da nova cidade.

No local aberto pela desapropriação das terras do velho arraial do Curral del Rei foi desenhada então uma nova cidade. A Comissão Construtora definiu também o estilo eclético para os edifícios oficiais — as Secretarias e o Palácio do Governo — situados na praça de Liberdade. A praça, o Palácio e as secretarias formam um conjunto cívico, como era então planejado para as cidades. Tal conjunto foi recentemente transferido para outro local afastado do centro da cidade. Agora a praça da Liberdade se torna um museu ao ser renovado por novas restaurações de seus prédios.

Para os políticos mineiros, a nova capital então construída foi pensada como um centro de integração das diferentes regiões do estado de Minas. Deveria manter a integridade de Minas e seria a garantia de que o governo teria direção. Para o Brasil, seria o primeiro símbolo da civilização e do progresso que a República desejava implantar no país, vencendo a decadência e a estagnação consideradas então como marcas do Império. Minas e os mineiros vão se autorrepresentar como modernos, como modernistas, como "guardiões da razão" (Bomeny, 1994).

Vale também ressaltar que, durante o regime monárquico, no século XIX, o poder central indicava os presidentes de província e trocava esses "funcionários" constantemente, fazendo ser muito reduzido o tempo de permanência na direção dos governos. Isto dificultava o estabelecimento de uma conexão entre o poder provincial e as elites políticas locais. Dizia-se mesmo que os governos provinciais eram acéfalos. A esperança era de que com a República isto fosse sanado, o que acabou dando força ao federalismo, aos partidos políticos estaduais, à "política dos governadores", que viria a ser uma das marcas da política na Primeira República (1889-1930).

A cidade de Belo Horizonte, desenhada na prancheta de seus planejadores, construída entre 1894 e 1897 para ser a nova capital de Minas Gerais, deveria ser cosmopolita e racional e assim contrastar com a antiga capital, Ouro Preto, expressão do passado colonial, imperial, rural e arcaico. Ela, Belo Horizonte, seria apresentada como prova de que era possível dar um salto no tempo.

Houve no processo de transferência da capital um duplo movimento. De um lado, era preciso consagrar a tradição representada por Ouro Preto, berço do movimento libertário da Inconfidência Mineira no século XVIII. Este solo sagrado, berço dos mártires e precursores da independência e da ideia republicana no Brasil, deveria se tornar um santuário. De outro lado, era urgente criar o futuro, o espaço do homem novo, americano. Ouro Preto e Belo Horizonte são, assim, as duas faces de uma mesma moeda.

Ouro Preto, berço da identidade nacional

Vamos agora acompanhar como Ouro Preto se torna consagrado como o lugar da tradição, o patrimônio maior do Brasil.

Se isto começa, como já vimos, nos debates por ocasião da transferência da capital, tal papel vai sendo reconfigurado ao longo de toda a Primeira República. A cidade será descoberta e redescoberta por inúmeros viajantes e visitantes que por lá passaram.

Vanuza Braga (2010) vai explorar o papel da geração modernista responsável pela construção de uma narrativa histórica que sustentou a formação de uma identidade nacional. Tal narrativa produz um elo entre os séculos XVIII e XX, entre tradição política e manifestações artísticas capaz de produzir ali uma expressão original e autêntica da nacionalidade. Criou-se, assim, um discurso que une aquele local e aquele tempo e que se configura na ideia de "mineiridade", cujo desdobramento estará nas políticas de preservação desenvolvida pelos modernistas mineiros que se ligaram ao ministério Capanema a partir de 1934.

Já vimos como, desde o período da transferência da capital, se processa a consagração de Ouro Preto como "relíquia", ou seja, vestígio de grande acontecimento do passado. Políticos e intelectuais vão se empenhar em valorizar a importância histórica e artística e clamam por sua preservação. Se Ouro Preto já era um grande museu, este estava abandonado, maltratado e sujeito à especulação dos antiquários espertos ou à ação destruidora do tempo.

Os que foram contra a transferência da capital já diziam que Ouro Preto corria o risco de ser abandonada, deixada ao esquecimento. Isto parecia se tornar realidade logo após a transferência, quando a cidade vai apresentar grande esvaziamento populacional. Sua população diminuiu em cerca de 45% graças à mudança dos funcionários públicos e suas famílias, de bancas de advocacia e outros serviços.

A demanda por preservação juntou a valorização do seu passado histórico e do valor artístico de sua arquitetura, principalmente de suas igrejas. Estes dois princípios marcam a primeira geração modernista de Minas Gerais que, a partir do Ministério da Educação e Saúde, criado em 1930, vai atuar nas políticas de preservação no governo federal a partir de 1937 com a criação do Serviço de Patrimônio Histórico e Artístico Nacional (Sphan). Vale observar que a cidade se torna patrimônio estadual em 1933, em 1938 o Serviço do Patrimônio Histórico e Artístico Nacional (Sphan) a torna monumento nacional e em 1980 a Unesco a reconhece como patrimônio mundial da Humanidade, como veremos adiante.

Intelectuais e políticos fizeram ao longo da Primeira República viagens de descoberta do Brasil a partir de Ouro Preto. Tais viajantes criaram ou reforçaram um imaginário sobre a cidade onde Ouro Preto aparece como berço da liberdade e guardiã das mais autênticas tradições brasileiras. Entre eles estão Olavo Bilac, Alceu Amoroso Lima, Mário de Andrade, modernistas paulistas e mineiros ilustres como Afonso Arinos de Melo Franco.

O primeiro viajante mencionado por Vanuza Braga (2010) é Olavo Bilac, que em 1893 se exila em Ouro Preto por ocasião da Revolta da Armada, já que em Minas os antiflorianistas estavam em segurança. Recebido por Afonso Arinos (o sertanista), Bilac vai visitar arquivos, conhecer a arquitetura barroca. Na ocasião, foi apresentado também ao historiador Diogo de Vasconcelos, de quem se torna amigo. Ao voltar ao Rio, Bilac registra em jornal da capital suas impressões sobre Ouro Preto. Ficou, pode-se dizer, fascinado pela cidade e pelo passado mineiro contrapondo-o à situação de guerra vivida pelo Rio de Janeiro. Segundo ele, a pureza de Ouro Preto reunia às qualidades guardadas no interior, protegido das influências externas, e foi graças ao seu isolamento que foi criada uma arte original e genuinamente brasileira.

A cidade produziu uma mudança de sua trajetória. Antes, poeta boêmio, voltado para temas gregos e romanos, amante da França, Bilac descobre o Brasil e os bandeirantes que desbravaram e povoaram os sertões. Teve a revelação ou fez a descoberta de um Brasil até então desconhecido e passa a se preocupar com a formação de um povo no Brasil. Em 1910, escreveu com Manoel Bomfim o livro infantil *Através do Brasil*, uma das obras mais interessantes e significativas que integram uma listagem de livros para crianças da qual faz parte *Por que me ufano do meu país*, escrito em 1900 pelo conde Afonso Celso, entre outros.

Alceu Amoroso Lima conhece Ouro Preto em 1916 junto com um jovem pertencente à ilustre família mineira, Rodrigo Melo Franco de Andrade. Podem observar ao vivo a situação de abandono e esquecimento na qual se encontrava a cidade. Escreve então um artigo publicado na *Revista do Brasil*, que desde 1918 era de propriedade de Monteiro Lobato, defendendo a reabilitação do passado nacional. E, mais tarde, no livro *A voz de Minas*, Alceu defende que cabe a Minas Gerais a missão de preservar o passado e reformar as influências cosmopolitas.

Mário de Andrade faz sua primeira viagem a Minas em 1919, quando foi pesquisar a arte religiosa no Brasil. Tal pesquisa deu ocasião à produção de quatro artigos sobre o tema publicados também na *Revista do Brasil* em 1920. Defende ali ser na segunda metade do século XVIII que começa a se desenvolver uma arte autêntica e distinta da metrópole e que prima pela originalidade. Mário repete argumento de Bilac ao explicar as razões de Minas desenvolver uma arte genuína graças ao isolamento e à distância do litoral. Aponta Aleijadinho como exemplo da genialidade do mestiço que supera a herança dos lusitanos. A questão da originalidade daquela arte é muito relevante, já que seria uma expressão artística autenticamente nacional. O barroco é assim considerado nacional, além de ser um capítulo da história da arte.

Os modernistas paulistas que visitam Minas em 1924 fizeram, por assim dizer, uma viagem de descoberta do Brasil, o que permite que eles se vejam como novos bandeirantes na epopeia de conhecer e unificar o território, o que valoriza o relato do passado paulista. Nesta ocasião, Mário escreve o poema "Noturno de Belo Horizonte", publicado no livro *Clã do jabuti*. Essa viagem também permite o início de uma grande amizade entre duas figuras maiores, Mário de Andrade e Carlos Drummond de Andrade (Bomeny, 1994). Fez parte da comitiva dos paulistas o poeta Blaise Cendrars, que conhecera Tarsila do Amaral e Oswald de Andrade em 1923 em Paris. Assim como os paulistas teriam descoberto o Brasil em Paris, a revelação que de fato o país existia vai acontecer em 1924 em Ouro Preto.

Afonso Arinos de Melo Franco (sobrinho do sertanista Afonso Arinos) e Pedro Nava vão visitar pela primeira vez Ouro Preto em 1936. O relato dessa viagem está em *Roteiro lírico de Ouro Preto*, de 1937. Afonso Arinos integrou a partir de 1937 o grupo nomeado por Mariza Veloso de "Academia Sphan" (1996). Fez parte do conselho consultivo do órgão do patrimônio por 50 anos e integrou o grupo de intelectuais próximo a Rodrigo Melo Franco de Andrade junto com Carlos Drummond de Andrade, Manoel Bandeira e Lúcio Costa. Por fim, vale mencionar que Manoel Bandeira em 1938 escreve o *Guia de Ouro Preto*.

Na genealogia dos defensores de Ouro Preto estão os mineiros Afonso Arinos, Diogo de Vasconcelos e seus descendentes diretos, Rodrigo Melo Franco de Andrade, Silvio de Vasconcelos e Afonso Arinos Melo Franco.

Recuperando os principais momentos da preservação de Ouro Preto, vale registrar restaurações na década de 1920 sob a responsabilidade do governo estadual. Mais adiante, foi Gustavo Barroso quem critica o que vinha acontecendo, realiza a restauração de chafarizes e consegue em 1933 que a cidade seja elevada à categoria de cidade-monumento no âmbito da Inspetoria de Monumentos Nacionais do Museu Nacional. Em 1938, dentro das primeiras ações do Sphan, a cidade é tombada junto com outras cidades em seu conjunto. O tempo colonial e o espaço mineiro são configurados pelo Sphan como o berço da identidade nacional. As cidades mineiras do período colonial/barroco tiveram 165 bens tombados entre 1937 e 1967, ou seja, 23,9% do total.

O tombamento de 1938 se dá tomando como eixo fundamental o aspecto estético; assim, o seu registro acontece pela sua inscrição no Livro de Belas-Artes, um dos quatro livros (Arqueológico, Etnográfico e Paisagístico; Histórico; Belas-Artes; Artes Aplicadas) de registro do tombamento do Sphan. Na ocasião mereceu destaque seus bens considerados excepcionais ou autênticos. Ouro Preto assim foi consagrado como obra de arte.

O monopólio do Sphan parecia garantir a permanência da cidade-monumento. Os modernistas na direção do órgão foram responsáveis por apagar as marcas deixadas pelos neocoloniais, principalmente nos chafarizes da cidade. Procuram manter a unidade estilística do conjunto. Apagar a marca de outros períodos, formar mão de obra para tocar o projeto preservacionista e obter o esclarecimento de autorias podem resumir as principais atividades e marcas do período "heroico" do Sphan em Ouro Preto.

Vale mencionar o caso da construção de um hotel em 1940 na cidade que oferece um desafio à época e aos estudiosos. O debate sobre o que fazer, sobre o estilo do novo hotel divide os técnicos. O projeto neocolonial de Carlos Leão (arquiteto também do Sphan) é rejeitado, ganha o projeto moderno de Oscar Niemeyer que, segundo a defesa de Lúcio Costa, se ajustaria mais ao patrimônio da cidade sem repetir ou se confundir com "fingimentos coloniais", adjetivo atribuído à arquitetura neocolonial (ver a respeito o capítulo 9).

O Sphan definia os critérios para o tombamento e para a construção de novos espaços, ou seja, construía a memória do passado e definia os rumos do futuro. Na atuação do Sphan predominaram como critério de preservação os aspectos estilísticos das cidades considerando a uniformidade e/ou a excepcionalidade. Assim tratou as cidades como obra de arte. Em Minas Gerais foram tombadas as cidades históricas de Ouro Preto, Diamantina, São João del Rei, Tiradentes, Serro, seguidas por Mariana e Congonhas do Campo.

A preservação urbana do bem tombado procurou restaurar a fisionomia colonial, controlando as fachadas do casario e, por assim dizer, mantendo o "cenário colonial". Entre 1948 e 1985, segundo Lia Motta (2002), cerca de 500 edifícios novos com características coloniais foram construídos em lotes vagos nas ruas de Ouro Preto, preenchendo assim os vazios no centro histórico.

Um projeto de tal abrangência certamente apresenta problemas até pela presença de inimigos da preservação, como as autoridades municipais, que viam os tombamentos como empecilho ao progresso, ou daqueles que queriam transformar áreas históricas em produto de consumo, ou ainda do clero da Igreja Católica que vê as interferências do Serviço do Patrimônio como uma intervenção indevida nas suas propriedades.

Não foi possível frear o crescimento da cidade a partir de 1950. A industrialização se faz presente, já que Ouro Preto se encontra no chamado quadrilátero ferrífero. A indústria do alumínio traz operários e atrai estudantes para a Escola de Minas, criada ainda em 1876, e mais tarde para a Universidade Federal de Ouro Preto, criada em 1969. Com tudo isto tem lugar o processo de expansão na periferia, espaço fora do controle do Sphan. Sem planejamento para a ocupação de encostas, Ouro Preto acaba enfrentando os mesmos problemas de outras cidades em expansão desordenada.

Entretanto, vale lembrar que o centro tombado é também o centro dinâmico da cidade. É o mais preservado e o mais próspero, tendo em vista o crescente número de turistas visitantes. Isto gera o processo de *gentrificação* comum nesses casos. A partir de 1970, o governo do estado e a prefeitura criam também órgãos voltados para cuidar do patrimônio da cidade. Também agências internacionais como a Unesco vão atuar na cidade com sua inserção na lista de Patrimônio Mundial da Humanidade.

Se Ouro Preto fica como representante do passado memorável, sua trajetória como bem tombado sofre altos e baixos. A importância de tal experimento faz desse caso um dos mais estudados no campo da arquitetura e do patrimônio.

E Belo Horizonte, como ficou?

Belo Horizonte recebeu, ao longo dos anos, avaliações diversas e durante muitos anos foi uma cidade quase exclusivamente de funcionários públicos. Foi objeto de reurbanização durante o Estado Novo, no período em que Juscelino Kubitschek era prefeito (1940-45). Naquele momento e com a reforma urbana da Pampulha, deu-se continuidade à aliança entre política e arquitetura iniciada pela construção do prédio do Ministério da Educação e Saúde no Rio de Janeiro na década de 1930 e que irá dar novos frutos com a construção de Brasília, a nova capital do país inaugurada em 21 de abril de 1960, o mais importante feriado nacional que lembra Tiradentes.

Pode-se desenhar uma linha de continuidade que parte do prédio do Ministério da Educação no Rio de Janeiro, passa pela Pampulha em Belo Horizonte e termina em Brasília, como veremos adiante.

A cidade de Belo Horizonte nasceu, como já mencionamos, como sonho do século XIX. Seu plano em xadrez, com eixos monumentais e o predomínio do ecletismo que se faz presente na arquitetura da cidade. Construída entre 1894-97, seu plano permite certa comparação com Washington quase 100 anos antes.

Washington D.C., construída logo após a Revolução Americana (1776) em área pantanosa, pretendeu criar um local saudável graças ao desenho de cidade bem organizada. Pierre Charles L'Enfant, engenheiro francês que se juntou à causa americana, vai ser o autor do plano com ramificações e centros que se ligam por ruas radiais que cortam quarteirões retangulares. Exatamente como se pretendeu fazer na construção de Belo Horizonte. A capital norte-americana vai ter espaços descentralizados e polivalentes contemplando também a circulação. O grande Mall com seus espaços livres e abertos a todos os cidadãos. A praça e seu jardim também se afiguram como garantidores da respiração.

As mudanças, o crescimento, a adaptação, a renovação de Belo Horizonte tiveram lugar, ainda que com reservas, principalmente na área central. A região central, regulada por normas urbanísticas mais severas, dá margem à especulação imobiliária que produz a elevação do preço e afasta a população, levando ao crescimento da região suburbana. Assim, a cidade moderna, oficial e regulada produziu como contrapartida a cidade arcaica, ilegal e precária.

A arquitetura da cidade por ocasião de sua construção, como já foi mencionado, foi marcada pelo estilo eclético. Tal estilo, uma mistura de diferentes passados, surge no século XIX e deu origem ao chamado neoclássico. A República adota tal estilo tanto na construção da capital mineira quanto na remodelação da capital federal ao construir os prédios da então avenida Central. O estilo eclético veio a ser condenado pela arquitetura moderna tanto quanto o estilo neocolonial. Assim, a arquitetura de Belo Horizonte foi contemplada com pouco ou nenhum reconhecimento ou foi mesmo ignorada pela historiografia dominante. Isto só veio a sofrer uma correção muito mais tarde, em 1997, por ocasião das comemorações do centenário da cidade. Tal comemoração atraiu historiadores que se voltam para o passado com a compreensão do plano urbanístico original e da política dos construtores da cidade (Julião, 1996).

Se Belo Horizonte foi resultado de projeto de ampliação e higienização do espaço urbano, em meados dos anos 1940 vai ser o local de partida de uma nova modernidade.

Na segunda metade dos anos 1940, quando Juscelino Kubitscheck ocupa o cargo de prefeito de Belo Horizonte no governo estadual de Benedito Valadares, interventor nomeado por Getúlio Vargas, a cidade vai sofrer importante intervenção com a urbanização da cidade-satélite da Pampulha. Oscar Niemeyer foi indicado por Rodrigo Melo Franco de Andrade a JK e seu talento era reconhecido como capaz de realizar as obras que o prefeito desejava. O arquiteto abre então escritório para desenvolver os projetos do Grande Hotel de Ouro Preto e do conjunto da Pampulha. Projeto este que compreendia uma igreja, um cassino, um iate clube, um salão de baile e um restaurante. A Pampulha, inaugurada em 1942, afastada do centro da cidade e em região pouco povoada, marca o início da arquitetura moderna em Belo Horizonte.

Lúcio Costa, em 1947, ao considerar o edifício da Igreja de São Francisco de Assis como objeto de preservação e propor seu tombamento, faz uso da ideia de "ruína precoce". A escolha de arquitetura moderna, entretanto, não se fez sem críticas, como se pode ver na reação da Igreja Católica que recusa o templo construído por Niemeyer e combate duramente esse modernismo (Castrioto, 1999).

Brasília, a utopia de cidade moderna

Belo Horizonte e Brasília são duas cidades que guardam o sonho de realização da razão com suas linhas retas, grandes vias de comunicação e abertura para valores cosmopolitas, cada uma a seu tempo. Se Belo Horizonte nasce para integrar as diversas regiões de Minas, Brasília deveria fazer o mesmo no país. Se Belo Horizonte fora construída para ser o centro político unificador e intelectual de Minas, a cidade foi durante um bom tempo uma cidade de funcionários públicos estaduais e de um aglomerado de migrantes. Brasília também foi durante bom tempo uma cidade de funcionários públicos e funcionou como polo a atrair a migração interna, que muda de direção não sendo mais exclusivamente do Nordeste para o Sul, e a efetivar a ocupação do Centro-Oeste. A conexão entre Belo Horizonte e a nova capital se torna mais presente pela inauguração da estrada Belo Horizonte–Brasília, ligando as cidades-irmãs do modernismo.

JK vinha da experiência de ter sido prefeito de Belo Horizonte entre 1940 e 1945, deputado constituinte após a redemocratização, governador de Minas Gerais a partir de 1951 e, por fim, presidente da República de 1956 a 1961. Chegou à presidência como fruto de uma forte aliança entre o Partido Social Democrático (PSD) e o Partido Trabalhista Brasileiro (PTB). Enfrentou ferrenha oposição da União Democrática Nacional (UDN) que acompanhou seu governo denunciando escândalos na sua administração e o atacando como herdeiro de Getúlio Vargas.

Ele chega ao poder após o traumático suicídio de Vargas em 1954, a eleição, o golpe e o contragolpe que garantiu a sua posse. JK iniciou seu governo cujo lema foi "50 anos em 5" e que teve como materialização a construção de uma nova capital.

A estratégia para seu programa de governo, o Plano Nacional de Desenvolvimento, conhecido como Plano de Metas, era expressão do chamado "nacional-desenvolvimentismo" capaz de atrair investidores privados nacionais e estrangeiros. Nele foi incluída mais uma meta, a 31ª, a meta síntese, a que exatamente propunha a construção e a transferência da capital para o Planalto Central do país. Utopia, vale lembrar, registrada na primeira Constituição republicana de 1891, que chegou a demarcar o tamanho do território necessário para o estabelecimento da futura capital a ser construída no Planalto Central.

Quando JK retoma tal proposta, teve que enfrentar a batalha política no Congresso principalmente com os deputados da UDN, que acabaram votando a lei que autorizava a transferência da capital, Lei nº 2.874, de 19 de setembro de 1956, e que cria a Companhia Urbanizadora da Nova Capital (Novacap). Para muitos, tal aprovação, inclusive com prazo exíguo para sua realização, já que deveria ser inaugurada em 21 de abril de 1960, se dera em razão da crença de que não seria possível sua execução.

Para o presidente Juscelino, a construção da nova capital em local onde não existia nada representava a inauguração de um novo ciclo bandeirante (Bomeny, 1991). Se Juscelino, Niemeyer e Lúcio Costa foram fundamentais, vale também mencionar Israel Pinheiro, que presidiu a Novacap. Israel Pinheiro, não por coincidência, era filho de João Pinheiro, político republicano, deputado, senador e presidente de Minas em 1906, grande defensor da mudança da capital de Ouro Preto para Belo Horizonte e do projeto de modernização e industrialização de Minas Gerais.

Brasília se apresenta como a meta síntese do governo JK, a concretização da utopia de uma cidade moderna, símbolo do novo tempo e da nova sociedade. A segunda metade dos anos 1950 passa assim a sensação de um tempo cultural acelerado, marcado mesmo pelo espírito do novo. Isto se expressa tanto na nova capital como no cinema novo e na bossa-nova.

O Plano Piloto da cidade segue os princípios da Carta de Atenas, documento que sintetiza os princípios do IV Congresso Internacional de Arquitetura Moderna (Ciam) de 1933 que defendia o planejamento integrado do meio físico e social. Isto só foi possível porque se tratava de cidade nova, construída em espaço vazio, espaço este passível de ser submetido ao desenho da prancheta. Para muitos seria um misto da cidade-jardim de Ebelezer Howard e da racionalidade de Le Corbusier. O Plano Piloto é projeto de cidade e novo projeto de sociedade com sonho de novas formas igualitárias de convivência. Era uma utopia urbana e uma utopia igualitária. E inaugurada em 21 de abril de 1960, data do feriado de Tiradentes, tinha como objetivo o desenvolvimento do interior do país. O Centro-Oeste do país, vale lembrar, já tinha tido anteriormente a transferência da capital do estado de Goiás, o que resultou na construção da cidade de Goiânia inaugurada em 1942. Ali predominou o que era arquitetura moderna à época, o *art déco* é presença marcante de seus prédios oficiais.

JK chama Oscar Niemeyer para construir os prédios e o projeto urbano e assim reeditar a experiência bem-sucedida da Pampulha. Projetar a nova capital a partir do nada em uma região sem nenhum vestígio era o sonho de qualquer arquiteto modernista. Niemeyer prefere ficar só responsável pela arquitetura dos prédios e para o plano urbanístico é aberto um concurso em 1957, quando o palácio presidencial já estava em andamento. São apresentados 26 projetos dos quais sai vencedor o de Lúcio Costa, merecendo destaque o dos Irmãos Roberto e o de Rino Levi (Cavalcanti, 2002). A primeira obra realizada antes de tudo foi a construção provisória da morada presidencial, o chamado Catetinho por referência ao Palácio do Catete, morada dos presidentes da República no Rio de Janeiro.

O plano de Lúcio Costa se apresenta como uma cruz ou um avião. No eixo principal, o monumental, deveriam ser instalados os prédios públicos e a burocracia. No outro eixo, nas azas sul e norte, as residências. No setor residencial, novas formas de associação coletiva. Os apartamentos de propriedade pública seriam distribuídos em blocos de apartamentos no centro de gramado formando superquadras. Diferiam apenas pela maior área e pela distância em relação ao eixo rodoviário. No cruzamento de ambos, a rodoviária e os setores de diversão e comércio. A rua seria ausente em Brasília. A rua-corredor, a rua do *flanêur*, a das multidões, a dos cruzamentos, nada disto era previsto. Sem rua, sem pedestres, o automóvel era peça central. Isto também corresponde ao momento em que se consolida a indústria automobilística no Brasil.

Ao longo do eixo monumental que conduzia à praça dos Três Poderes estão os edifícios estatais. Seus palácios, o da Alvorada e o do Planalto, as duas torres e as abóbodas côncava e convexa do Legislativo, assim como a Catedral de Brasília se tornam monumentos e símbolos nacionais. O aspecto da monumentalidade se apresenta quase como uma demanda, já que a cidade deveria passar o sentido de permanência. Se Brasília apresenta o modelo racionalista do desenho urbano, as curvas de seus prédios públicos desenhados por Niemeyer apontam para o que seria uma dimensão barroca da arquitetura moderna.

Os edifícios modernos recebem aplausos e reconhecimentos em revistas especializadas mundo afora. Isto já tinha acontecido por ocasião da construção do prédio do Ministério da Educação e Saúde na década de 1930 no Rio de Janeiro. Vale também lembrar que a arquitetura brasileira foi reconhecida pelo edifício do Pavilhão do Brasil da Feira Mundial de Nova York de 1939-40, assim como pela Exposição Brazil Builds: Architecture New and Old: 1652-1943, realizada no Museu de Arte Moderna de Nova York em 1943 e 1944. Estas duas últimas mostras se deram no momento de aproximação entre Estados Unidos e Brasil por ocasião da Segunda Guerra Mundial.

A arquitetura moderna estabeleceu uma importante conexão com o trabalho fotográfico que documentou seus projetos e divulgou suas ideias em livros especializados e revistas. A divulgação da arquitetura de Brasília é tributária do trabalho do fotógrafo Marcel Gautherot, que já tinha trabalhado para Oscar Niemeyer fotografando as obras da Pampulha em Belo Horizonte, e que produz um dos mais importantes conjuntos de imagens que acompanham a construção de Brasília.

Se JK conseguiu reunir a melhor arquitetura de *griffe* daquela época, os resultados indesejáveis também se fizeram presentes. Operários vindos de todo o país, mas principalmente do Nordeste, para lá se dirigem, são os "candangos". Não havia previsão para que permanecessem após a conclusão das obras. Não havia lugar para eles no Plano Piloto, o que deu origem a acampamentos, moradias precárias que vão dar origem às cidades-satélites. O destino dos candangos foi sua remoção para as cidades-satélites de Taguatinga e Sobradinho a 25 km, e para Gama e Ceilândia a 35 km do Plano. Tais cidades tiveram crescimento de população e de problemas crônicos idênticos aos das demais cidades brasileiras. Configurou-se assim o desenho urbanístico em que entre o Plano Piloto e as cidades-satélites seria mantida uma larga faixa verde — cinturão urbano. Assim foi possível manter a exclusão socioespacial da população pobre, com estrutura precária colocada distante e ao lado do Plano Piloto, este sim cidade dotada de empregos, educação, lazer e toda a infraestrutura de primeiro mundo (Nunes, 1997).

O processo de metropolização fez a utopia sucumbir à realidade. Lúcio Costa reconhece isto quando visita a cidade e escreve o parecer intitulado "Brasília revisitado, 1985/1987". Tal parecer foi peça fundamental para o reconhecimento de Brasília como Patrimônio Cultural da Humanidade pela Unesco em 1987 antes mesmo do tombamento do conjunto urbanístico do Plano Piloto pelo Iphan em 1992.

Se Brasília foi pensada para integrar o território, conquistar novas áreas e diminuir os desequilíbrios regionais, seus críticos consideram que a cidade serve para mostrar que as cidades ideais não funcionam e que a arquitetura não é capaz de reformar as pessoas e as sociedades. "O tempo se encarregou de quebrar a onipotência 'moderna' de alterar a sociedade através da arquitetura" (Cavalcanti, 2002:102), a despeito de haverem produzido um dos mais consistentes exemplos de arquitetura moderna no país.

Bem, se a construção de Belo Horizonte como nova capital de Minas Gerais deu ocasião a que Ouro Preto fosse alçada à condição de primeiro patrimônio nacional, devemos indagar: o que aconteceu com o Rio de Janeiro após a construção de Brasília?

Se Brasília foi pensada como o símbolo de uma nova época, como modelo do progresso, capaz de reorganizar espacialmente o território nacional, ampliar as fronteiras econômicas e alavancar o desenvolvimento, o que pode ser dito a respeito do Rio de Janeiro após a cidade ter deixado de ser a capital do país?

Um argumento a favor da mudança da capital se baseava em uma avaliação negativa do Rio de Janeiro considerado uma cidade cosmopolita, de costas para o interior, para o verdadeiro Brasil. Era também a sede de um governo tocado por uma burocracia paralisante e incapaz de realizar o papel agora destinado à nova capital. Outro argumento levava em conta que a nova capital a ser construída no interior, em lugar central, estaria protegida das turbulências urbanas e políticas que marcaram o Rio de Janeiro nos anos 1950.

E o Rio de Janeiro, o que aconteceu com a antiga capital?

Vale lembrar que, ao aprovar a construção da nova cidade e a transferência da capital para Brasília, já se discutia o que fazer do território do antigo Distrito Federal. E que em 1960 foi aprovada também a Lei nº 3.752, conhecida como lei San Tiago Dantas, criando o estado da Guanabara. O território do Distrito Federal era marcado pela polarização entre a UDN e o PTB e por forte nacionalização da política carioca. Para além da divergência, é bom que se diga, não havia uma divisão entre políticos do governo e da oposição a favor e contra a criação do estado da Guanabara.

O debate sobre o futuro do Rio se fez na imprensa carioca quando o *Correio da Manhã* publicou 32 reportagens intituladas "Que será do Rio?" a partir de meados de 1958 com opiniões a respeito (Motta, 2004).

Por ocasião da transferência da capital, havia dúvidas sobre qual estatuto político deveria ser assumido pela cidade. Era difícil a Guanabara se tornar um estado como os demais considerando que o Rio de Janeiro capital federal tivera papel de formador da unidade nacional, o que envolvia uma distância a todo provincianismo. A identificação do Rio como símbolo do Brasil se fizera presente de inúmeras formas, inclusive por se fazerem presentes na cidade inúmeras instituições culturais da nação — o Arquivo Nacional, a Biblioteca Nacional, o Museu Histórico Nacional, o Instituto Histórico e Geográfico Brasileiro, a Academia Brasileira de Letras, entre outras.

O território do Distrito Federal, que se torna estado da Guanabara em abril de 1960, em outubro do mesmo ano elege como seu primeiro governador Carlos Lacerda. Sua eleição confirma uma tendência de vitória udenista nas eleições de 1960 quando Jânio Quadros se elege presidente também pela UDN. Lacerda, lembrado como opositor ferrenho do governo Getúlio, vai defender que o Rio deveria continuar a ser a síntese da nação, a "caixa de ressonância" dos problemas nacionais. Deveria também mostrar sua capacidade de administrar a cidade-estado. Seu tema de campanha foi "reconstruir a cidade e formar o estado".

O Rio de Janeiro ainda se mantinha como capital cultural do Brasil, mas encontrava-se diante da busca de sua nova identidade após deixar de ser formalmente a capital política nacional. Havia o claro objetivo de reafirmar atributos da velha capital, agora estado da Guanabara, chamada pela imprensa da época de "Belacap" em oposição a Novacap (Companhia Urbanizadora da Nova Capital) — Brasília.

Carlos Lacerda, como já foi mencionado, foi eleito primeiro governador da Guanabara pela União Democrática Nacional (UDN) e tomou posse em 5 de dezembro de 1960. Nos cinco anos de governo do estado da Guanabara ele procurou se firmar como um administrador competente e que viria a ser conhecido nacionalmente. Tal reconhecimento o habilitaria a disputar a sucessão presidencial, para além da consolidada fama de jornalista, bom orador e crítico destruidor.

O governador Carlos Lacerda pretendia reafirmar a Guanabara como a caixa de ressonância do país e a principal vitrine da identidade nacional, confirmá-la como estado capital reafirmando sua competência em governá-la.

Lacerda, é preciso também lembrar, foi o governador que promoveu a erradicação de muitas favelas das zonas Sul e Norte como a do morro do Pasmado em Botafogo e a de Maria Angu em Ramos. Além destas, foram também removidas as da praia do Pinto no Leblon, a Macedo Sobrinho no Humaitá, a do Querosene no Centro, a do Esqueleto no Maracanã e a do morro da Formiga na Tijuca. Foram também construídos para abrigar moradores transferidos os conjuntos habitacionais como a Cidade de Deus e a Vila Kennedy.

Um dos principais legados da administração de Lacerda para a cidade foram as muitas obras, como os túneis Santa Bárbara (entre Catumbi e Laranjeiras), Rebouças (Rio Comprido — Cosme Velho — Lagoa), Major Vaz (em Copacabana, entre as ruas Toneleros e Pompeu Loureiro). Essas realizações desobstruíram o trânsito facilitando o acesso aos da Zona Sul carioca. Outra medida que contemplou especialmente a lagoa Rodrigo de Freitas foi a polêmica remoção de favelas (da ilha das Dragas, Piraquê e avenida dos Pescadores), além da construção dos conjuntos habitacionais nos subúrbios para as populações que residiam nesses locais (Santos, 2013). Em seu mandato o governador também melhorou o abastecimento de água com a construção da adutora do rio Guandu resolvendo um dos problemas crônicos da cidade. Tal problema que mereceu críticas bem humoradas como a da famosa marchinha que dizia: Rio de Janeiro/

cidade que me seduz/ De dia falta água/ de noite/falta luz" (Santos, 2013). Esse grande volume de obras foi viabilizado por empréstimos realizados com o Banco Interamericano de Desenvolvimento (BID).

O Aterro do Flamengo foi uma das obras mais importantes do governo e mereceu destaque por ocasião das comemorações do IV Centenário do Rio de Janeiro em 1965. O espaço, cuja área é de 1,2 milhões de metros quadrados viabilizado pelo aterro proveniente do desmonte do morro de Santo Antônio, foi idealizado como parque por Lotta Macedo Soares. Lotta participou do grupo de trabalho das obras juntamente com os arquitetos Jorge Moreira Machado, Hélio Mamede, Sérgio Bernardes e Affonso Eduardo Reidy, com a engenheira Bertha Leitchic e o botânico Luiz Emygdio de Mello Filho. O projeto paisagístico ficou a cargo de Burle Marx. Este foi e é até hoje um dos mais famosos espaços da cidade, área de lazer por excelência, e foi apresentado como o Central Park carioca banhado pela baía de Guanabara, com vista para o morro do Pão de Açúcar. As duas pistas que cruzam o espaço tornaram-se uma das principais vias de acesso rodoviário entre o Centro e a Zona Sul. Nesta questão vale mencionar que Lacerda foi capaz de resistir a todas as propostas de fazer daquele aterro mais um espaço para a ocupação imobiliária e autorizar a construção de prédios ao longo das pistas feitas para desobstruir o trânsito da cidade. As pistas ganharam o nome oficial de avenida Infante D. Henrique, mas popularmente continuam a ser nomeadas por Aterro do Flamengo. A paisagem carioca passou por importantes transformações com o objetivo de ampliar o espaço da cidade, viabilizar a circulação e valorizar regiões. Essa obra também remodelou as praias do Flamengo e de Botafogo (Santos, 2013).

O Carnaval também participou das Comemorações do IV Centenário e o desfile das escolas de samba de 1965 se mostra como porta-voz das representações sobre o passado da cidade e das perspectivas para o futuro, pois o governo da Guanabara determinou que todas as escolas tivessem como tema o IV Centenário.

O governo estadual cuidou dos preparativos para a folia carnavalesca, inclusive da ornamentação do Centro da cidade que contou com decoração inspirada nas gravuras de Jean-Baptiste Debret. Este pintor francês residiu no Rio de Janeiro por 15 anos, durante a primeira metade do século XIX, produziu vastíssimo acervo iconográfico, entre gravuras, desenhos, óleos e aquarelas reunidos na obra *Voyage pittoresque et historique au Brésil*, ou *Sejour d'un artiste français au*

Brésil. Sua escolha como tema da ornamentação do Carnaval do IV Centenário teve claro objetivo simbólico de evocar o passado imperial e imagético da cidade (Santos, 2013).

A Guanabara comemorou os 400 anos da cidade do Rio de Janeiro de forma intensa, com programação vasta e diversificada, como explora Cláudia Mesquita (2014). As comemorações do IV Centenário tiveram início no dia 31 de dezembro de 1964 numa solenidade no marco de fundação da cidade, no Forte São João, na Urca. Ali o governador Lacerda afirmou que o Rio "é a vitória do homem sobre o mar e a terra, com a ajuda de Deus".

Eventos comemorativos tradicionalmente tornaram-se um momento oportuno para a publicação de livros e isto também aconteceu por ocasião das comemorações do IV Centenário tanto de São Paulo (1954) quanto do Rio de Janeiro (1965). Lacerda, ciente da importância de seu governo na Guanabara para a cidade e para sua trajetória política, vai aproveitar o IV Centenário e o fim de sua gestão para publicar o livro *Rio de Janeiro em seus quatrocentos anos*, versão oficial da história da evolução urbanística do Rio de Janeiro, destacando os nomes daqueles que, nesses quatro séculos, contribuíram para seu engrandecimento e progresso.

O IV Centenário da Cidade também motivou a produção de variados suvenires, de capas de discos, a realização de eventos esportivos (como dois torneios de futebol realizados no Maracanã), de eventos de moda, exposições, além de suscitar uma série de suplementos e reportagens publicados em importantes veículos da imprensa nacional. O mercado livreiro foi também impulsionado, valendo notar que os livros relacionados com o evento trouxeram o logo idealizado pelo *designer* Aloísio Magalhães, que se tornaria um dos símbolos da comemoração. Aloísio Magalhães, como está mencionado no capítulo 8, virá a ter importante papel na história do patrimônio no Brasil anos mais tarde.

Para festejar o IV Centenário foi organizado o livro *A muito leal e heroica cidade de São Sebastião do Rio de Janeiro*, idealizado por Gilberto Ferrez e tendo como um de seus editores Raymundo Castro Maya, que foi o coordenador da comissão dos festejos do evento. A Livraria José Olympio Editora publicou em 1965 a coleção *Rio 4 séculos*. Essa coleção foi elaborada num "momento em que a cidade do Rio de Janeiro se redefine no contexto federativo e vê reacender antigas disputas pela hegemonia nacional", quando vários intelectuais ligados ao Rio "investem na fixação do carioca como a síntese da brasilidade".

O quinto volume da coleção, o livro *O Rio de Janeiro em prosa & verso*, foi organizado por Manuel Bandeira e Carlos Drummond de Andrade. Esses autores integraram a primeira linha do panteão de literatos, intelectuais que vieram trabalhar e atuaram no campo intelectual da capital federal da época, o Rio de Janeiro. Bandeira e Drummond escolheram para compor o volume textos onde o Rio de Janeiro pudesse ser realmente considerado uma espécie de mostruário do Brasil (Santos, 2013).

Lacerda, governador e candidato a presidente da República, pôde fazer parte de um panteão de governantes responsável por grandes obras na cidade no qual estão Pereira Passos (1903-06), Paulo de Frontin (1919), Carlos Sampaio (1920-22) e Henrique Dodsworth (1937-45).

Lacerda também quis deixar sua marca ao criar o Museu da Imagem do Som (MIS), como nos informa Cláudia Mesquita (2009). Tal Museu era voltado à história local, ou seja, dedicado à guarda, preservação e difusão da memória da cidade. Financiado pelo Banco do Estado da Guanabara e sob acompanhamento da Secretaria de Cultura, o MIS teve seu início marcado pela compra das coleções dos fotógrafos Augusto Malta e Guilherme dos Santos e do radialista e pesquisador conhecido como Almirante. A particularidade de tal museu se deve a ter sido ele o primeiro a reunir objetos em imagem e som (fotos, discos, partituras, instrumentos musicais, depoimentos orais) da cultura popular urbana. O MIS, inaugurado para as comemorações do IV Centenário da cidade, foi instalado no prédio construído como Pavilhão do Distrito Federal para a Exposição Internacional de 1922.

A política cultural do governador não esqueceu o aspecto da presença portuguesa nas origens da cidade. Na coleção do MIS também se fizeram presentes originalmente gravuras originais da corte portuguesa e da família imperial que vieram a ser cedidas ao Museu do Primeiro Reinado, montado na casa da Marquesa de Santos (Mesquita, 2009).

As comemorações foram voltadas para articular passado, presente e futuro. O governador Lacerda voltava ao passado ao criar o MIS e reafirmar a posição da cidade-capital como centro da história da nação, afirmava o presente de cidade-estado pelo conjunto de obras que desenvolvera na cidade e articulava o futuro mostrando ao Brasil o Parque do Flamengo. Assim, a cidade-estado poderia se apresentar como modelo para a construção do futuro do país, já que ele era candidato às eleições que aconteceriam em 1965. Não foi isto que aconteceu.

Apenas a história nem sempre segue os desígnios dos seus atores. A ditadura militar implantada em 1964 produz mudanças na vida política da cidade e do país... Mas esta é uma outra história que não será tratada aqui.

Outra imagem simbólica sobre o Rio de Janeiro tem a ver com considerá-lo Cidade Maravilhosa. Tal imagem é antiga, aparece no título de um livro de contos de Coelho Neto publicado em 1928. É também título de famosa marchinha de André Filho gravada em setembro de 1934 e sucesso do Carnaval do ano seguinte. Foi durante a década de 1960 que passou a ser considerada hino da cidade, mas só em 2003 a Câmara Municipal do Rio de Janeiro a tornou hino oficial da cidade.

Sua natureza exuberante era reconhecida e valorizada por quase todos os viajantes que por aqui passaram ao longo do século XIX e XX, mas foi considerada também empecilho ao progresso. Sua exuberância a condenava ao atraso histórico, já que a civilização era pensada como um domínio do homem sobre a natureza.

A cidade era mesmo uma cidade maravilhosa? Tal atributo muito cantado em prosa e verso vai ser questionado pela poeta norte-americana Elizabeth Bishop que viveu no Brasil por cerca de 10 anos. Participou da vida da elite carioca durante o governo Lacerda e viveu também em Ouro Preto. Fez comentários, alguns muito críticos, sobre a vida do país e a vida da sociedade carioca. No caso da cidade, ela afirma que o Rio não é exatamente uma cidade maravilhosa e sim uma cidade construída em natureza maravilhosa.

A cidade situada em uma natureza maravilhosa (Belacap) parece ter sido a versão confirmada, já que em 2012 o Rio de Janeiro se torna a primeira cidade do mundo a ser considerada pela Unesco como Patrimônio Mundial na classificação Paisagem Cultural Urbana. Os locais da cidade a serem preservados incluem o Pão de Açúcar, o Corcovado, a floresta da Tijuca, o Aterro do Flamengo, o Jardim Botânico, a praia de Copacabana, a entrada da baía de Guanabara, o Forte e o morro do Leme, o Forte de Copacabana e o Arpoador.

"Cidade maravilhosa", "Rio Babilônia" e "Rio 40 graus" são registrados como os três signos na economia simbólica da paisagem carioca em artigo de Edison Silva de Farias (2007).

Referências

ANGOTTI-SALGUEIRO, Heliana. Belo Horizonte: o nascimento de uma capital In: FABRIS, Annaterra. *Ecletismo na arquitetura brasileira*. São Paulo: Nobel; Edusp, 1987.

_____. Da natureza ao construído. *Revista do Arquivo Público Mineiro*, Dossiê: Belo Horizonte: 110 anos depois, a. XLIII, n. 2, jul./dez. 2007, p. 44-59.

BOMENY, Helena. *Guardiães da razão*: modernistas mineiros. Rio de Janeiro: UFRJ; Tempo Brasileiro, 1994.

_____. Utopias de cidade: as capitais do modernismo. In: GOMES, Angela de Castro (Org.). *O Brasil de JK*. Rio de Janeiro: FGV, 1991, p. 144-161.

BRAGA, Vanuza. Relíquia e esperança: Ouro Preto e as políticas de preservação do patrimônio no Brasil. In: FERREIRA, Marieta de Moraes (Org.). *Memória e identidade nacional*. Rio de Janeiro: FGV, 2010, p. 181-216.

CASTRIOTO, Leonardo Barci. Uma modernidade de duplo signo: a arquitetura em Belo Horizonte nos anos 30 e 40. In: MIRANDA, Wander Melo (Org.). *Narrativas da modernidade*. Belo Horizonte: Autêntica, 1999, p. 107-125.

CAVALCANTI, Lauro. Brasília: a construção de um exemplo. In: MIRANDA, Wander Melo (Org.). *Anos JK*. Margens da modernidade. São Paulo; Imprensa Oficial; Rio de Janeiro: Casa de Lúcio Costa, 2002, p. 91-103.

DE FARIAS, Edison Silva. "Cidade maravilhosa", "Rio Babilônia" e "Rio 40 graus": três signos na economia simbólica da paisagem carioca. *Revista de Ciências Sociais*, Universidade Federal do Ceará, v. 48, n. 1, 2007, p. 155-207.

HOLSTON, James. *A cidade modernista*: uma crítica de Brasília e sua utopia. São Paulo: Companhia das Letras, 1993.

JULIÃO, Letícia. Belo Horizonte: itinerários da cidade moderna (1891-1920). In: DUTRA, Eliane de Freitas (Org.). *BH horizontes históricos*. Belo Horizonte: Arte, 1996, p. 49-118.

MESQUITA, Cláudia. A Guanabara comemora os 400 anos da cidade do Rio de Janeiro. In: TURAZZI, Maria Inez; LEITE, João de Souza; MESQUITA, Cláudia. *Rio 400+50 comemorações e percurso de uma cidade*. Rio de Janeiro: Edições de Janeiro, 2014, p. 76-121.

_____. *Um museu para a Guanabara*: Carlos Lacerda e a criação do Museu da Imagem e do Som (1960-1965). Rio de Janeiro: Folha Seca, 2009.

MOTTA, Lia. As cidades mineiras e o Iphan. In: OLIVEIRA, Lucia Lippi (Org.). *Cidade*: história e desafios. Rio de Janeiro: FGV, 2002, p. 124-139.

MOTTA, Marly Silva da. *Rio, cidade-capital*. Rio de Janeiro: Jorge Zahar, 2004 (Coleção Descobrindo o Brasil).

NUNES, Brasilmar (Org.). *Brasília*: a construção do cotidiano. Brasília: Paralelo 15, 1997.

SANTOS, Mariza Veloso Motta. Nasce a Academia Sphan. *Revista do Patrimônio Histórico e Artístico Nacional*, n. 24, 1996, p. 77-95.

SANTOS, Saul Vicente Moreira dos. Minha alma canta, vejo o Rio de Janeiro: a zona sul carioca entre crônicas e canções. Tese (doutorado) — Programa de Pós Graduação em História, Política e Bens Culturais, Centro de Pesquisa e Documentação de História Contemporânea do Brasil, Rio de Janeiro, 2013.

VISCARDI, Cláudia Maria Ribeiro. A capital controversa. *Revista do Arquivo Público Mineiro*, Dossiê: Belo Horizonte: 110 anos depois, a. XLIII, n. 2, jul./dez. 2007, p. 28-43.

11. Rio de Janeiro: um século de transformações

O capítulo pretende abordar a relação entre as reformas realizadas na cidade, entre preservação/restauração e destruição, entre passado, presente e futuro. A literatura que trata do Rio de Janeiro é quase inesgotável. Ao fazer uma escolha, deixamos de fora muitas outras pesquisas e obras que abordam a cidade sob as mais variadas abordagens.

O centro do Rio de Janeiro foi objeto de uma grande reforma urbana na década de 1900 e de outras transformações urbanas ao longo do século XX. Vamos apresentar diversas reabilitações do centro da cidade e de seus espaços públicos e procurar destacar as diferentes formas de lidar com o patrimônio ao longo do tempo. O Rio de Janeiro pode ser observado quase como um sítio arqueológico!

A reforma do Rio de Janeiro na primeira metade do século XX

O Rio de Janeiro aparecia na virada do século XIX para o XX como um local atrasado, insalubre, viciado, perigoso. A população que circulava pela cidade era composta de ex-escravos, libertos e seus descendentes que aqui viviam. A estes eram acrescentadas levas de outros que vinham das decadentes fazendas de café do Vale do Paraíba e que buscavam trabalho nas atividades portuárias da capital. Tal população se concentrava no centro da cidade e ao redor do porto. A tal contingente também se juntavam os migrantes que fugiam das secas do Nordeste e os imigrantes que chegavam à cidade fugindo da pobreza predominante no Sul da Europa.

A República tinha sido proclamada e tentava se contrapor simbolicamente ao Império. O largo do Paço passou a se chamar praça 15 de novembro, a Estrada de Ferro Pedro II, Central do Brasil, e uma nova lista de feriados nacionais foi instituída, valendo citar o do dia 21 de abril, data da morte de Tiradentes. Os primeiros anos da República foram marcados por grande instabilidade política, entre elas as revoltas da Armada na Capital em 1891 e 1893 e a Revolução Federalista no Sul. A eleição do político paulista Prudente do Moraes, em 1894, e do seu sucessor, o também paulista Campos Sales, em 1898, representou o fim da chamada República jacobina e o início da República oligárquica também denominada República dos Conselheiros ou ainda do "café com leite".

O estatuto político a ser assumido pela cidade do Rio de Janeiro após a proclamação da República visava superar o modelo vigente no século XIX quando a monarquia exercia rígida tutela sobre o chamado município neutro. A vida política da cidade passa então a se mover entre a afirmação do poder central que tinha ali sua sede e o princípio de representação política de seus residentes (Freire, 2002). No caso da cidade do Rio de Janeiro, a partir de então Distrito Federal, o executivo municipal passou a ser nomeado pela Presidência da República que governava em conjunto com o Conselho de Intendência Municipal, eleito pela população. Esta também elegia os representantes do Distrito Federal para o Senado e a Câmara. Pode-se dizer que a política do Distrito Federal viveu sob um permanente conflito entre autonomia *versus* intervenção.

O governo Rodrigues Alves que toma posse em 1902 aprofunda a vertente intervencionista na capital, cria a figura do prefeito delegado do poder federal e aprova no Congresso as medidas que resultam no fechamento temporário do Conselho Municipal, dando ocasião ao que ficou conhecido como a "ditadura do prefeito Pereira Passos".

Buenos Aires era em 1880 o maior centro da América Latina e foi objeto de um programa de obras do intendente Torquato de Alvear, que transformou a cidade republicana do século XIX em cidade-capital do novo século. Em novembro de 1900, o poeta e jornalista Olavo Bilac acompanha o presidente Campos Sales em viagem oficial à Argentina e lá pôde admirar as obras realizadas. Ao voltar, Bilac escreve colunas no jornal *A Gazeta de Notícias* elogiando a nova cidade argentina e a compara com o atraso da capital da República brasileira, a mesma capital de d. João VI em 1808.

O Rio de Janeiro era então foco de endemias e epidemias de difteria, malária, tuberculose, lepra, tifo e também de varíola e febre amarela. Para superar esta situação, planejou-se modernizar o porto, sanear a cidade e reformar a capital. Com poderes ilimitados, os responsáveis pela reforma fizeram a obra e, ao levarem a cabo a remodelação da cidade, criaram um imaginário, um modelo de modernização da República.

A remodelação urbana deve ser entendida também como forma de romper com o passado. Era necessário fazer a cidade superar sua imagem vexatória aos olhos das nações civilizadas.

No governo Rodrigues Alves se assiste à valorização da engenharia, entendida como o engenho, a vontade do homem empreendedor capaz de vencer obstáculos e fazer uso da técnica e do conhecimento científico para proporcionar o bem-estar da sociedade (Kropf, 1996). Desde o fim do século XIX o debate sobre a remodelação da cidade abriu espaço para que fosse produzida a identidade deste grupo profissional como agente legítimo de uma nova ordem de progresso e modernidade.

No caso do Rio de Janeiro, a formação da profissão de engenheiro percorreu um longo caminho que começa na Academia Real Militar (1810), transformada em Escola Militar e depois em Escola Central (1858) e, em 1874, em Escola Politécnica do Rio de Janeiro. Sua formação os leva a desenvolver traços comuns, entre eles o pragmatismo, ou seja, fazer da ciência um saber instrumental e operatório. A identidade do engenheiro vai sendo construída em oposição à do bacharel que valoriza a retórica e o saber livresco.

Os engenheiros podem ser vistos como intelectuais, ou seja, como portadores de uma determinada visão explicativa da sociedade e de um projeto no qual eles são os agentes diretos da modernização. Eles, fundamentados no saber técnico-científico, assumem a função de dirigir a ordenação da sociedade. A superioridade da ciência garantiria a legitimidade dos cientistas para apontar os rumos corretos. O progresso associado à civilização constituía a meta a ser alcançada na marcha evolutiva linear e ascendente.

Segundo Simone Kropf (1996), duas instituições-chave — o Instituto Politécnico Brasileiro e o Clube de Engenharia — os tornam, por assim dizer, um grupo profissional e social. Em 1901, no Congresso de Engenharia realizado pelo Clube de Engenharia dentro das comemorações do IV Centenário do Descobrimento do Brasil, são abordadas questões como abastecimento de água, drenagem do solo, ventilação, canalização de esgotos e águas pluviais, orientação e calçamento de ruas e praças, técnicas de construção, construções de habitação e embelezamento. As monografias apresentadas no evento tornam o Clube um agente fundamental da reestruturação da capital e de outras cidades do país.

Paulo de Frontin, Francisco Bicalho, Mário de Oliveira Roxo, Antonio de Paula Freitas, entre outros, vão surgindo como figuras ilustres desse processo. Faz parte também deste grupo seleto Aarão Reis, principal engenheiro e responsável pela nova capital de Minas Gerais, Belo Horizonte. As ruas da cidade do Rio de Janeiro homenageiam muitos deles: Paula Freitas, Paulo de Frontin, Francisco Bicalho, Lauro Muller, Vieira Souto, entre muitos outros, o que indica a presença marcante desses engenheiros que ocuparam cargos relevantes no Distrito Federal e foram responsáveis pela reorganização urbana da cidade.

A reforma da cidade tocada pelos engenheiros no início do século XX teve por fundamento maior as teorias higienistas então em voga — o meio é identificado como fonte dos males físico e moral do homem.

A cidade do Rio de Janeiro seria um exemplo privilegiado da ação corruptora do meio sobre a cidade, com seu clima quente, seus edifícios construídos em terrenos úmidos e com ventilação bloqueada por morros, ou seja, sem as mínimas condições de vida saudável. Tudo isso só dificulta o princípio de circulação e do movimento. O movimento, a circulação significa saúde; o que é parado, estagnado é visto como viciado. Assim, a rua ganha novo significado. É o espaço por excelência da circulação de homens e de mercadorias. Palco para a observação, a rua representa a cidade e a sociedade. Tais premissas estiveram presentes em todas as reformas urbanas realizadas no século XIX, como já foi mencionado nos casos de Barcelona, Viena e Paris.

Os engenheiros postulam para a rua o princípio da linha reta como ideal da cidade racional e o Rio, ao contrário, é um emaranhado de becos, travessas e vielas estreitas e tortuosas a ser enfrentado pela engenharia. "Governar por retas", título de artigo que analisa os engenheiros na *belle époque* carioca de Maria Alice Rezende de Carvalho, ilustra tal princípio (Carvalho, 1994).

Quando o governo Rodrigues Alves toma posse em 1902 e escolhe um engenheiro como prefeito do Distrito Federal, encontra apoio e suporte por parte do Clube de Engenharia. O engenheiro Pereira Passos frequentou a Escola de Pontes e Contensões em Paris, participou das obras da Estrada de Ferro Paris-Lion-Mediterrâneo e do porto de Marselha. Ao retornar ao Brasil, participou de inúmeros trabalhos de engenharia e esteve à frente de várias estradas de ferro, sendo pioneiro no sistema de cremalheiras no país. Construiu a ferrovia para Petrópolis, a linha de ferro entre Curitiba e Paranaguá. No Rio de Janeiro ele planeja e executa a Estrada de Ferro para o Corcovado e o prolongamento dos bondes de Santa Teresa até o Silvestre, passando pelos Arcos da Lapa. Entre seus trabalhos escritos, consta um sobre abastecimento de água na cidade e outro onde apresenta um plano para o alargamento e retificação de várias ruas da capital. Ou seja, é um engenheiro com vasta experiência em estradas de ferro e direção de empreendimentos urbanos.

Rodrigues Alves, ao convidá-lo para assumir a prefeitura do Distrito Federal, sabia de suas qualificações para levar adiante a maior reforma pela qual a cidade passaria até aquela data. Isto também era reconhecido por seus pares e pela elite da cidade. E assim Pereira Passos teve amplos poderes, o respaldo do presidente, e com seu prestígio profissional recebeu também apoio da imprensa. Ao aceitar o convite do presidente Rodrigues Alves, Pereira Passos exigiu seis meses de plenos poderes como condição para aceitar o cargo. Daí inúmeros historiadores mencionarem a "ditadura Passos".

Vamos acompanhar a reforma urbana promovida por Pereira Passos no Rio de Janeiro tomando como fonte preferencial a importante pesquisa que Jaime Benchimol (1992; 2003) realizou e que permitiu a atualização do interesse e do conhecimento a seu respeito. Para fazer do Rio uma vitrine de cidade, foi montada uma comissão responsável pelas obras que envolviam: modernização do porto, o saneamento da cidade a cargo do médico sanitarista Oswaldo Cruz e a reforma urbana propriamente dita. Para empreender tal reforma, foi necessário derrubar inúmeras velhas construções abrindo espaço para as novas avenidas, daí tal atuação ficar conhecida como o "bota-abaixo".

Em relação ao campo da saúde pública, foi proposta a vacinação obrigatória da população, o que deu ocasião a rebeliões na cidade, no caso a revolta popular que paralisou parte da cidade contra a vacina obrigatória, a chamada Revolta da Vacina em 1904 (Sevcenko, 1994).

Vários médicos pesquisadores vão atribuir aos micróbios a causa da febre amarela, mas havia divergência sobre qual micróbio seria o transmissor. Isto gera desacordo entre os próprios médicos sobre o diagnóstico, a profilaxia e o tipo de tratamento a ser adotado. E neste contento surge uma nova geração de bacteriologistas da qual fazia parte Oswaldo Cruz, que vai assumir papel fundamental.

Responsáveis pela orientação e organização da sociedade, os médicos orientam o Estado republicano a decretar a vacina obrigatória. Ao fazer isto, segundo seus críticos, o Estado estaria decretando o fim da autonomia da família e passando a normatizar sobre a vida dos casais, a saúde e higiene dos indivíduos. Este teria sido um dos ingredientes da revolta urbana deflagrada.

Esses intelectuais-cientistas identificam os problemas vividos pela cidade e pela nação, diagnosticam suas causas, sugerem o tratamento. Intervir, curar, sanear, regenerar, educar são os verbos que identificam as ações necessárias para combater o alcoolismo, a sujeira, a doença, o atraso e a insalubridade vigentes.

A preocupação com fluxos, com entradas e saídas leva a ações que visam regular, embelezar, redesenhar/alargar ruas. Criar acessos fáceis, estabelecer ligações entre bairros permitindo livre circulação de mercadorias. Daí que alargar e retificar ruas, abrir praças para criar condições de higiene e garantir a ventilação das casas compunham a agenda de atuação urbanística configurada em inúmeras companhias de "melhoramentos". Faziam parte da agenda dos melhoramentos o escoamento das águas pluviais, a questão do saneamento básico aqui e nas cidades europeias.

A reforma urbana de 1903 envolveu pelo menos dois eixos. O primeiro, a do novo Porto com a abertura da avenida do Cais (atual Rodrigues Alves) ligando o largo da Prainha a outra avenida às margens do canal do Mangue (atual Francisco Bicalho) sob a responsabilidade de Lauro Müller. O segundo eixo, o da avenida Central com cerca de 2 km de mar a mar. Para o caso da avenida Central foi constituída uma Comissão Construtora presidida por Paulo de Frontin, outro grande engenheiro do Clube de Engenharia. Esta Comissão projetou a avenida, a desapropriação e o reloteamento das áreas, a demolição dos prédios, o desmonte de parte dos morros do Castelo e de São Bento, além de promover um "concurso de fachadas" e fiscalizar os projetos dos novos edifícios a serem construídos. Da Comissão Fiscal e Administrativa fizeram parte Vieira Souto e Francisco Bicalho; este fora integrante com Aarão Reis da Comissão Construtora de Belo Horizonte.

No caso do Porto, vale registrar que, para além da sua precariedade, o porto do Rio de Janeiro era o principal do país e terceiro em importância logo depois do de Nova York e o de Buenos Aires. Suas instalações eram obsoletas e não ofereciam condições para dar conta do crescimento do volume do comércio marítimo.

Na área do Porto foi realizado um grande aterro, o que permitiu a construção de 18 armazéns em estruturas de ferro ao longo da nova avenida nomeada Rodrigues Alves que corria em paralelo ao Porto. Até então não havia propriamente um porto. Os navios fundeavam na baía e botes levavam mercadorias e pessoas aos atracadouros. Como a cidade era de tempos em tempos atacada por endemias e epidemias, vários navios recusavam fazer sua parada na cidade. Diante de tal situação, era necessário tomar providências a respeito. A população da cidade ficava à mercê das epidemias e a elite passava a valorizar para moradia os pontos elevados e longe da costa como os bairros de Santa Teresa e do Alto da Boa Vista. Durante tais surtos, a corte e a elite também fugiam para Petrópolis, única cidade construída pelo Império brasileiro. A conclusão da reforma do Porto só se completou em 1911.

A construção da avenida Central e seu embelezamento envolveram a demolição de cerca de 600 a 700 prédios realizada em sete meses e demandou a derrubada das chamadas "cabeças de porco" com a expulsão da população pobre que habitava a região central da cidade. Assim, ela gerou uma onda dos "sem-teto" que moravam nos cortiços.

Pereira Passos, também preocupado em melhorar as condições de abastecimento de alimentos e disciplinar a civilidade, proibiu o comércio de carnes expostas e a criação de porcos e de estábulos de ordenha no centro da cidade. Procedeu também à eliminação dos quiosques de alimentação (gente pobre comendo em pé) para impedir a aglomeração de populares nas novas calçadas da avenida Central.

O baixo valor da indenização aos proprietários dos prédios a serem demolidos foi motivo de inúmeros conflitos. Por outro lado, os inquilinos que ocupavam as casas de cômodo e cortiços foram desalojados sem nada receber e se mudaram para os subúrbios, ou foram morar nos morros próximos ao centro. A população pobre expulsa do centro vai procurar bairros da Saúde, Gamboa e Cidade Nova. Outros vão se fixar no que veio a ser o morro da Favela situado no morro da Providência. Os subúrbios vão ser a alternativa de moradia para setores médios, funcionários públicos, militares, empregados do comércio.

Na avenida Central foram construídos o Teatro Municipal, inaugurado em 1909, seguindo o modelo da Ópera de Paris, o prédio da Biblioteca Nacional e o do Museu Nacional de Belas-Artes, além de 119 prédios. As novas construções na avenida foram resultado de um concurso de fachadas que incorporou o estilo arquitetônico denominado ecletismo, ou seja, a mistura de diferentes estilos. O estilo eclético presente na avenida Central vai também ser adotado na Exposição dos 100 anos da Abertura dos Portos realizada em 1908 na praia Vermelha.

No Brasil, o ecletismo pode ser visto, por exemplo, nos Teatros Municipais das cidades de Manaus, de São Paulo e de Rio de Janeiro. O emprego do ferro fundido para as estruturas de construções como o Theatro José Alencar, em Fortaleza, dos mercados de Manaus, do Ver-o-Peso, em Belém do Pará, e da Estação da Luz, em São Paulo. Estes são exemplos significativos daquela nova maneira industrial de construção civil.

O ecleticismo, uma mistura de estilos arquitetônicos do passado, influenciou praticamente todo o mundo ocidental, e o Brasil não foi nem poderia ser a exceção.

A avaliação desse processo de remodelação da cidade e de construção de prédios na nova avenida, entretanto, não é tranquila. Para os que criticam a cópia de diferentes estilos, o início do século XX é o triunfo do mau gosto e da extravagância, o tempo do "carnaval arquitetônico", como declarou Monteiro Lobato. Seja por terem sido consideradas de mau gosto, seja por serem uma cópia inferior do estilo francês, tais edificações não mereceram nenhuma atenção no sentido da defesa e proteção.

A reforma urbana da capital ganhava ares afrancesados e divergia dos conjuntos urbanos que continuavam a existir no centro da cidade e que eram considerados muito mais próximos de uma cidade oriental. A cidade aparece então dividida entre um novo espaço cosmopolita e antigos padrões que ainda persistiram em diversas áreas urbanas.

O projeto de melhoramento da cidade, tendo como expoente a avenida Central, ficou sendo o modelo do que se deveria considerar "bom gosto", sintetizou o esforço para modificar os hábitos atrasados, enfim, introduziu a capital na chamada *belle époque,* como era divulgado pelas revistas da época. "O Rio civiliza-se", frase célebre da época, condensa o esforço para iluminar as vielas escuras e esburacadas, controlar as epidemias, destruir os cortiços, afastar os pobres do centro da cidade.

O trabalho de Pereira Passos teve continuidade com a gestão de Souza Aguiar, prefeito de 1906 a 1910. Souza Aguiar foi autor do prédio do Palácio Monroe, pavilhão brasileiro para a exposição internacional de Saint Louis em 1904 e que foi instalado na avenida Central (e que veio a ser demolido em 1976), do prédio da Biblioteca Nacional e do Quartel Central do Corpo de Bombeiros no Campo de Santana. Concluiu o Mercado Municipal da praça XV e construiu o pavilhão Mourisco em Botafogo. Souza Aguiar vai também dar continuidade ao projeto de paisagismo para a Quinta da Boa Vista de autoria do francês Glaziou, um dos primeiros paisagistas com atuação no século XIX no Brasil.

Em sua gestão teve lugar a Exposição Nacional Comemorativa do Centenário da Abertura dos Portos inaugurada em 1908. Foi realizada na praia Vermelha, local valorizado por ter sido ali que Estácio de Sá fundou a cidade em 1565.

Os pavilhões desta exposição podem ser citados também como exemplo significativo do estilo de arquitetura eclética. A exposição vai acontecer numa época de crescimento e de estabilidade, depois da fase de estagnação e de crises diversas dos anos iniciais da República. A estabilidade é atribuída ao preço do café no mercado internacional e ao crescimento de recursos advindos da exportação da borracha. E nesta ocasião chegam do exterior tanto capitais quanto mão de obra.

A Exposição de 1908 falava do passado e do futuro. A Abertura dos Portos foi apresentada como uma certidão da independência econômica do país, obtida mesmo antes da independência política de 1822. Mostrava o que o Brasil como nação já tinha alcançado em 100 anos e o que deveria alcançar em termos de progresso futuro. Durante três meses os pavilhões estaduais e as quatro seções — agricultura, indústria pastoril, indústrias e artes liberais — exibiram seus feitos. A exposição foi marcada pela sua intensa iluminação e oferecia atividades esportivas e de lazer tais como montanha-russa, tiro ao alvo, patinação, passeio de balão e queima de fogos. O visitante poderia também comprar cartões-postais da exposição, enviados a seus familiares, imagens estas que até hoje podem ser compradas em feiras de antiguidades da cidade.

Podemos então considerar que o processo de reconstrução urbana e simbólica da capital da República culminou com a realização em 1908 da exposição que coroa, por assim dizer, as transformações na cidade e que serve para mostrar ao mundo a nova capital.

O Rio de Janeiro alcança um milhão de habitantes entre 1872 e 1920. E o número de imigrantes estrangeiros na capital chega a 20% da população total. A população estrangeira é em sua maioria composta de portugueses, seguidos de italianos, espanhóis e sírio-libaneses. Tal fluxo que vem da Europa mediterrânea faz parte de uma migração em massa de caráter mais urbano para a cidade do Rio. Entre os estrangeiros que chegam à cidade estão trabalhadores, construtores e também arquitetos.

No processo de mudança em curso no Rio de Janeiro, voltado para transformar a cidade colonial, os imigrantes tiveram papel relevante. Os portugueses gerenciavam grande parte das atividades comerciais e profissionais, já os italianos foram responsáveis por atividades manuais e técnicas (entre o artesanato e a arte), suprindo a necessidade de uma mão de obra de que o Brasil não dispunha.

Quero ressaltar que o urbanismo e a arquitetura francesa que se concretizaram no Rio de Janeiro foram resultado sobretudo do trabalho de arquitetos, construtores e mestres de obras italianos. Isto pode ser observado a partir do resultado do trabalho da Comissão Construtora da Avenida Central que promoveu um "concurso de fachadas" para os prédios a serem construídos na nova avenida. O projeto vencedor foi o do engenheiro romano Raffaele Rebecchi que imigrou para o Brasil por volta de 1887. Entre outros italianos que se destacam nessa época, está também Antonio Jannuzzi, considerado o maior construtor da avenida. A firma dele e de seus irmãos foi responsável pelo projeto e construção de 12 edifícios na avenida Central e pela construção de outros cinco prédios projetados por Raffaele Rebecchi.

Ao explorar a presença italiana na *belle époque* carioca, Vittorio Capelli (2015) vai também fazer menção a vários artistas de origem e formação italianas. Eliseu Visconti, que deixou sua presença no pano de boca, em painéis decorativos do teto, no friso sobre o palco, no teto da galeria do Teatro Municipal. Visconti também criou o emblema da Biblioteca Nacional que pode ser visto nos vidros das janelas; painéis no saguão do Palácio Pedro Ernesto, então Câmara Municipal do Rio de Janeiro; e em painéis decorativos da Câmara de Deputados, hoje Assembleia Legislativa do Estado do Rio de Janeiro, no Palácio Tiradentes. Henrique Bernardelli e Rodolfo Bernardelli são também mencionados como responsáveis pelas principais pinturas e pelas esculturas do Teatro Municipal do Rio inaugurado em 1909. Para Capelli, a força do paradigma francês e sua influência acabam por apagar a presença italiana e mascarar o caráter híbrido da modernidade carioca. Ainda segundo esse autor, o urbanismo, a arquitetura e as artes visuais assim como a indústria do entretenimento contaram com a presença vigorosa de italianos.

A firma de Antonio Jannuzzi e irmãos (quase um Ramos de Azevedo carioca) é exemplo de imigração de realizadores que construíram muito na cidade. Além dos prédios da avenida Central, foram eles os construtores do prédio do Moinho Fluminense, da igreja metodista em estilo neogótico situada na praça José de Alencar, entre outros. Antonio Jannuzzi conseguiu ganhar o respeito de engenheiros e arquitetos da cidade ao ser aceito no Clube de Engenharia e participar de inúmeras associações beneficentes de imigrantes, assim como de profissionais de sua categoria, como a Associação de Construtores Civis.

Outro arquiteto italiano com presença na cidade é Antonio Virzi, que projetou edificações em estilo *art nouveau*, como a casa na rua do Russel 734, tombada da década de 1980.

Pode-se assim considerar que, no processo de urbanização e modernização do Rio de Janeiro, os italianos desempenharam, ao oferecer um profissional de artes e ofícios, "um precioso e astuto papel de suplente".

O que marcou o espírito da época foi inegavelmente o ecletismo francês. Ele deixou suas marcas na cidade para além da arquitetura "carnavalesca" também denominada "bolo de noiva" da avenida e da Exposição de 1908. Diferentes de tal estilo "carnavalesco" podem-se citar como exemplos primorosos o hotel Copacabana Palace, o Palácio das Laranjeiras e várias outras construções encomendadas pela família Guinle nas décadas de 1910 e 1920.

Eduardo Guinle é quem traz o arquiteto Joseph Gire para o Rio ao encomendar em 1916 a construção do Palácio Laranjeiras. Vigoroso representante da arquitetura francesa chamada "estilo internacional", estilo da *beaux-arts* desenvolvido na escola de Belas-Artes de Paris, se tornou referência para tudo que é considerado bom gosto e sofisticação no Brasil e no mundo ocidental. A partir de então ele vai construir, em 1922, o prédio da Companhia de Seguros SulAmérica, o Hotel Glória, em 1923, e o Copacabana Palace, em 1924, além da residência Paula Machado em Botafogo (hoje Casa Firjan), entre outros. O cais de passageiros na praça Mauá, também de Gire, e os hotéis confirmam a exibição de uma cidade que pretendia ser a "Paris dos trópicos" para os visitantes que por aqui chegavam. Uma de suas últimas atuações no Rio foi a construção do prédio do jornal *A Noite* na praça Mauá, onde faz uso de técnica pioneira do concreto armado e está guiado pelo ideal dos arranha-céus de Manhattan e em estilo distinto, já que ali ele adere ao *art déco* (Cohen, Cabot e Gire, 2014).

Joseph Gire fez parte da Comissão Executiva da Exposição Internacional do Centenário da Independência em 1921-22, quando outro estilo arquitetônico, o neocolonial, se apresenta como representante de valores mais "nacionais", como tratamos no Capítulo 9.

A Exposição do Centenário da Independência em 1922, como a do Centenário da Abertura dos Portos em 1908, está sinalizando momentos comemorativos da cidade e do país. Comemorar quer dizer lembrar junto. E para isto ser possível é necessário que a história e a memória sejam acionadas, tornando eventos, autores e conflitos conhecidos e reconhecidos pelas novas gerações. As Exposições de 1908 e de 1922 cumpriram assim o papel de realçar, de exibir momentos memoráveis do passado, aqueles que teriam forjado o orgulho de ser brasileiro.

Se a reforma urbana do início do século XX no Rio de Janeiro recebeu um estudo consagrador de Jaime Benchimol (1992), onde Pereira Passos foi nomeado como um "Haussmann tropical", novos estudos vão relativizar tal alcunha.

A reforma realizada nos anos 1902-06 no centro do Rio continua merecendo novas pesquisas como a de André Nunes de Azevedo (2016). O autor vai explicitar uma diferenciação mais nítida entre as atribuições do poder federal e do municipal na reforma da cidade. Vai falar em duas reformas que seriam equivocadamente denominadas "reforma Pereira Passos". Uma, sob a direção do governo federal e tendo sua execução a cargo dos engenheiros do Clube de Engenharia e que envolveu a construção de grandes avenidas: a do Cais do Porto (com a conclusão do Canal do Mangue e as vias de acesso ao Porto), a avenida Central, a avenida Rodrigues Alves e a avenida Francisco Bicalho. A outra reforma, esta sim sob a coordenação e direção de prefeito Pereira Passos, foi a avenida Beira-Mar e a ligação do Passeio Público ao largo do Estácio, além do alargamento de diversas ruas do centro.

Azevedo vai também questionar ser a reforma Pereira Passos uma "cópia" da reforma Haussmann. Segundo o autor, Passos quis sempre aproveitar o relevo e os acidentes geográficos, como pode ser constatado ao projetar a avenida Beira-Mar seguindo a linha sinuosa do litoral. Todos estes indícios seriam contrários às características atribuídas ao projeto de Haussmann realizado em Paris. Ao recusar seguir os mesmos parâmetros da reforma parisiense na sua parte no plano de transformação do Rio, ele deixaria de ser um mero copiador, um seguidor ingênuo.

É sempre possível instituir novos olhares, fazer correções e produzir novas reflexões a respeito da atuação de Pereira Passos, mas não é possível negar que a reforma Haussmann exerceu uma enorme influência e tenha sido o horizonte, o padrão desejado para a reforma do Rio de Janeiro.

Este período de grande transformação na cidade contou com o fotógrafo Augusto Malta, contratado pela municipalidade para registrar todo o processo, o que faz o Rio de Janeiro dispor de um impressionante acervo de imagens de sua evolução urbana. As exposições de 1908 e a de 1922 também contam com fotografias de Malta (Oliveira, 2002).

As transformações aparecem também documentadas nos escritos de João do Rio que falam da cidade que surge e da cidade que está desaparecendo. João do Rio, pseudônimo de Paulo Barreto, em sua obra *A alma encantadora das ruas* vai tratar de sapateiros, jornaleiros e vendedores ambulantes que atuam na cidade, muitos deles italianos. Lima Barreto, em *O triste fim de Policarpo Quaresma*, mostrará a vida nos subúrbios.

A outra intervenção importante do poder público no Rio após a reforma Pereira Passos foi realizada na prefeitura de Carlos Sampaio, tendo por ocasião exatamente a realização da Exposição Internacional do Centenário da Independência em 1922 (Kessel, 2001). Foi então que teve lugar o arrasamento total do morro do Castelo.

Pode-se dizer que naquele momento a modernização do centro da cidade lidou mal com os vestígios do passado, já que com a demolição do morro do Castelo se apagaram as pegadas do local de fundação da cidade — a igreja consagrada a São Sebastião, o colégio dos jesuítas fundado por Anchieta e Nóbrega, a cadeia e a sede do governo no século XVI. O marco original em granito e considerado comemorativo de posse e fundação da Cidade do Rio de Janeiro por Estácio de Sá, provavelmente de 1565 e que ficava no pátio desta Igreja, foi transferido para uma nova igreja, também sob os cuidados dos "capuchinhos", construída no bairro da Tijuca. Uma lápide histórica e os restos mortais que seriam de Estácio de Sá, fundador e herói da Cidade do Rio de Janeiro, que também se encontravam na Igreja de São Sebastião, com a demolição, foram transladados para a nova Igreja da Tijuca, e posteriormente para o Monumento à Estácio de Sá situado no parque do Flamengo.

Vale lembrar que até 1922 os vestígios do passado colonial não recebiam maior atenção. Só no final da década e mais tarde, em 1934, com a criação da Inspetoria dos Monumentos Nacionais, no Museu Histórico Nacional, sob a inspiração de Gustavo Barroso e que se dedica a restaurar monumentos de Ouro Preto, vai ser valorizada a principal relíquia do passado. Tais iniciativas culminaram com a criação do Sphan em 1937, como foi abordado no capítulo 8.

A literatura considera que durante os anos 1920 tínhamos duas correntes relativas ao urbanismo. Uma que propõe a realização de obras de melhoramentos e outra que a ela se opõe e defende a necessidade de planos diretores. Nas duas deseja-se preparar a cidade para o futuro.

A vertente que defendia a necessidade de um plano geral para o Rio de Janeiro recebe apoio do Rotary Club, o que vai influenciar a vinda do urbanista francês Alfred Agache em 1927, quando o prefeito Prado Júnior o contrata para elaborar um plano de embelezamento e melhoramentos para o Rio. Agache, que foi secretário-geral da Sociedade Francesa de Urbanistas, elabora um plano para o Rio de Janeiro em 1928 (Rezende, 2012).

A Esplanada do Castelo, espaço aberto após a conclusão do arrasamento do morro do Castelo e usado na Exposição do Centenário em 1922, teve então sua urbanização planejada por este arquiteto francês em 1928. Seu plano, considerado o primeiro plano da cidade, entretanto, não foi realizado. Foi criada uma Comissão para realizar, gerenciar o plano, mas nada disto teve andamento já que com a Revolução de 1930 o prefeito Antonio Prado deixou a prefeitura. Mesmo assim, tal plano é considerado o primeiro plano da cidade, depois dele, outros se seguiram. Se o plano de Agache não chegou a ser realizado como um todo no Distrito Federal, o arquiteto prestou à época consultoria a várias outras cidades no Brasil, inclusive a Porto Alegre.

Nas décadas de 1930 e 1940 acontecem mudanças políticas, econômicas e sociais que se refletem nas cidades e em sua gestão. O processo de centralização do poder político após a Revolução de 1930 e mais ainda após a decretação do Estado Novo em 1937 fortalece o governo federal que passa a nomear os governadores, os "interventores" dos Estados e os prefeitos das capitais.

Na década de 1930, ali na Esplanada do Castelo, espaço este resultante da reforma Carlos Sampaio, terá lugar a construção dos prédios que ficarão como marca do governo Vargas — o Ministério do Trabalho (1934), o da Fazenda (1941) e o da Educação e Saúde (1946), sendo este último um ícone da arquitetura modernista no Brasil.

O modelo da cidade moderna com seus arranha-céus, a criação dos subúrbios e o automóvel como meio de locomoção já se tornaram dominantes. A separação da cidade por funções já se fazia presente no urbanismo moderno que passa a demandar plano diretor e zoneamento.

Entre a corrente dos "melhoramentos" e a dos planos diretores, surgiu um novo tipo de urbanismo moderno, que pretendeu criar uma nova cidade. As visitas de Le Corbusier ao Rio (1929, 1936) confirmam a presença aqui desta corrente da arquitetura moderna que abandona a luta pelo planejamento e se centra na questão da forma e função. Tal vertente centra o foco sobre a quadra e seu melhor aproveitamento se opondo à quadra com área interior, resíduo da rua corredor, presente no plano de Agache (Rezende, 2012).

Vale ressaltar que vários prédios modernos foram construídos no centro da cidade. O da Associação Brasileira de Imprensa (ABI), cujo concurso foi ganho pelo escritório dos Irmãos Roberto e que se configura assim como o primeiro prédio modernista no Brasil. O prédio do Aeroporto Santos Dummont, inaugurado em 1945, é também projeto dos Irmãos Roberto, bem como o edifício do Instituto de Resseguros do Brasil (IRB), projetado em 1940 e construído na avenida Marechal Câmara em um dos espaços resultantes do desmonte do morro do Castelo. Tais projetos fizeram uso dos postulados da arquitetura moderna. A cobertura do IRB tinha um jardim projetado por Burle Max e painéis de mosaico de Paulo Werneck. O reconhecimento do papel pioneiro dos Irmãos Roberto foi de algum modo eclipsado pela epopeia da construção do Ministério da Educação e Saúde.

Sobre a predominância da arquitetura moderna na cidade, é indispensável consultar os trabalhos de Lauro Cavalcanti, entre outros, *Modernistas na repartição* (1993), *As preocupações do belo* (1995) e mais recentemente com o trabalho nomeado como uma "biografia do palácio Capanema" (2018), onde veem sendo tratados com atenção e competência os caminhos da arquitetura modernista e a biografia dos principais envolvidos. Para que a arquitetura moderna se fizesse marcante nos anos 1930 na capital da República, foi fundamental a conexão entre arquitetos modernos e políticos e intelectuais mineiros, conexão esta que passa pelo ministro da Educação, Gustavo Capanema, e por Rodrigo Melo Franco, figura central da criação do Iphan.

O governo do Distrito Federal e da União fizeram reformas, obras de melhoramentos, bem como encomendaram planos e projetos. O estado atuou na cidade de diversas perspectivas e o sucesso foi maior quando a decisão de intervir se conjugou à existência de recursos. Isto aconteceu nas gestões dos prefeitos Pereira Passos (1902-06) e Henrique Dodsworth (1937-45).

Em 1938, foi realizada a XI Feira Internacional de Amostras do Rio, onde a prefeitura do Distrito Federal apresenta projetos elaborados pela Comissão do Plano da Cidade para a área da Esplanada do Castelo e para o desmonte do morro de Santo Antônio, cuja terra foi utilizada no Aterro do Flamengo. Tal exposição é visitada por Vargas que ali se compromete com a abertura da avenida do Mangue, depois nomeada de avenida Presidente Vargas (Rezende, 2012).

Uma nova onda de atuação do governo federal na transformação da cidade do Rio de Janeiro acontece quando Henrique Dodsworth, sobrinho e chefe de gabinete de Paulo de Frontin, foi nomeado prefeito. A Comissão do Plano da Cidade anteriormente mencionada vai dar origem ao Departamento de Urbanismo encarregado de elaborar projetos para a cidade, enquanto a Secretaria de Viação e Obras (sob a direção de Edson Passos) se encarregava da execução.

O governo municipal de Henrique Dodsworth atuou fortemente na cidade realizando obras que, muito menos comentadas e estudadas, marcaram a vida do Rio. Estão entre elas a urbanização da esplanada do Castelo, a avenida Perimetral, o corte do Cantagalo, o início da avenida Brasil, além da construção da avenida Presidente Vargas onde se situam o prédio do ministério da Guerra (hoje Palácio Duque de Caxias) e o prédio da Central do Brasil (Lima, 1995).

Na gestão de Henrique Dodsworth houve um grande número de obras e não um plano diretor. Mesmo assim, a Comissão do Plano da Cidade teve o papel de construir as bases para a institucionalização do urbanismo na prefeitura da cidade com a criação em 1945 do Departamento de Urbanismo. Tal Departamento teve um papel da maior importância na política urbana na cidade e vai ser dirigido ora pelo engenheiro José de Oliveira Reis, ora pelo arquiteto Affonso Eduardo Reidy.

Reidy, importante figura do grupo original de arquitetos modernistas, foi autor do projeto do Conjunto Residencial Prefeito Mendes de Moraes, conhecido como Pedregulho, para funcionários públicos do município e do edifício do Museu de Arte Moderna. O Pedregulho conferiu ao arquiteto reconhecimento internacional. Carmem Portinho, engenheira, urbanista e feminista brasileira, foi diretora da *Revista Municipal de Engenharia* do Distrito Federal, principal divulgadora dos projetos modernos no Brasil nos anos 1930 e 1940, foi sua companheira e quem deu continuidade aos trabalhos de construção do MAM após a morte de Reidy aos 55 anos, em 1964.

Voltando ao caso da avenida Presidente Vargas, foram desapropriados 525 prédios para construir a faixa central e as laterais da avenida. Ali se fizeram prédios com galerias. A avenida foi feita em três anos e para sua construção a prefeitura se valeu de lei vigente desde o tempo de Pereira Passos que avaliava o prédio para desapropriação pelo valor declarado, o que gerou inúmeros protestos.

E para viabilizar as obras de abertura da avenida Presidente Vargas foram criadas as obrigações urbanísticas (OU) como sistema de financiamento. A área desapropriada foi demarcada em uma série de lotes. Para cada lote foi emitido um título — Obrigação Urbanística, com caução do Banco do Brasil, com o valor do lote. Devido ao grande volume de recursos, a Prefeitura pagou parte da desapropriação e foi executora das obras de galeria de águas pluviais, pavimentação, arborização, meios-fios. O BB vendia os títulos, se ressarcia do empréstimo e o lucro na venda do lote era revertido ao tesouro da prefeitura. Assim, o estado foi o condutor das ações de urbanização, mas também seria o beneficiário da valorização fundiária resultante das obras. A conclusão deste projeto demorou muito. Vários lotes ficaram vazios por muito tempo.

O caso da abertura da avenida Presidente Vargas também merece atenção por envolver a derrubada de muitas casas, a redução do tamanho do Campo de Santana e também pelo caso conhecido de igrejas barrocas que foram tombadas e "destombadas" por ocasião das obras. Entre as igrejas históricas demolidas para dar passagem à avenida estão a Igreja de São Pedro dos Clérigos datada de 1733, a de São Domingos e a mais lembrada, a de Bom Jesus do Calvário. Entretanto, a Igreja da Candelária, que se situa exatamente no centro do traçado da avenida, foi poupada. Igrejas coloniais já tombadas pelo Iphan foram, por assim dizer, destombadas para permitir que a avenida fosse construída. Tudo isto foi possível já que estávamos em uma ditadura.

Outra obra importante de Henrique Dodsworth, como já foi mencionado, foi a construção da avenida Brasil. Nos anos 1940 a cidade está tendo grande crescimento demográfico e industrial. As indústrias desde a Primeira Guerra vão ocupar terrenos nos subúrbios servidos por trens e mais adiante elas se dirigem para a região metropolitana. Manteve-se a indústria fora da Zona Sul e da Zona Norte. Daí a importância da abertura da avenida Brasil em 1946.

É relevante observar que vários prefeitos nomeados pelo governo federal durante o Estado Novo deixaram suas marcas nas capitais de seus estados, valendo citar Henrique Dodsworth no Distrito Federal, Prestes Maia em São Paulo e Juscelino Kubitschek em Belo Horizonte. Cada um deles foi pródigo em realizar obras de mobilidade nas suas respectivas capitais.

A transformação do Rio de Janeiro na década de 1960, quando o Distrito Federal se torna o estado da Guanabara tendo por governador Carlos Lacerda, já foi apresentada no capítulo 10. Só cabe registrar aqui que o governo Lacerda encomendou um outro plano para a cidade — o chamado plano Doxiadis — que sofreu muita rejeição por parte dos engenheiros e urbanistas nacionais (Rezende, 2012).

Ao registrar as atuações do poder público ao longo do século XX na cidade do Rio de Janeiro, oscilamos entre considerar que a cidade trata mal seu passado e que o seu centro vai sendo abandonado ou, ao contrário, reconhecer que o centro da cidade ainda guarda marcos originais que foram construídos desde os tempos coloniais. O livro de Carlos Lessa, *O Rio de todos os Brasis: uma reflexão em busca de autoestima* (2000), expressa esta última vertente. Lessa observa que no espaço em torno da rua Direita, atual rua 1º de Março, se encontra, do lado esquerdo, o Convento do Carmo, a antiga Sé, a igreja do Carmo e, mais adiante, do lado direito, a Santa Cruz dos Militares. No largo do Paço, hoje praça XV, se encontra o Arco do Teles entre outros marcos dos tempos coloniais. Edificações do século XIX, como o Centro Cultural Banco do Brasil, os Correios e Telégrafos e a Casa França-Brasil, também resistiram e puderam ser incluídas no projeto do Corredor Cultural. Segundo o autor, o centro do Rio contemporâneo guarda muito do centro do Rio colonial. Neste sentido, a cidade pode ser olhada como um "sítio arqueológico", já que nela se encontram importantes vestígios de seu passado.

Até aqui pudemos observar que, no ímpeto da realização de múltiplas obras para remodelar a cidade, pouca atenção foi dada ao seu patrimônio histórico. Um exemplo de tal procedimento foi a destruição do prédio da Escola Nacional de Belas-Artes (de Grandjean de Montigny, membro da chamada Missão Francesa no século XIX) no início dos anos 1930. A demolição tinha por finalidade abrir espaço para a construção de um novo prédio para o Ministério da Fazenda, o que acabou não acontecendo naquele local. Seu portal foi transferido para o Jardim Botânico e ainda pode ser visto em sua aleia principal. Isto apenas confirmaria que a cidade trata mal seu passado?

A pouca valorização do passado também continua a se fazer presente nos anos 1970, valendo citar algumas construções que foram objeto da especulação imobiliária e da pouca importância dos órgãos de preservação. Um dos casos mais lamentáveis se refere ao Solar Monjope. Construído em meados da década de 1920, à margem da lagoa Rodrigo de Freitas, constituiu um expoente da arquitetura neocolonial, estilo este também presente em pavilhões da Exposição do Centenário da Independência em 1922. Sua demolição foi realizada na década de 1970 e deu lugar a um conjunto de edifícios residenciais.

A década de 1970 também assistiu à demolição do Palácio Monroe, projetado pelo engenheiro militar, ex-prefeito, Souza Aguiar, autor também do prédio da

Biblioteca Nacional, para representar o Brasil na Exposição Internacional de Saint Louis, nos Estados Unidos, em 1904. O prédio foi desmontado, reconstruído no Rio e oficialmente inaugurado em 1906 na avenida Central. Na década de 1970 teve seu pedido de tombamento negado pelo Iphan, mas acabou sendo demolido em 1976.

Este episódio é considerado por muitos o ponto de inflexão na política de preservação dos centros urbanos no Brasil.

A valorização e restauração do centro histórico

Em contraposição aos casos citados, a restauração de parte do centro histórico do Rio de Janeiro a partir dos anos 1970 vai se modificar. Novo tipo de intervenção vai ter lugar agindo sobre o passado que conseguiu permanecer e que se encontra deteriorado/abandonado na cidade. Então vai se falar de restaurar (instaurar de novo?). Vamos agora acompanhar o projeto do Corredor Cultural e o do Circuito Mauá.

É certo que a avenida Rio Branco, construída pela reforma de Pereira Passos no início do século XX, se renovou a cada 25 anos e só se mantiveram de pé dois ou três edifícios oriundos da reforma de 1902-05. Isto confirmaria a primeira vertente — a cidade desconsidera seu passado. Por outro lado, a cidade conservou uma outra parte do centro e, para surpresa de muitos, o Rio se torna mesmo a primeira grande metrópole no Brasil a se preocupar, a se mobilizar contra a sua destruição.

Um exemplo de área antiga, dos séculos XVII e XIX, que se manteve e resistiu às investidas da indústria imobiliária é a região entre a avenida Rio Branco e o Campo de Santana. Ali permaneceu de pé um conjunto de casas velhas, sem grande interesse e que corria o risco de ser demolido a qualquer momento. Bens de pouco valor arquitetônico e que não tinham sido tombados por nenhum dos órgãos de patrimônio. Tal região manteve suas características originais.

Em suas origens, o projeto de restauração nasceu de um trabalho que o arquiteto Augusto Ivan de Freitas Pinheiro apresentou, ainda na década de 1970, ao Institute of Housing and Urban Development, na Holanda, onde fazia uma pós-graduação em planejamento urbano e regional. Estava ele particularmente interessado na região da Sociedade dos Amigos e das Adjacências da Rua da

Alfândega (Saara) e no comércio remanescente no local, que sobrevivia a todas as transformações acontecidas no seu entorno desde a virada para o século XX (Pinheiro, 2002b).

A Saara (com seu traçado colonial de lotes estreitos e compridos), a praça XV (com seus monumentos intercalados de arquitetura civil e religiosa), a Lapa/Cinelândia (com seus sobrados de estilo eclético), a área em torno da rua da Candelária vieram a compor o projeto do Corredor Cultural, criado pelo prefeito Israel Klabin, em 1979, e considerado um marco da recuperação do centro do Rio de Janeiro.

A área total do Corredor Cultural abrange 1.294.625 metros quadrados da região central da cidade. Como incentivo à recuperação dos imóveis, a Prefeitura reurbanizou ruas, largos e praças, investiu na iluminação de monumentos e prédios públicos, concedeu isenção fiscal para os proprietários que requalificassem seus edifícios.

A experiência do Corredor Cultural merece mesmo especial atenção. Tal projeto, como já foi dito, teve como figura central o arquiteto Augusto Ivan, coordenador do projeto entre 1981 e 1982 e entre 1985 e 1989. Foi desenvolvido pela Secretaria de Planejamento do Município, tendo obtido o apoio por parte do então prefeito Israel Klabin ao criar Câmaras Técnicas, tendo a do Corredor Cultural contado com um grupo de notáveis como Raquel Jardim, Rubem Fonseca, Nélida Piñon, Sérgio Cabral, Ítalo Campofiorito e Aloísio Magalhães, substituído depois por Lélia Coelho Frota. Assim, foi possível mobilizar a sociedade em torno da questão da preservação daquela área e defender a aprovação do projeto que tramitou na Câmara de 1979 a 1984. E, importante registrar, tal projeto teve continuidade em governos subsequentes. No primeiro governo de Cesar Maia, em 1993, Augusto Ivan assume a subprefeitura do Centro (responsável pelas regiões administrativas do Centro, Portuária, São Cristóvão, Santa Teresa, Rio Comprido e Paquetá), cargo que ocupou até 2001 (Pinheiro, 2002a).

Para viabilizar o Corredor Cultural várias iniciativas foram necessárias: preservar o casarão suporte da atividade comercial, corrigir meios-fios e ruas, incentivar música nas igrejas, entre muitas outras atividades. O arquiteto organizou em 1985 uma publicação que procura mostrar como recuperar, reformar ou construir seu imóvel no Corredor Cultural (Pinheiro, 2002a). Ali entrou em funcionamento a parceria público-privada voltada para a realização de muitas obras pontuais. Para pôr em prática o projeto foi necessária a negociação com proprietários de imóveis e/ou de negócios, como no caso do trabalho executado na rua do Lavradio. Ali o restaurante Rio Scenarium e a feira de antiguidades no primeiro sábado de cada mês tiveram valor exemplar.

O projeto teve características específicas. Uma delas, pode-se dizer, era não envolver obras grandiosas. Por outro lado, foi possível dar continuidade aos trabalhos de restauração que foram acontecendo por 25 anos. Nas gestões de Israel Klabin, Marcelo Alencar, Cesar Maia, Conde e novamente Cesar Maia foram sendo realizadas em parte. Já foi dito que foi mais um processo do que propriamente um projeto. Seu sucesso dependeu da continuidade administrativa, o que não é muito comum na política brasileira.

A valorização de prédios antigos a partir da década de 1980 levou a cidade do Rio de Janeiro a ter mais de 10 mil prédios preservados em bairros como bairro Peixoto e Lido, Paquetá e Santa Teresa. Nesta década se assiste a uma tendência global de requalificações de áreas urbanas centrais abandonadas e decadentes.

O Centro da cidade conta com áreas de prédios coloniais que passaram pelo chamado enobrecimento, como Centro, Lapa e que integram o Corredor Cultural. Mais recentemente, a praça Tiradentes foi também restaurada e as obras de reestruturação urbana chegaram ao Porto e à praça Mauá, como veremos adiante.

O Corredor Cultural é considerado a primeira experiência que resulta da reação da população contra a destruição da memória da cidade, do ambiente em que as pessoas viviam, de suas referências. Recebeu o apoio da imprensa que o protegeu e garantiu sua continuidade, e o apoio de quem usa os lugares, os moradores. O projeto foi a primeira política pública municipal de preservação de sítio histórico que envolveu um planejamento participativo.

Tal projeto foi seguido pelo projeto Sagas (iniciais dos bairros Saúde, Gamboa e Santo Cristo), deflagrado a partir das demandas de associações de moradores em conjunto com representantes de órgãos governamentais. Esta iniciativa reivindicou uma nova legislação e deu origem à primeira Área de Proteção do Ambiente Cultural (Apac).

Por fim, o Corredor Cultural influenciou o processo de revitalização do bairro da Lapa, projeto em que o Instituto Estadual do Patrimônio Cultural (Inepac) assumiu a coordenação. A Lapa, bairro histórico que estava marcado pela marginalidade e por atividades ilícitas, vai ter imóveis preservados e restaurados, bem como se faz a abertura de espaços para que fosse possível a apreciação dos Arcos da Lapa. São também promovidas diversas atividades culturais, entre elas a transferência do Circo Voador, situado na praia do Arpoador, para o prédio da antiga fábrica de fogões, a Fundição Progresso (Barros, 2018).

Nos casos citados, importam a casa, a rua, o bairro e as relações de seus habitantes com o meio. Tudo isto conseguiu sobreviver e aconteceu graças à resistência de seus moradores, ao apoio de associação de moradores e ao novo olhar dos técnicos responsáveis pela política pública de urbanismo do município.

Vamos aqui abrir um parêntese para abordar as intervenções do arquiteto e antropólogo Carlos Nelson Ferreira dos Santos. Sua crítica dirigida às premissas e atuações da arquitetura moderna e do patrimônio nas cidades deixou marcas que precisam ser ressaltadas. Ele foi uma das inspirações ao tipo de atuação anteriormente mencionada.

Carlos Nelson ousou criticar projetos urbanísticos do Rio de Janeiro como o da avenida Chile, de autoria de Afonso Eduardo Reidy, um dos ícones do modernismo na arquitetura brasileira. Ou mesmo o aclamado e consagrado projeto de Brasília que juntou Lúcio Costa e Oscar Niemeyer. Observava o autor que os arquitetos e urbanistas modernistas nos anos 1960 já detinham a hegemonia no ensino e no processo de definir o que deveriam ser a "boa" arquitetura e o "bom" urbanismo para o Brasil.

Ele ousou também questionar os procedimentos do Iphan. Seu pensamento em relação entre preservação/restauração e a dinâmica do fenômeno urbano nos ajuda a compreender as suas divergências perante o legado do Iphan. Vale citar o desafiador título de um de seus artigos publicado em 1986: "Preservar não é tombar, renovar não é pôr tudo abaixo."

Houve nos anos 1990, como ainda há hoje, controvérsias sobre o que preservar e o que destruir, assim como o quanto preservar e o quanto destruir. Tal dialética acaba por criar a dicotomia: cidades que se transformam sem parar e cidades que param, e estas últimas "viram museus, cemitérios, cenários de turismo" (Santos, 2017).

O autor vai então focar sua análise sobre a questão dos bairros centrais que concentram benefícios urbanísticos e que no passado foram reservados para os mais ricos e para atividades nobres. Com as obras, o "resto" vai sendo expulso para espaços mais pobres e "diferenciados", assim nomeados, já que, em particular no Rio de Janeiro, há favelas que ocupam espaços invejáveis. O centro das cidades costuma conservar casarões, hospedarias que passam a ser vistos como "resíduos" e que se tornam "reservas" para futuras intervenções. Nelas se abrigam múltiplas vocações que são vistas como anacrônicas, que representam desordens ante a ordem que técnicos e especialistas tentam implantar.

Importa registrar como Carlos Nelson apresenta sua versão da história do patrimônio no Brasil. "De repente, arquitetos e outros intelectuais notáveis (e sonhadores...) descobriram que já tínhamos alguma história e que ela se exibia, sem proveito, através de edificações desprezadas, caindo aos pedaços ou (pensavam...) conservadas por milagre" (Santos, 2017:238). E continua: em tal ideário pode se ver a combinação de surtos de nacionalismo com internacionalismo, o grande sonho do país jovem a realizar seu grande futuro.

Tais pioneiros foram bem-sucedidos em sua cruzada e, a partir dos anos 1930, conseguiram construir um pensamento, uma consciência a respeito. Assim, quando se pensa em preservar, se pensa logo em tombamento. Também se consagrou a crença de que cabia ao governo resguardar o que valia a pena. Especialistas teriam o direito (*o poder-saber*) de analisar edifícios e atribuir distinção a algum deles sacralizando-os. Assim consagraram o que já estava consagrado — conventos, mosteiros, igrejas, palácios, fortalezas, sedes de fazenda... —, os símbolos do poder. Naquela ocasião "decidiu-se esfriá-los com a antiguidade" e, assim, quanto mais perto dos séculos XVI ou XVII, melhor.

Daí que se torna extremamente difícil reconhecer o valor de edifícios do século XIX ou, mais ainda, do século XX, a não ser aqueles que nascem como "expressão definitiva e irrecorrível da transcendência do poder" (aqui, creio, ele se refere a edifícios como o do Ministério da Educação). Para ele, já não é tão prioritário tombar edifícios monumentais. Ninguém saberia mais o que fazer com eles e começa a ficar difícil inventar e conservar tantos museus (Santos, 2017).

A preservação, como vem sendo praticada, desagrada a todos: o governo que tem que conservar sem ter condições, os proprietários que sentem seu direito proibido e o público que vê seu bar favorito ser derrubado, o cinema, as calçadas, espaço de intermediação entre a casa e a rua, os edifícios onde se podia morar e trabalhar, tudo deteriorado e/ou erradicado. Nesse processo, obviamente, não entrava em consideração o que os moradores e usuários pensavam ou achavam, o que valorizavam naqueles espaços que constituíam seu dia a dia, seu cotidiano.

Os planos de "renovação urbana" deslocam os antigos moradores e com isso substituem hábitos culturais antigos e vistos pelos técnicos como desprezíveis. A renovação priva as áreas de serviços, de pequenos negócios. Isso vem acontecendo nas cidades brasileiras com a substituição de espaços centenários por novos que "excluem a mistura, especializam, isolam". Onde havia antes quarteirões e bairros cheios de vitalidade são criados espaços vazios e estacionamentos, ou seja, terrenos baldios. Tais centros urbanos com seus bairros antigos e vazios são resultado da decadência provocada.

No Brasil foram grandes os fracassos das renovações urbanas. Os vazios produzidos pela "renovação" não foram ocupados pela expansão imobiliária que preferiu lugares mais bem equipados.

Carlos Nelson Ferreira dos Santos, vale registrar, escreve tais análises em 1987. Foi combativo, ganhou muitos oponentes, mas teve um importante papel na renovação do pensamento a respeito da restauração de centros históricos como o do Rio de Janeiro.

As regiões centrais do Rio de Janeiro, cujo abandono vai sendo vencido a partir dos anos 1980, resultaram de um processo contínuo de esvaziamento. Seus sobrados foram abandonados como local de moradia das camadas mais ricas da população que migraram para os novos bairros recém-abertos e que seguiam sempre em direção da Zona Sul. Só para lembrar o caso de Copacabana que será "vendido" como uma espécie de Riviera francesa a partir dos anos 1920, e mais à frente Ipanema e Leblon (O'Donnell, 2013). Tal abandono do centro da cidade não é uma característica particular do Rio de Janeiro.

O abandono e a recuperação/restauração de centros históricos aconteceram em outras cidades do Brasil, como no caso do Pelourinho em Salvador e do centro histórico do Recife. Cada um dos casos seguiu um processo particular e teve a ação de diferentes políticas de patrimônio do município e do estado. Outras cidades do mundo também são exemplos de tal processo, valendo citar o projeto de recuperação do fantástico centro histórico de Havana patrocinado pela Unesco.

Requalificação do porto

O processo de requalificação do porto do Rio de Janeiro, construído no início do século XX, envolveu uma nova intervenção realizada a partir dos anos 2010. Aqui se fala de reabilitação/requalificação/revitalização. Derruba-se parte do foi construído ao longo do tempo, acrescenta-se o novo, restaura-se o velho. Junta-se o novo ao velho, o novo ao antigo. Naquele local também foram descobertos importantes vestígios de um passado mais antigo ainda.

Se Paris foi o paradigma da reforma do Rio de Janeiro no início do século XX, Barcelona será o modelo a ser seguido na reforma do porto do Rio de Janeiro no início do século XXI.

Entre as intervenções realizadas em áreas centrais de diversas cidades do mundo, a de Barcelona foi uma das mais bem-sucedidas e conseguiu se tornar um novo paradigma. Tal reforma vai ser tomada como modelo para as transformações que passaram a ser realizadas a partir dos anos 1980 em diversos portos pelo mundo.

Barcelona já tinha sido objeto de reforma urbana acontecida no século XIX que abriu as muralhas da cidade medieval e levou a cidade a uma posição de vanguarda no campo do urbanismo, como mencionamos no capítulo 4.

O sucesso da operação urbana empreendida em Barcelona tornou a cidade reconhecida no panorama internacional por seu pioneirismo ao enquadrar a requalificação da zona de seu porto ao planejamento estratégico da cidade. Tal experiência foi divulgada em eventos acadêmicos e exportada para o mundo por meio de consultorias e assessorias a outros projetos de reforma.

Barcelona se constituiu como um paradigma das reestruturações de zonas portuárias pelo mundo afora. Aqui vale destacar figura de Jordi Borja, geógrafo, urbanista e político, professor da Universidade de Barcelona e deputado no parlamento da Catalunha. Ele, que foi também vice-prefeito de Barcelona, e Oriol Bohigas, ex-secretário de urbanismo, realizaram consultorias de planejamento estratégico para diversas cidades. Com empresa de consultoria e assessoria, vão colaborar na elaboração de planos estratégicos de várias cidades, entre elas Rio de Janeiro, Bogotá e Medelin (Borja, 2006). Jordi Borja atuou também na agência Habitat das Nações Unidas, no PNUD e no Banco Mundial (Castells e Borja, 1996).

Junta-se a esses dois Pasqual Maragall Mira, jurista, economista, político. Foi presidente da Generalitat de Catalunya entre 2003 e 2006, foi alcaide de Barcelona durante 15 anos, entre 1982 e 1997 — foi eleito em 1982 e reeleito em 1983, 1987, 1991 e 1999 —, quando se realizaram os Jogos Olímpicos de Barcelona em 1992. Foi fundador de Eurocidades, grupo de seis grandes cidades da área do Mediterrâneo Ocidental.

A região situada entre o mar e montanha, que não fazia parte da reforma anterior, foi agora objeto de intervenção. Barcelona investiu no espaço público, na tradição de encontro de seus cidadãos e na preservação ambiental. A cidade soube extrair o máximo de suas possibilidades e assim galgar posições no *ranking* de cidades globais, utilizando o planejamento estratégico territorial e econômico.

As características do processo inseriram Barcelona no rol das cidades globais, tornando-a rota de turístico mundial. Assim Barcelona nos anos 1990 volta a se destacar pelo pioneirismo, realimentando sua fama no contexto mundial. Os Jogos Olímpicos de 1992 foram o pretexto que abriu as possibilidades muito bem aproveitadas pela cidade. Cabe sinalizar que a cidade recebeu em 2000 cerca de 18 milhões de visitantes.

O sucesso de sua reforma abre espaço para a construção de edifícios inovadores de renomados arquitetos internacionais, valendo citar a Torre Agbar projetada pelo arquiteto francês Jean Nouvel e que inaugurada em 2005 gerou grande polêmica na cidade por concorrer com outro de seus marcos, a Catedral Sagrada Família. O hotel W Barcelona, conhecido como hotel vela (vela de barco), situado na ampliação da zona portuária, projeto de Ricardo Bofill e inaugurado em 2009, passa a ser considerado um ícone sobre o mar Mediterrâneo.

Novos espaços para o lazer e para os negócios, resultado das transformações nas antigas edificações e da construção de novas instalações para serviços comerciais na orla portuária, criaram novas fontes de recursos para a autoridade portuária. O crescimento do transporte marítimo fez seu porto se tornar mais importante que o de Genova e o de Marselha.

Os eventos internacionais abriram a chance para a cidade se comprometer com a inovação, a modernidade, a saúde financeira. Um exemplo notável desta boa estratégia é que do custo relativo ao empreendimento de preparar a cidade para os Jogos Olímpicos de 1992, as instalações esportivas corresponderam a apenas 11% do total. O restante, 89%, foi aplicado na cidade (Borja e Forn, 1996).

Cabe aqui lembrar que o projeto de reabilitação do porto do Rio teve também como modelo o projeto de Puerto Madero em Buenos Aires, que promoveu a reconversão dos antigos armazéns portuários para abrigar escritórios, atividades comerciais, culturais e residenciais, permitindo a retomada da ligação da cidade com o rio. O projeto de Puerto Madero procurou integrar as novas construções, sem abrir mão do aspecto portuário, que foi conservado. Puerto Madero destaca-

-se pelo seu zoneamento e pela diversidade de usos implantados, gerando assim condições de sustentabilidade.

O centro de Buenos Aires em sua faixa próxima à região portuária sempre manteve certo dinamismo e isto facilitou a revitalização. Diferentemente do Puerto Madero, no qual a valorização se deu também pelo estabelecimento de escritórios e hotéis de luxo, o projeto Porto do Rio teve que considerar também as camadas populares que ali estavam desde antes do início de sua ocupação.

Retornando ao caso do Rio de Janeiro, vale mencionar que a área portuária carioca, desde os anos 1970, tornou-se objeto de estimulante desafio aos urbanistas, já que a sua renovação não deixa de ser a revalorização do centro histórico.

Vários projetos foram propostos para a área portuária, mas nem todos tiveram êxito. Alguns enfrentaram dificuldades fundiárias, já que a maior parte dos terrenos é propriedade do governo federal. Outros projetos relacionados com a construção de habitação tiveram que enfrentar o zoneamento urbano que vetava o uso residencial daquela área.

Devemos registrar alguns projetos que foram, por assim dizer, precursores do mais recente, o projeto Porto Maravilha. Um deles foi o projeto Sagas (Saúde, Gamboa e Santo Cristo), que preservou a região das colinas e parte da área plana daquela região. Ali também teve lugar o projeto cultural denominado Circuito Mauá, cuja origem remete à fundação de um bloco de carnaval, o Escravos da Mauá, que se reunia no largo de São Francisco da Prainha. Seu desfile pela região permitiu o reconhecimento de ruas e a valorização de construções remanescentes e preservadas pelo abandono.

A sua história foi registrada no CD-ROM *Circuito Mauá — Saúde, Gamboa e Santo Cristo* em 1998, que vem a ser um repositório de informações textuais, imagens, fotografias, clipes com entrevistas com moradores e personagens do local. Vale mencionar os principais autores dos textos-base do CD-ROM: "Navegando pela história" (Sérgio Lamarão, historiador); "O espaço urbano e as pessoas do lugar" (Nina Rabha, arquiteta); "Folia na praça Mauá: Rádio Nacional, boemia e Carnaval" (Lia Calabre, historiadora); "Movimentos sociais no porto do Rio" (Carlos Augusto Addor, historiador); "A presença do negro no bairro da Saúde" (Roberto Moura, historiador e cineasta) (Barros, 2018).

Tal trabalho de recuperação do passado do Circuito Mauá foi apresentado em diversos espaços, praças e escolas da região permitindo um diálogo com os moradores segundo a proposta da arquiteta Nina Rahba, então administradora regional da Região Portuária e que vai instalar no morro da Conceição um Escritório Técnico da Prefeitura para adequar leis e elaborar planos de preservação do patrimônio (Barros, 2018).

Só para registrar. Augusto Ivan e Eduardo Paes foram subprefeitos do Centro e da Barra nomeados pelo prefeito Cesar Maia. Augusto Ivan permaneceu subprefeito durante oito anos e durante o mesmo período a arquiteta Nina Rahba foi administradora da Região Portuária. A arquiteta foi homenageada tendo seu nome dado a pequeno túnel na Saúde por Eduardo Paes quando este era prefeito e comandou as intervenções urbanas no Porto. Isto de algum modo confirma a continuidade dos quadros da administração da cidade.

Em 2001, o Instituto Pereira Passos (autarquia criada em 1998 vinculada à Secretaria Municipal de Urbanismo) lançou o Plano de Revitalização e Recuperação da Zona Portuária no projeto Porto do Rio. Quando Alfredo Sirkis esteve à frente da Secretaria Municipal de Urbanismo, foi realizada uma exposição apresentando diversas propostas para a revitalização da região, a requalificação do espaço do porto tendo em vista projetos bem-sucedidos em outras metrópoles como Barcelona, Boston, Baltimore, Buenos Aires e Lisboa e já realizada também em Belém.

Dentro do escopo deste projeto de revitalização da Zona Portuária, foi construído o centro poliesportivo Vila Olímpica (2005) e a Cidade do Samba, inaugurada em 2006. Esta ocupa 14 galpões de um antigo pátio ferroviário, atendendo as atividades preparatórias do Carnaval do Grupo Especial das Escolas de Samba e se tornando um espaço para receber visitas turísticas.

Em 2003 foi realizado o Seminário "Porto do Rio", que passou a contemplar também a urbanização de vários bairros portuários da região, entre eles o morro da Conceição, eleito a receber desenvolvimento turístico e habitacional, sendo comparado ao bairro da Alfama, em Lisboa. Em uma das mesas deste evento, o arquiteto francês Jean Nouvel apresentou o projeto de construir um prédio na praça Mauá e trazer para o Rio uma filial do Museu Guggenheim. O então prefeito Cesar Maia ancorou o projeto de se ter esse grande ícone de arquitetura (o prédio de Jean Nouvel) e de arte (o museu) na região. O projeto suscitou grande controvérsia e questionamento dada a situação de precariedade e carência dos principais espaços públicos da cidade, entre eles os museus existentes. Os formadores de opinião e a mídia à época se colocaram contrários ao projeto e a prefeitura acabou por desistir de sua implantação (Camargo, 2012).

Assim, a grande iniciativa da prefeitura Cesar Maia de realizar um grande projeto de requalificação na região do Porto não foi bem-sucedida. Seu projeto de fazer construir ali uma filial do Museu Guggenheim, como aconteceu em Bilbao na Espanha, foi muito atacado e não conseguiu ser aprovado na Câmara de Vereadores.

A nova atuação naquela região, com o projeto denominado "Porto Maravilha", vai se tornar possível pelo seu acoplamento a outros grandes eventos a serem realizados na cidade, como os Jogos Olímpicos. Tal escolha teve lugar durante a gestão do prefeito Eduardo Paes que, vale lembrar, foi subprefeito da Barra da Tijuca durante a gestão de Cesar Maia.

Vale lembrar que antecedeu ao projeto "Porto Maravilha" o aniversário dos 450 anos da cidade em 2015, que deu origem a seminário e publicação de um livro também intitulado *Rio 400+50, comemorações e percursos de uma cidade...* (Turazzi, 2014).

Já foi mencionado que o porto e sua área circundante sofriam o mesmo abandono que acometeu outros centros urbanos durante o século XX, resultante de uma prática e de uma política que induziram os centros das cidades ao uso intenso durante o dia e ao abandono durante a noite e nos fins de semana. A separação entre área do trabalho e de moradia, implantada pelo paradigma modernista de reforma urbana, acabou por levar à concentração no centro da cidade de uma população pobre e marginalizada. Em muitas cidades os centros urbanos passam a migrar para áreas cada vez mais novas, como o caso de São Paulo. Não foi este exatamente o caso do Rio de Janeiro, ali o centro permaneceu relevante, ainda que tenha sido abandonado como local de moradia.

O centro do Rio sofreu uma espécie de separação em duas partes. Uma das partes, a do lado esquerdo da avenida Presidente Vargas, foi objeto de novos investimentos imobiliários e também de restauração, como o projeto do Corredor Cultural. E a outra, a do lado direito, foi sendo abandonada, desvalorizada.

A reforma contemporânea do porto do Rio de Janeiro visou este lado empobrecido e teve como principal ícone a revalorização da praça Mauá. Esta praça já tinha passado por diferentes momentos com seus terminais de transporte marítimo e rodoviário, ou mesmo como espaço marcado pelo lazer, com a Rádio Nacional situada no primeiro arranha-céu da cidade, o edifício A Noite, inaugurado em 1928.

A restauração de dois prédios que passaram a ser interligados para a sua ocupação com o Museu do Rio (MAR) e a construção de um novo prédio para a implantação do denominado Museu do Amanhã (há quem se pergunte: o que é um museu do amanhã?) constituem um importante marco da revalorização da praça.

O prédio do novo museu teve como responsável um arquiteto que faz parte de uma lista de arquitetos famosos contemporâneos, quase uma lista de celebridades. Pode-se citar, além do Calatrava (espanhol), Renzo Piano (italiano), Zaha Hadid (iraquiana), Philip Johnson (norte-americano), Frank Gehry (museu Guggenheim em Bilbao), Pei (sino-americano, pirâmide do Louvre), Christian de Portzamparc (francês, autor do projeto da Cidade das Artes), e Jean Nouvel (francês), entre outros que são disputados e se fazem presentes em projetos em torno do mundo (Valença, 2016).

As obras de renovação da praça Mauá permitiram a abertura de espaço até então bloqueado ao público: o acesso ao mar, a vista da baía de Guanabara, tal como 100 anos antes a avenida Beira-Mar abriu a cidade para a baía de Guanabara. E o caminho entre a praça Mauá e a praça XV foi nomeado como Orla Conde em homenagem ao prefeito arquiteto Luiz Paulo Conde.

O projeto do Porto Maravilha foi desenhado pela Companhia de Desenvolvimento Urbano do Porto do Rio de Janeiro (CDURP) e teve sua execução e gerenciamento realizados pela prefeitura do Rio, tendo o prefeito Eduardo Paes como um dos principais responsáveis e incentivador, e pelo conglomerado Globo (Fundação Roberto Marinho, responsável pelo projeto museológico do Museu do Amanhã), garantindo a cobertura midiática de todo o processo.

Augusto Ivan, o coordenador do Corredor Cultural mencionado, foi assessor especial da Companhia de Desenvolvimento Urbano do Porto do Rio de Janeiro (CDURP) entre 2010 e 2011. Integrou também a equipe da Empresa Olímpica Municipal, encarregada de planejar e monitorar as ações do município relacionadas com os Jogos Olímpicos de 2016.

Ao ser escolhido como anfitrião dos Jogos Olímpicos e Paralímpicos de 2016, o Rio, assim como o Brasil, ao ser confirmado como país sede da Copa do Mundo em 2014, se insere na lista de cidades onde a realização de megaeventos esportivos dá oportunidade ao investimento em obras de infraestrutura e em novos projetos de revitalização.

A revitalização deste centro histórico foi tocada por parcerias público-privadas e envolveu a abertura de novos espaços para plataforma de empresas, o planejamento de infraestrutura e abertura de novos espaços públicos como locais de interação e participação. Tal processo foi desenvolvido sob a ótica do *branding*, ou seja, pensar a cidade como uma mercadoria a ser vendida em competição com outras cidades globais. Foi considerado um projeto estratégico para reposicionar a cidade entre outras do mundo (Pio, 2004). Teve como frentes de atuação o uso habitacional, a melhoria da infraestrutura, o comércio e indústria (com prédios utilizados como sede de empresas, como a L'Oreal), cultura e entretenimento (hotéis como o Ibis, museus/aquário/roda-gigante).

O projeto de requalificar o porto buscou promover o reencontro do porto com a cidade. Ali se encontrava uma área degradada, decadente, com espaços subutilizados, ruínas mesmo. Em áreas consideradas degradadas se justificaria a conversão do imóvel; em locais abandonados ou ociosos, "vazios", faz sentido uma nova lógica de uso (Pio, 2004). Tal argumentação vai constituir a base para fundamentar o projeto Porto Maravilha como um novo paradigma de recuperação de "áreas históricas". Houve então uma abertura para que atividades culturais e econômicas viessem a atrair turistas e transeuntes e transformar esta parte do centro da cidade. No lugar de área degradada, o porto se tornaria "o coração cultural do Rio" (Pio, 2004; 2017).

Assim o projeto denominado Porto Maravilha planejou a revitalização de área desvalorizada, com pouca densidade demográfica, e foi pensado para se tornar o legado das Olimpíadas. Nos espaços vazios, na área baixa próxima ao porto, foram planejados novos edifícios altos. Nos bairros da Saúde, da Gamboa e do Santo Cristo foram pensadas obras de preservação do patrimônio histórico com a restauração de seu casario.

A cultura juntando passado e futuro, marcando o consumo dos novos espaços garantiu que o Rio se tornasse cidade de megaeventos, como indica a realização, como já mencionamos, da Jornada Mundial da Juventude em 2013, fosse uma das sedes da Copa do Mundo em 2014 e, por fim, realizasse as Olimpíadas em 2016. A cidade como sede de diversos eventos esportivos e culturais teve seu momento áureo nas cerimônias de abertura e de encerramento dos Jogos Olímpicos transmitidas para o mundo pela televisão.

A cerimônia de abertura dos Jogos Olímpicos do Rio em 2016 foi grandiosa, primeira cidade sul-americana a receber tal evento, contou com 50 mil presentes no Maracanã e a estimativa de 3 bilhões de espectadores no mundo. Os responsáveis pela cerimônia, os diretores criativos (Fernando Meireles, Daniela Thomas, Debora Colker e Andrucha Waddington), prepararam um espetáculo que juntava os "melhores" em diversos universos: os dançarinos do "passinho", os de desfile do Carnaval, os índios dançarinos do Bumbódromo de Parentins, além de desportistas como Guga e Hortência, entre outros. O espetáculo encantou pela sofisticação ao juntar música, dança e projeção holográfica. Pretenderam passar para o mundo a mensagem da criatividade e alegria de um povo que, ao mesmo tempo, assumia como sua a necessidade de cuidar do planeta. Daí a cena em que cada desportista partícipe do evento plantava uma muda de árvore que iria constituir uma floresta. Sabemos que tal floresta não chegou a se constituir, as mudas foram abandonadas em um horto, não foram plantadas em nenhum lugar, mas o espetáculo ficou na história e na mente de muitos.

As ações mais marcantes deste projeto de renovação foram possibilitadas pela derrubada em 2015 dos mais de 5 km da avenida Perimetral (construída em etapas, sendo a primeira nos anos 1950 quando o Rio ainda era o Distrito Federal e mais tarde quando foi estendida até a ponte Rio-Niterói), abrindo a visão da natureza (baía da Guanabara), a construção de novos equipamentos culturais (Museu do Rio [2013] dos arquitetos Bernardo e Jacobsen e Museu do Amanhã de Santiago Calatrava), a implantação de mobilidade com o VLT (veículo leve sobre trilhos), a restauração de alguns edifícios.

Na avenida Rodrigues Alves, agora nomeada Boulevard Olímpico, que corre paralela aos armazéns do porto que estão sendo renovados em etapas, ganhou como destaque o painel do muralista brasileiro Eduardo Kobra, o que garantiu a presença de enorme multidão de turistas nacionais e estrangeiros durante as Olimpíadas, quando marcas famosas fizeram ali sua presença (Skol, NBA, Coca-Cola). Tal tipo de intervenção gera não só o sucesso como o aumento do número de visitantes como aconteceu durante as Olimpíadas. Novas obras coletivas estão sendo desenhadas, pintadas, grafitadas no 1,5 km do Boulevard.

Se o projeto do Porto Maravilha teve e tem dimensões valorizadas positivamente, recebeu também inúmeras críticas. A mais recorrente observa que pouco foi realizado no quesito habitação de interesse social, regularização de áreas e urbanização de favelas ali localizadas. A região passou por processo de remoção de sua população e muitos dos que não foram removidos não puderam ali permanecer, já que a área passou por valorização imobiliária e os aluguéis aumentaram de preço. Quem mais perdeu foi a população moradora que fazia daquele lugar um celeiro da cultura popular e que, com a valorização do espaço, sua *gentrificação*, acaba tendo que abandoná-lo. Inúmeros arquitetos e urbanistas centraram suas críticas neste item, ou seja, a parte relativa à habitação incluída no projeto e que não foi realizada. As parcelas mais pobres continuaram desassistidas e não conseguiram melhores condições de vida (Bastos e Bienenstein, 2020).

Sintetizando tais críticas, podemos registrar a que considera que os recursos destinados à cultura absorveram todos os demais. E mais, o Museu do Amanhã e o Museu de Arte do Rio têm seu funcionamento deixado a cargo de instituições privadas. Tais projetos contaram com recursos advindos de parceria público-privada, mas a maior parte foi mesmo de recursos públicos da Caixa Econômica Federal, que aportou recursos do FGTS em troca dos Certificados de Potencial Adicional de Construção (Cepacs). Para muitos arquitetos e urbanistas o projeto configurou uma grande privatização desta parte da cidade ao transferir o solo urbano para a gestão privada. A prefeitura, ao valorizar o solo urbano, acabou promovendo a privatização, além da gentrificação.

As crises econômica e política paralisaram o desdobrar de tal legado, a dinâmica cultural dos bairros vizinhos foi esgarçada, várias empresas não deram continuidade ao projeto de ocupação daquele espaço requalificado. Muito espaço ainda permaneceu vazio na expectativa de novos investimentos. Por outro lado, mesmo que por um curto espaço de tempo, o porto voltou a fazer parte do mapa turístico da cidade. Neste momento os críticos mais radicais disseram: ali o passado deixa de ser história e vira objeto de consumo. Denunciam a cidade-museu e a cidade-espetáculo!

Por outro lado, no Porto Maravilha futuro e passado se juntaram para além de todas as expectativas. No contexto das obras de reforma do porto houve a descoberta do Cais do Valongo. Os vestígios do cais descobertos deram ocasião a diferentes versões. A história consagrada foi a de que teria se dado ali a chegada do maior número de africanos escravizados.

O Cais do Valongo foi consagrado por ter sido ali desembarque de escravos africanos no Rio de Janeiro. O Brasil recebeu cerca de 4 milhões de escravos, 60% deles entraram pelo Rio de Janeiro e 1 milhão teria entrado pelo Cais do Valongo. O local foi urbanizado segundo o traçado de Grandjean de Montigny, arquiteto da Missão Francesa, para o desembarque de d. Teresa Cristina, noiva de d. Pedro II. Foi aterrado em 1911 e redescoberto durante as obras do Porto Maravilha.

O antropólogo Milton Guran, que em sua tese pesquisou os africanos escravizados no Brasil que retornaram ao continente africano, foi o coordenador do grupo de trabalho que apresentou a candidatura para que o Cais do Valongo fosse considerado Patrimônio da Humanidade como "o maior monumento da diáspora africana fora da África". Pesquisador do Laboratório de História Oral e Imagem da UFF e integrante do Comitê Científico Internacional do Projeto Rota do Escravo, da Unesco, Guran considera que o cais é "o mais eloquente símbolo do tráfico transatlântico negreiro", "o maior monumento da diáspora africana fora da África" (Vassallo, 2020:398). É ele que consagra "a representação do cais como o maior símbolo do tráfico transatlântico negreiro fora da África — uma história que diria respeito a toda a humanidade e que precisava vir à tona, ser desvelada" (Vassallo, 2020:402).

Assim, Guran foi o mediador entre o local e o internacional ao colocar o cais em escala transnacional. Apresentada pelo Instituto do Patrimônio Histórico e Artístico Nacional (Iphan) e pela prefeitura da cidade, a candidatura recebeu o aval do Comitê do Patrimônio Mundial no fim de 2015 e foi aprovada em 9 de julho de 2017, quando a Unesco reconheceu o valor de tal vestígio como patrimônio da humanidade. Assim o Cais do Valongo se torna o ícone da denúncia da escravidão, lugar de ancestralidade (Vassalo, 2020).

Um outro olhar a respeito do Cais do Valongo se faz presente na pesquisa do historiador e arqueólogo Reinaldo Tavares, para quem a porta de entrada dos escravos no Rio de Janeiro era a área da Alfândega, onde hoje fica a Casa França-Brasil. Ou seja, no Valongo não acontecia o desembarque direto. A sua importância reconhecida está ligada à distribuição dos escravizados para as outras províncias do país. Ali se estabeleceu, a partir de 1779, o comércio, o mercado de escravos que antes acontecia até então junto à Alfândega e ao Terreiro do Paço. Para ele o patrimônio é o Cais e toda a área ao seu redor.

Reinaldo Tavares é também um pesquisador da diáspora africana, sendo responsável pelo Cemitério dos Pretos Novos (assim chamados os recém-chegados) com as ossadas de africanos que morreram antes de serem vendidos e pelo Memorial dos Pretos Novos. O Instituto Pretos Novos foi criado em 13 de maio de 2005 após o achado arqueológico onde foram encontrados fragmentos de ossos, cerâmicas, vidros por ocasião de obras em um prédio. Tal prédio é onde se encontra hoje a sede do Instituto Pretos Novos na rua Pedro Ernesto, na Gamboa.

Para além dessa discordância, ou melhor, da existência de narrativas plurais, o reconhecimento pela Unesco fez da região do Valongo um território afrodescendente denominado Pequena África carioca. Fazem parte dele o sítio arqueológico do Cemitério dos Pretos Novos, o Cais do Valongo, os Jardins suspensos do Valongo, o Quilombo da Pedra do Sal, o largo de São Francisco da Prainha, todos símbolos da africanidade. São remanescentes de um passado a ser resgatado na reconstrução das origens e da identidade dos descendentes dos diversos grupos que compuseram o enorme contingente de africanos que foram transportados para a cidade. A Pequena África entendida como espaço, tempo e sociabilidade específicos de uma cidade negra ficou consagrada à medida que se criou um Circuito Histórico e Arqueológico da Herança Africana. A patrimonialização desses espaços africanos juntou-se à revitalização urbana então em curso na região do Porto (Guimarães, 2020).

Podemos considerar que o Cemitério dos Pretos Novos ou o Cais do Valongo está para o Rio de Janeiro como a primeira Sinagoga das Américas está para a cidade do Recife! Sinagoga situada na rua do Bom Jesus, antiga rua dos Judeus, erguida em 1636 durante a ocupação holandesa no Nordeste. Ali a descoberta se deu por ocasião de reforma em loja de material elétrico. Em 2001 o prédio original foi aberto ao público e hoje é importante ponto de visitação da cidade.

Muita coisa foi feita, muito deixou de ser realizado. Os problemas de limpeza e conservação já se fazem presentes mesmo no Boulevard Olímpico, dando a impressão de abandono. Há uma frase do famoso antropólogo Lévi-Strauss em seu livro *Tristes trópicos* que expressa tal situação. É algo do tipo: aqui tudo ainda é construção e já é ruína!

Se as reformas do século XX podem ser relacionadas com diversas comemorações históricas do país — Centenário da Abertura dos Portos, Centenário da Independência —, as reformas contemporâneas estão relacionadas com eventos globais do tipo Jornada Mundial da Juventude, Jogos Olímpicos, Copa do Mundo, eventos estes que possibilitaram a criação de um elenco de cidades globais que competem entre si.

Volto ao ponto inicial. O Rio de Janeiro pode ser pensado como um sítio arqueológico. Do ponto de vista da arquitetura, é possível encontrar exemplares de diferentes estilos arquitetônicos: colonial, neoclássico, eclético, *art nouveau*, *art déco*, marajoara, moderno e pós-moderno. O abandono e as reformas destruíram muito do passado, mas não destruíram tudo. Ficaram vestígios que, em alguns casos, puderam ser restaurados ou permaneceram valorizados como ruínas.

Tudo isto explicita as razões que justificam o Rio ter sido escolhido como Capital Mundial da Arquitetura Unesco e sede do XXVIII Congresso Internacional de Arquitetura a ser realizado em 2020. Tais eventos foram transferidos para 2021. Será mesmo realizado? Ninguém sabe ao certo. A pandemia parou o relógio do tempo! E a Covid-19 vai obrigar a outras reflexões e soluções para a cidade e seu centro. Ela atingiu as cidades naquilo que era o mundo até então vigente ou desejado. Até então as principais demandas eram melhor qualidade na mobilidade, maior intensidade de interação social e ocupação dos espaços públicos. A experiência do *lockdown* força as pessoas a trabalhar, comprar, estudar e se divertir em casa e demanda distância entre os corpos. Tudo que se contrapõe à experiência cultural da história da cidade do Rio de Janeiro!

Fazendo a sua previsão ou expressando suas esperanças, o arquiteto e urbanista Sérgio Magalhães (*O Globo*, 19 dez. 2020) pensa ser possível que "a Cidade 21 atenda ao ambiente, ao clima, aos bons espaços, à redução das desigualdades intraurbanas, tendo o cidadão como foco". Considera ainda que o Rio de Janeiro pode se qualificar como palco mundial do debate propositivo da Cidade 21, tal como se qualificou como lugar do grande acordo ambiental na Rio-92.

O 27º Congresso Mundial de Arquitetos foi aberto em julho de 2021 no Rio de Janeiro, considerado caso exemplar dos desafios das cidades contemporâneas. Ao ser realizado *on-line* assumiu uma dimensão maior já que 182 equipes puderam apresentar seus trabalhos. Ao longo do evento se preparou um documento, a Carta do Rio, referência para a arquitetura e o urbanismo nos próximos anos do mesmo modo que a Carta de Atenas de 1931 (*O Globo*, 17 jul. 2021).

Referências

ANDREATTA, Verena (Org.). Barcelona: Port Vell. In: ______. *Porto Maravilha + 6 casos de revitalização portuária*. Rio de Janeiro: Casa da Palavra, 2010, p. 64-91.

AZEVEDO, André Nunes. *A grande reforma urbana do Rio de Janeiro*: Pereira Passos, Rodrigues Alves e as ideias de civilização e progresso. Rio de Janeiro: Puc-Rio; Mauad X, 2016.

BARROS, Maria Teresa Guilhon. Imaginários urbanos e região portuária do Rio de Janeiro — um olhar sobre os processos anteriores à reforma de 2013. *Mosaico*, v. 5, n. 8, 2018, p. 66-80. Estudos urbanos. Disponível em: http://bibliotec.adigital.fgv.br/ojs/index.php/mosaico/issue/view/3494/1682.

BASTOS, Paulo; BIENENSTEIN, Regina. O legado negado: notas sobre as promessas não realizadas no Porto Maravilha. In: SEMINÁRIO PORTO MARAVILHA: 10 ANOS: PASSADO, PRESENTE E FUTURO DA ZONA PORTUÁRIA, 2020, Rio de Janeiro.

BORJA, Jordi; FORN, Manuel. Políticas da Europa e dos Estados para as cidades. *Revista Espaço & Debates*, São Paulo, n. 39, 1996, p. 32-47.

BORJA, Jordi. Entrevista. *Vitruvius*, a. 7, jan. 2006.

BENCHIMOL, Jaime. *Pereira Passos: um Haussman tropical*: a renovação urbana da cidade do Rio de Janeiro no início do século XX. Rio de janeiro. Secretaria Municipal de Cultura, Turismo e Esportes, 1992.

_____. Reforma Urbana e Revolta da Vacina na cidade do Rio de Janeiro. In: FERREIRA, Jorge; DELGADO, Lucília de Almeida Neves (Org.). *O Brasil Republicano*. O tempo do liberalismo excludente. Rio de Janeiro: Civilização Brasileira, 2003, p. 233-286.

CABOT Roberto. *Joseph Gire*: a construção do Rio de Janeiro moderno. Rio de Janeiro: Casa da Palavra, 2014.

CAMARGO, Paula de Oliveira. *As cidades, a cidade*: política, arquitetura e cultura na cidade do Rio de Janeiro. Rio de Janeiro: Folha Seca, 2012.

CAPPELLI, Vittorio. *A belle époque italiana no Rio de Janeiro*. Aspectos e histórias da emigração meridional na modernidade carioca. Niterói: Eduff, 2015.

CARVALHO, Maria Alice Rezende. Governar por retas. In: _____. *Quatro vezes cidade*. Rio de Janeiro: 7 Letras, 1994, p. 65-91.

CASTELLS, Manuel; BORJA, Jordi. As cidades como atores políticos. *Novos Estudos Cebrap*, n. 45, jul. 1996, p. 152-165.

CAVALCANTI, Lauro. *As preocupações do belo*: arquitetura moderna brasileira dos anos 30/40. Rio de Janeiro: Taurus, 1995.

_____. *Dezoito graus*: a biografia do Palácio Capanema. 2. ed. São Paulo: Olhares, 2018.

_____. (Org.). *Modernistas na repartição*. Rio de Janeiro: UFRJ, 1993.

COHEN, Jean-Louis; CABOT, Roberto; GIRE, Jean. *Joseph Gire*: a construção do Rio de Janeiro moderno. Rio de Janeiro: Casa da Palavra, 2014.

FREIRE, Américo. Fortalezas republicanas: ensaio sobre a formação do Distrito Federal nos Estados Unidos e no Brasil. In: OLIVEIRA, Lucia Lippi (Org.). *Cidade*: história e desafios. Rio de Janeiro: FGV, 2002, p. 176-193.

_____; OLIVEIRA, Lucia Lippi (Org.). *Capítulos da memória do urbanismo carioca*. Rio de Janeiro: Folha Seca, 2002.

_____; _____. *Novas memórias do urbanismo carioca*. Rio de Janeiro: FGV, 2008.

GUIMARÃES, Roberta. Os sentidos da Pequena África: política patrimonial e conflitos urbanos no Rio de Janeiro. In: TAMASO, Izabela; GONÇALVES, Renata; VASSALLO, Simone (Org.). *Antropologia na esfera pública*: patrimônios culturais e museus. Goiânia: Editora Imprensa da Universidade Federal de Goiás; ABA, 2020, p. 376-390.

KESSEL, Carlos. *A vitrine e o espelho*: o Rio de Janeiro de Carlos Sampaio. Rio de Janeiro: Prefeitura da Cidade, 2001.

KROPF, Simone P. Sonho da razão, alegoria da ordem; o discurso dos engenheiros sobre a cidade do Rio de Janeiro no final do século XIX e início do século XX. In: _____; HERSCHMANN, Michael; NUNES, Clarice. *Missionários do progresso*. Médicos, engenheiros e educadores no Rio de Janeiro. Rio de Janeiro: Diadorim, 1996, p. 69-155.

LESSA, Carlos. *O Rio de todos os Brasis*: uma reflexão em busca de autoestima. Rio de Janeiro: Record, 2001.

LIMA, Evelyn Furquim Werneck. *Avenida Presidente Vargas*: uma drástica cirurgia. Rio de Janeiro: SMC/DGDI, 1995 (Coleção Carioca).

_____. *Das vanguardas à tradição*: arquitetura, teatro e espaço urbano. Rio de Janeiro: 7Letras; Faperj, 2006.

MOREIRA, Clarissa da Costa. *A cidade contemporânea entre a tabula rasa e a preservação*: cenários para o porto do Rio de Janeiro. São Paulo: Unesp, 2004.

O'DONNELL, Júlia. *A invenção de Copacabana*: culturas urbanas e estilos de vida no Rio de Janeiro. Rio de Janeiro: Zahar, 2013.

OLIVEIRA, Lucia Lippi. Memórias do Rio de Janeiro. In: _____ (Org.). *Cidade*: história e desafios. Rio de Janeiro: FGV, 2002, p. 156-175.

PINHEIRO, Augusto Ivan. Aprendendo com o patrimônio. In: OLIVEIRA, Lucia Lippi (Org.). *Cidade*: história e desafios. Rio de Janeiro: FGV, 2002 b, p. 140-155.

_____. *Preservar, conservar e modernizar*: um novo paradigma para a reabilitação do centro do Rio. Rio de Janeiro: Secretaria Municipal de Urbanismo;

Instituto de Urbanismo Pereira Passos, mai. 2002a (Coleção Estudos Cariocas).

_____. Um novo/velho Porto do Rio. In: GUIA da arquitetura do Rio de Janeiro. Rio de Janeiro: Bazar do Tempo, 2016, p. 446-451.

PIO, Leopoldo Guilherme. Cidade e patrimônio nos projetos Corredor Cultural e Porto Maravilha. *Revista Húmus*, n. 10, jan./fev./mar./abr. 2004, p. 55-65.

_____. *Usos e sentidos do patrimônio cultural no Projeto Porto Maravilha*. Rio de Janeiro: Gramma, 2017.

REZENDE, Vera F. A Era Vargas, o planejamento de cidades e a circulação de ideias: um olhar a partir do Distrito Federal, a cidade do Rio de Janeiro. In: _____ (Org.). *Urbanismo na Era Vargas*: a transformação das cidades brasileiras. Niterói: UFF; Intertexto, 2012, p. 71-117.

SANTOS, Carlos Nelson Ferreira dos. Preservar não é tombar, renovar não é pôr tudo abaixo. In: COSTA, Maria de Lourdes Pinto Machado; SILVA, Maria Lais Pereira da (Org.). *Sementes urbanas 1*. Niterói: Eduff, 2017, p. 234-247 [1986].

SEVCENKO, Nicolau. *A Revolta da Vacina*: mentes insanas em corpos rebeldes. São Paulo: Brasiliense, 1984 (Tudo é história, 89).

TURAZZI, Maria Inez. Aniversário da cidade: história e memórias que se cruzam. In: _____ (Org.). *Rio 400+50*. Rio de Janeiro: Edições de Janeiro, 2014, p. 18-75.

_____. *Um Porto para o Rio*. Imagens e memória de um álbum centenário. Rio de Janeiro: Casa da Palavra, 2012.

VASSALO, Simone Pondé. O antropólogo como agente e o reconhecimento do Cais do Valongo como patrimônio da humanidade pela Unesco. In: TAMASO, Izabela; GONÇALVES, Renata; VASSALLO, Simone (Org.). *Antropologia na esfera pública*: patrimônios culturais e museus. Goiânia: Editora Imprensa da Universidade Federal de Goiás; ABA, 2019, p. 391-439.

VALENÇA, Márcio Moraes. *Arquitetura de grife na cidade contemporânea*: tudo igual, mas diferente. Rio de Janeiro: Mauad X, 2016.

XAVIER, Priscilla Oliveira. *Do porto ao Porto Maravilha*: discursos que (re) criam a cidade. Curitiba: Appris, 2015.

12. As cidades na virada do século XX para o XXI

Para observar o processo de transformação por que passam as cidades, vamos nos deter em um primeiro momento nas análises da socióloga norte-americana Sharon Zukin (1976; 2000) que trabalha o tema fazendo uso do conceito de "paisagens urbanas" para se referir às relações entre cultura e poder na pós-modernidade. A autora lança mão do conceito de paisagem, original da geografia e também da história da arte, aqui associado a um gênero de pintura, para falar de uma ordem espacial imposta ao ambiente e socialmente construída. Assim como se pode falar da "paisagem da poesia", da "paisagem histórica", pode-se falar da "paisagem da cidade" e também de "paisagem cultural e patrimônio" como nos informa o geógrafo Rafael Winter Ribeiro (2007). Paisagem é tanto a construção material quanto a representação simbólica de relações sociais e espaciais.

A pós-modernidade, segundo Zukin, sugere duas formas de paisagem urbana: a das cidades antigas com seu enobrecimento e das cidades mais novas onde são feitos projetos fora do espaço urbano.

Arranha-céus e habitação popular são expressões visíveis das relações sociais, são paisagens do poder. Palácios e catedrais *versus* casas dos pobres e favelas falam da tensão, do conflito que se torna ainda mais relevante nos processos de enobrecimento. Este processo acaba envolvendo o deslocamento pela ação do mercado privado das populações menos favorecidas para regiões mais distantes. E assim se muda a paisagem anterior com a criação de galerias, cafés, teatros, ou seja, se enobrece pelo consumo, por uma economia de serviços.

O enobrecimento torna-se explícito pela realização de passeios a pé que apontam arcaísmo e beleza, autenticidade e *design* que se encontravam ocultos pelo uso do lugar pela classe baixa e por lojas de comércio barato. Os novos moradores do espaço enobrecido são artistas que passam a ocupar, a se apropriar do espaço que vai ser também aberto ao turismo. O sucesso traz a valorização econômica e a expulsão dos antigos habitantes. Vou mencionar como exemplos o caso do processo de restauração e de enobrecimento por que passou o bairro da Mouraria em Lisboa e o do Pelourinho em Salvador.

A economia global, observa a autora, produz mudanças urbanas tanto no sentido de criar novas hierarquias entre bairros de uma mesma cidade como entre cidades. Em algumas delas as regiões industriais foram abandonadas (como Detroit nos EUA, Bilbao na Espanha). Em muitos casos, tiveram seus edifícios reconstruídos como museus.

Nas antigas cidades há uma concentração do poder no centro, ficando as habitações populares nas brechas ou nas franjas. Nas cidades mais novas isso não acontece e sua espacialidade é mais descentralizada, reproduzindo o tipo de "modelo suburbano" norte-americano. O Rio de Janeiro, por exemplo, passa pelos dois processos: seu centro passa por diversas tentativas de enobrecimento e há a criação de novas áreas com a expansão a partir da Barra da Tijuca.

Tais mudanças começaram a partir dos anos 1960 e 1970, mas foi nos anos 1980 que se investiu mais fortemente no processo de enobrecimento dos centros. Ao mesmo tempo, novas construções nos polos extraurbanos continuaram a se expandir dando ocasião a auditórios para concertos, centros cívicos. A autora trabalha basicamente com exemplos norte-americanos e exemplifica o primeiro caso com Manhattan e o segundo modelo com Miami e Los Angeles, cidades identificadas com a pós-modernidade.

A valorização dos centros das cidades antigas se faz também pela história que está visualmente presente nos parques e igrejas, nos bairros, nos guetos que compõem um "museu de rua". Daí os roteiros didáticos para explicar que naquele local aconteceu tal ou qual fato histórico memorável. Neste caso, lembro eu do roteiro turístico denominado "Boston Tea Party" que registra os locais onde aconteceram os protestos dos colonos contra o governo britânico e que marcam a participação da cidade de Boston no movimento de independência norte-americana.

Por outro lado, as cidades novas que carecem de monumentos históricos, que não contam com tal tipo de passado vão fabricar mitos capazes de garantir o consumo e o entretenimento do turismo. A cidade de Gramado no Rio Grande do Sul serve como um exemplo brasileiro.

A fabricação da paisagem, segundo a autora, depende da memória histórica, da cultura da natureza e da diversão como controle social. No primeiro caso, cada espaço histórico vai ser recuperado por um grupo social específico que consegue impor sua interpretação na narrativa histórica e consagra aquele espaço como local onde ocorreu algo considerado importante.

Já a cultura da natureza ocorre com a valorização de praias, montanhas, parques nacionais que são apresentados como a natureza "intacta". Cria-se um mercado para tal natureza com hotéis, campos de golfe, trilhas, espaço para *camping* que acabam alterando a paisagem natural. Um dos exemplos de turismo da natureza que merece ser registrado no caso brasileiro é o Parque Nacional de Anavilhanas que reúne cerca de 400 ilhas fluviais no rio Negro acima de Manaus. Ali o turismo oferece interação com os botos-vermelhos.

Por fim, a fabricação da paisagem como mercadoria, identificada como "disneyficação" pela autora, apresenta um espaço limpo que propaga uma experiência de civilidade, de respeito às ruas da cidade, à ordem pública em oposição à desordem e sujeira das ruas da cidade real. O uso dos centros urbanos como espaço de divertimento público com emprego de guardas de segurança privados expressa tal processo.

A reestruturação que se faz baseada no uso da história, da natureza e da cultura instaura uma nova paisagem e uma nova perspectiva sobre a cidade.

Vale notar que quase todas as observações da autora se referem principalmente a exemplos norte-americanos, entretanto servem perfeitamente para analisar os processos em curso em muitas cidades do mundo e do Brasil.

Outro autor que nos ajuda a pensar o imaginário cultural das cidades contemporâneas é Néstor García Canclini. O autor também contribuiu para refletir sobre a relação entre o imaginário nacional e o conceito de patrimônio cultural em importante artigo publicado na *Revista do Patrimônio* (1994). Canclini, antropólogo argentino que vive no México, certamente pode estabelecer relações "finas", "densas" entre patrimônio e cidade, já que dispõe como campo de observação cotidiano a Cidade do México. O México conta com o glorioso passado pré-colombiano tratado como patrimônio, com a grande presença indígena em sua população e com um enorme crescimento demográfico da Cidade do México que a define como uma das grandes megalópoles do mundo.

Canclini, ao refletir sobre a cidade do século XXI em seu artigo "Imaginários culturais da cidade: conhecimento/espetáculo/desconhecimento" (2008), faz a pergunta que importa — o que é uma cidade hoje? Segundo o autor, não basta falar em ocupação de território, na construção de edifícios e nas interações materiais. O que está presente nos livros, revistas, cinemas, no cotidiano, o que aparece nos jornais, no rádio e na TV também faz parte do imaginário da cidade. São "cartografias" mentais e emocionais que mostram como cada um experimenta a cidade.

O autor menciona a tensão entre o que são as cidades e o que gostaríamos que fossem. Se Paris foi a cidade emblemática, a capital do século XIX, se Nova York foi o modelo do século XX, agora, no século XXI, não é mais possível encontrar um modelo geral do urbano. Os centros urbanos vivem a tensão entre saberes que ambicionam totalizações e as ações imprevistas, destotalizações que acontecem em cada lugar.

Faz também um importante registro: os dados sobre a população, a densidade de habitante por km^2, a renda *per capita*, o preço do transporte, o número de assassinatos, o custo de energia, o número de litros d'água por habitante têm significados distintos dependendo de que cidade se está falando.

O autor vai, a partir de tais considerações, sugerir diversas configurações imaginárias sobre o urbano, a saber: cidade da informação e do conhecimento; cidade do espetáculo; cidade do reconhecimento; cidade do desconhecimento.

A cidade da informação dá origem à cidade do conhecimento. A economia baseada no conhecimento, em técnicas avançadas de informação e interconectividade global caracteriza tal formação. Boston e Seattle nos Estados Unidos; Cambridge e Manchester na Grã-Bretanha. Na Espanha, em Valência menciona a Cidade das Artes e da Ciência e, em Santiago de Compostela, a Cidade da Cultura.

Há, por assim dizer, um ajuste da sociedade da informação com a sociedade do espetáculo. Em Monterrey, no México, a área decadente da industrialização com seus edifícios de altos-fornos se converte em pinacoteca, cinemateca, museus, planetários. O conhecimento que se fazia presente no desenvolvimento industrial passa a ter seus edifícios resgatados simbolicamente como Museus do Aço, do Vidro. A restauração ou reconstrução de tais edifícios muitas vezes museifica a cidade. Registra também que esse processo de espetacularização da cidade se faz sob o predomínio do *marketing*.

Na Cidade do México pode-se observar e questionar o urbanismo pós-moderno com a cidade sem projeto de conjunto. Ali a cidade se apresenta e é vista como uma soma de fragmentos, como fluxo. A expansão territorial da cidade debilita a conexão; por outro lado, as redes comunicacionais levam informação e entretenimento a todos os lares. O mal-estar dos habitantes com tal fragmentação é resolvido pelo rádio, pela TV e pela internet (redes deslocalizadas) que constroem relatos de localização.

Cada habitante usa as zonas da cidade de que necessita e faz conjeturas sobre o que não vê. Como não há saberes totalizadores, ficamos dependentes do que nos dizem na rádio, na TV sobre o que acontece na cidade. O imaginário sobre a cidade fica dependente da representação simbólica do que ocorre e também de insatisfações, de desejos não atendidos. A maioria dos processos citados por Canclini se refere à Cidade do México, mas o autor poderia perfeitamente estar mencionado outras cidades, como São Paulo.

As cidades do espetáculo são cidades globais tais como Berlim, Barcelona, Nova York. Em contraponto a elas, o autor cria uma categoria específica, são as cidades "paranoicas", que se desconstroem, e cita como exemplos Buenos Aires, Lima, México, Rio de Janeiro que se apresentam como inseguras, pouco controláveis e pouco confiáveis.

Canclini continua perguntando: como urbes deterioradas podem se transformar em cidades do conhecimento? Como fazer os arquitetos estrelados agirem positivamente na vida cotidiana da cidade? Em tal categoria de arquitetos ele lembra de Santiago Calatrava — Museu do Amanhã no Rio de Janeiro; Renzo Piano — Centro George Pompidou em Paris; Peter Eisenman — Cidade da Cultura na Galiza e Memorial dos Judeus Mortos na Europa em Berlim; Jean Nouvel — Instituto do Mundo Árabe em Paris; Frank Gehry — Museu Guggenheim em Bilbao; Christian de Portzamparc — Cidade das Artes no Rio de Janeiro. Quase todos já receberam prêmios internacionais por suas obras e o Prêmio Pritzker de Arquitetura, considerado um Nobel do campo. Eles foram e são responsáveis por projetos de museus, estações de trem, metrô, aviões, pavilhões, pontes, torres, memoriais, entre outros monumentos.

E o que dizer das cidades multiculturais do século XXI que apresentam grande diferenciação entre seus bairros? Diante de tudo isto o autor se pergunta: com tanta diversidade, será ainda possível a cidade do reconhecimento? Já sabemos que a globalização não leva à homogeneização. E que a segregação por bairros produz a multiculturalidade com conflitos. Assim, a coexistência com separação pode gerar, diz o autor, a cidade do desconhecimento.

Toda esta sensação de desordem ilimitada, de autodestruição, de economia informal, de invasões, de assentamentos irregulares, de comercialização e consumo de produtos piratas cria o que o Canclini nomeia como espaço-sucata, uma teia sem aranha, mudança esta que se afasta da antiga ideia de "melhoramento", ideia que guiou a maioria das reformas urbanas dos séculos XIX e XX. O informal criado para dar conta de irregularidades e de exploração se expande e hoje serve para a política. É a desordem urbana onde não há regulamentação formal dos usos do espaço público.

Tal processo foi mencionado no capítulo 1, em que foi citado o livro de Vicente Loureiro, *Prosa urbana*, publicado em 2020. O autor se pergunta sobre a premência e a dificuldade de atuar sobre o crescimento informal, sobre loteamentos clandestinos, ou seja, como proibir a ilegalidade urbanística. A população vive, constrói e mora onde há terras disponíveis, ou seja, em áreas de risco, em loteamentos irregulares ou clandestinos. Nesse tipo de território proliferam "incorporadores" informais, chefes de drogas e/ou milicianos. Assim, o autor se pergunta ao examinar as cidades da Baixada Fluminense no Rio de Janeiro: "Como fazer urbanismo na terra dos puxadinhos?" Esse pode ser um bom exemplo do que Canclini nomeou como espaço-sucata.

Canclini produziu vasta e reconhecida obra e em 2020 se torna o novo titular da Cátedra Olavo Setubal de Arte, Cultura e Ciência do Instituto de Estudos Avançados da USP em São Paulo, onde vai desenvolver projeto para investigar a diminuição das formas clássicas de exercício da cidadania — via partidos, sindicatos e instituições —, sua coexistência com movimentos feministas, raciais, étnicos, ambientalistas, ou seja, a obsolescência das instituições.

No dilema entre deterioração e espetáculo, agora também contamos com o turismo alternativo. Aqui vale como exemplo o *favela tour*, que vai produzir algo similar a voyeurismo protegido. Tal experimento no caso do Rio de Janeiro foi estudado por Bianca Freire-Medeiros no livro *Gringo na laje* (2009).

Para pensar as diferenças entre as cidades da modernidade e da pós-modernidade agora, vamos retornar ao sociólogo português Carlos Fortuna (1997) que também comentamos no capítulo 1.

É preciso destacar alguns itens da reflexão do autor, aqueles que nos ajudam a pensar os dilemas da contemporaneidade. Se na modernidade a cidade aparecia como espaço libertador, permitiria a autonomia individual e a livre afirmação pessoal, agora isto não mais se apresenta. Agora as antigas matrizes de identidades sociais — classe social, sexo, grupo étnico, religiosos, educação, família — vão sendo destruídas de forma acelerada e cedem espaço para novas identificações momentâneas e desordenadas. Reinventam-se comunidades e tribos guiados por novos signos culturais tais como o consumo, o lazer, o corpo. Tudo isto, mais as novas relações entre espaço e tempo no cotidiano da pós-modernidade, produz alterações nos significados do patrimônio histórico e cultural das cidades.

Vale aqui reiterar — a literatura que trata da pós-modernidade tem exorcizado o tempo cronológico e linear como opressivo e valorizado o espaço como o que é capaz de trazer consequências políticas para sujeitos e grupos sociais. Assim se torna necessário construir novos "mapas cognitivos", novas "cartografias" que orientem nossos trajetos e linhas de ação.

Já registramos que Canclini fala de "cartografias" e que Zukin de "paisagens urbanas". Cabe sublinhar que a antropologia tem sido o campo disciplinar que mais atenção tem dado ao espaço na vida social. Cresce o número de estudos sobre a dimensão espacial das culturas e que fazem uso das categorias analíticas de espaço e de lugar. No atual contexto das ciências sociais a noção de espaço, longe de ser estável e estática, é entendida como socialmente construída. Três autores foram centrais nessa migração, Marc Augé (1995), Michel de Certeau e Luc Giard (2003), todos analistas de práticas do cotidiano.

Para falar de cidades como lugar onde a população desenha circuitos pessoais, da atividade que qualifica o espaço, temos que voltar a Michel de Certeau, já que tais questões tiveram o autor como um dos principais formuladores.

As transformações no modo de ver e de analisar a cidade derivam, a meu ver, da pesquisa de Michel de Certeau e Luc Giard que deu origem ao livro *A invenção do cotidiano* (2003), onde vão olhar e apresentar as operações dos usuários da cidade e não os produtos culturais oferecidos. Michel de Certeau e Luc Giard no livro mencionado vão olhar as operações dos usuários da cidade e não os produtos culturais oferecidos. Já na introdução do livro eles criticam a estatística que "apreende o material das práticas e não a sua forma". Para os autores, é preciso resistir às ilusões da cientificidade do número, dos quadros e da percentagem. Enfatizam a cultura comum e cotidiana, consideram o consumo ou recepção como "uma maneira de praticar", se colocam a questão de produzir uma teoria das práticas cotidianas.

Procurarei destacar aqui algumas questões que sinalizam as mudanças no espaço urbano e que interferem nos processos de patrimonialização. No capítulo VIII, "O fantasma da cidade", do livro 2 de *A invenção do cotidiano*, os autores

Certeau e Giard começam sinalizando as mudanças ocorridas no espaço urbano. Se antes pretendia-se projetar a cidade do futuro, agora pretende-se imaginar seu passado pela reabilitação de patrimônios. Os urbanistas do planejamento funcionalista pretenderam destruir tudo que atrapalhasse a cidade transparente; entretanto, não foram tão bem-sucedidos. Surgiram obstáculos representados por "resistências" de um passado que teimou em subsistir. Assim, antigos imóveis sobreviveram, velharias mesmo, "ruínas" de uma cidade do passado que passam a rondar, qual espectros, o urbanismo. Essas "ilhotas" exóticas são agora defendidas, já que as coisas antigas se tornaram importantes. A preservação de bens que representam a identidade nacional sob o nome de patrimônio está atrelada a uma política antiga. Agora, dizem os autores, o que é novo é o reconhecimento de que o passado mais antigo envelheceu menos que o passado moderno.

O movimento incontrolável de renovação, de reabilitação, de proteção que está em curso acabou por fugir ao controle da ideologia "conservadora" do patrimônio. "Um novo barroco parece substituir as geometrias racionais que repetiam por toda parte as mesmas formas, esclarecendo geometricamente a distinção das funções (comércio, lazer, escolas, habitat etc.)" (Certeau e Giard, 2003:191). Agora, os restos do passado, como relíquias de universos desfeitos, se combinam com o moderno. Entre os restos que têm importância estão menos os monumentos nacionais e mais os vestígios da forma de habitar de homens comuns que já tinham operado "colagens" em suas construções. Esses vestígios, pedaços de passado, adquirem autonomia, passam a levar vida própria como testemunhos de uma história indecifrável. São como o "espírito" do lugar (os fantasmas) e tais vestígios se fazem presentes nos mais variados objetos.

E, se perguntam os autores, quais coisas antigas mereceriam ser chamadas de patrimônio? Isto depende de vários fatores, entre eles da importância de seus *supporters* (apoiadores) ou de seus habitantes, aqueles que podem fazer uma "velharia" se tornar patrimônio. As escolhas definem o que será então restaurado, o que será modernizado. "As 'velhas pedras' renovadas se tornam lugares de trânsito entre os fantasmas do passado e os imperativos do presente" (Certeau, Giard e Mayol, 2003:194) e constituem passagens entre múltiplas épocas, permutam diferentes memórias, permitem a circulação de experiências coletivas ou individuais. As construções restauradas, heterodoxias do passado, permitem salvaguardar a multiplicidade da cidade.

Assim como a memória supõe o esquecimento, a cidade pressupõe a demolição do antigo e a construção do novo, nos diz François Dosse (2013) ao fazer uma boa apresentação dos trabalhos de Certeau.

A riqueza do caminho aberto por Michel de Certeau vai ser percorrida por muitos autores, entre eles o sociólogo português Carlos Fortuna aqui citado e o antropólogo brasileiro Rogério Proença Leite. Deste último, o artigo "Modos insubmissos de viver; Barcelona aos passos de Michel de Certeau" (Leite, 2018) é exemplo a ser considerado. Igualmente relevante é outro artigo do autor, "A exaustão das cidades: antienobrecimento e intervenções urbanas em cidades brasileiras e portuguesas" (Leite, 2010), onde compara Recife, Salvador, Évora e Porto.

Hoje, as ciências sociais estão mais atentas aos atos de fala, às situações de enunciação, aos efeitos performáticos. Falar de cidades agora é falar de espaço, de lugar, de capital simbólico, de negócios, de turismo e de espaço público. Cidades vêm demandando novos olhares, novas perspectivas. Fala-se de paisagem urbana, de como o espaço construído condiciona o cotidiano de seus habitantes, inclusive suas percepções de tempo e espaço (Frehse, 2013).

Retornando às distinções entre espaço e lugar, pode-se considerar que lugar é o espaço com significado. Lugar é relacional e é compreendido de forma diferente pelos grupos e pessoas. Um bom exemplo de tal distinção é apresentado pelo historiador Ulpiano Bezerra de Menezes. Em uma conferência, ele apresenta uma ilustração francesa que mostra uma velhinha visitando a catedral gótica de Chartres ao mesmo tempo que o templo recebe um grupo de turistas orientais. Estão, velhinha e turistas, no mesmo lugar e ao mesmo tempo; entretanto, a relação que estabelecem com tal lugar é muito diferente.

No Brasil, um dos autores que introduziu tal perspectiva sobre lugar foi o antropólogo Antonio Augusto Arantes. Para Izabela Tamaso (2019), Arantes começa a refletir sobre lugar e patrimônio em trabalhos antigos ao pesquisar os locais onde são vendidos os folhetos de literatura de cordel, assim como os lugares neles representados. A reconceituação de lugar continuou a se fazer presente com o conceito de "paisagem histórica" acionada por Arantes quando este trabalhou na costa do Descobrimento. Ali se encontram "espaços geográficos" com alta densidade de referências históricas e culturais. Tamaso cita também o trabalho de Arantes em *Paisagens paulistanas*, publicado em 2000, livro no qual são analisadas transformações no espaço público da cidade de

São Paulo focalizando fronteiras simbólicas, territorialidades flexíveis, zonas de passagens.

São as práticas sociais que inscrevem sentido aos espaços. São processos sociais que enquadram e reinterpretam a paisagem material. A noção de espaço passou a ter novo significado na geografia (Appadurai, 1997) e a fazer parte da nova antropologia urbana (O'Donnel e Frehser, 2019).

Ainda dentro do campo da antropologia, vale citar Ruben Oliven (2009) que explora os conceitos de território e fronteira e seus novos significados. Eles originalmente se relacionavam com identidades de grupos sociais, ou seja, a identidade estava associada a um território, a um espaço particular, e fronteira servia para delimitar os limites de vigência da cultura daquele grupo. Com o aumento significativo das viagens de pessoas e ideias isto se altera. Assim, para se referir a fenômenos que se originam em um espaço e migram para outro, passou-se a se falar de desterritorialização. Como as ideias que saíram de um lugar se integram em outro, tal reintegração, por outro lado, é nomeada por reterritorialização.

O autor exemplifica tais fenômenos tomando o caso dos Centros de Tradições Gaúchas. As tradições gaúchas se referiam originalmente a um passado existente na região pastoril da campanha no Rio Grande do Sul. A força da tradição do gaúcho levou a que colonos alemães e italianos passassem a se identificar como gaúchos como forma de ascensão social. Assim, a tradição gaúcha se desterritorializa quando novos CTGs se espalham por todas as regiões do estado e vão além seguindo os colonos que migram para outros estados brasileiros. Tal processo ainda tem continuidade quando gaúchos migram para outros países e fazem aparecer CTGs, como em Los Angeles nos Estados Unidos e em Osaka no Japão, em um processo caracterizado como reterritorialização.

Se heterogeneidade, vulnerabilidade, marginalidade são apontadas como traços da pós-modernidade onde o cotidiano dos sujeitos se tornou errático, se lugar e espaço passam a contar no cotidiano da vida social, pode-se perguntar: como indivíduos se relacionam com lugares históricos e podem retirar elementos para dar sentido ao seu próprio lugar no mundo contemporâneo?

Carlos Fortuna nos ajuda a analisar as relações entre a arquitetura da cidade (monumento, ruínas) e os modos de percepção das identidades. Registra o autor que a arquitetura histórica e monumental serviu às elites ao ocupar o espaço público das cidades e que ela funciona como marcador social da distinção. Tal arquitetura não é socialmente neutra mesmo ao se democratizar o acesso.

No caso das ruínas, elas podem ser entendidas como transitoriedade e decrepitude ou como fragmentos que reconfortam, já que nos aproximam do passado. São sinais do passado no presente, mostram continuidade entre passado e presente do qual somos herdeiros. São sinais de estabilidade, de obra acabada. Ruína então nos ajuda a ordenar e a entender esse passado. Para que tal operação seja possível é preciso revestir o passado com o máximo encanto, é preciso a estetização do lugar e assim se suspende o presente, se suspende temporariamente o sistema de relações sociais, os valores.

Os monumentos, assim como as ruínas, se tornam patrimônio, já que têm função agregadora. Conseguem seduzir, estimular os sentidos sem necessidade de pré-conhecimento. O patrimônio — espaços ritualizados que suportam transformação da identidade dos sujeitos — passa a ser visitado como passagem, transição. Cita então como exemplo o turismo cultural que não incorpora mensagens históricas. O visitante se comporta como *flâneur*, dando preferência ao valor estético.

Assim o patrimônio é retirado da história e transformado em paisagem esteticizada. E tudo que é estético é hoje mercadoria e é passível de ser consumido.

Patrimonialização, estetização, museificação (cidade se torna museu), musealização (proliferação de museus) fazem parte, segundo a arquiteta Paola Jacques (2006), do chamado processo de espetacularização das cidades. Tal processo se caracteriza por preservação de centros históricos e por novos bairros fechados nas periferias, pela não participação da população e pela gentrificação.

Novas estratégias de *marketing* ou *branding* (construção de marcas) entram em cena para criar novas imagens que possam garantir o lugar da cidade na nova geopolítica das redes internacionais. Na lógica do consumo cultural, cultura se torna uma grife de entretenimento. As cidades passam a competir por turistas e por investimentos buscando produzir uma imagem singular de cada uma delas, fruto de uma cultura própria, ou seja, de uma identidade particular. Isto se opõe ao modelo anterior, homogeneizador de padrão mundial das cadeias de hotéis, aeroportos, redes de *fast food*, shopping centers, parques temáticos. O turista, por outro lado, não se apropria do espaço, apenas passa por ele. Daí, lembra Paola Jacques, que Marc Augé chamou tais espaços de "não lugares" do ponto de vista do turista, não para aqueles que estão trabalhando nesses locais.

Por outro lado, a cidade e sua conservação patrimonial às vezes obsessiva podem petrificar a cidade que se transforma em museu de si mesma. Diante de tal problema, se coloca a questão: o que são patrimônios urbanos e o que deve ou não ser preservado/revitalizado?

Na preservação do patrimônio urbano, uma das principais estratégicas, segundo a maioria dos autores, como já observamos, tem sido a revitalização de seus centros históricos. No caso brasileiro, tal preservação e revitalização foram realizadas em parte no Rio de Janeiro, e principalmente no Pelourinho em Salvador. Há uma grande quantidade de estudos, de artigos que tratam deste caso exemplar. O sociólogo Edison Farias (2008), por sua vez, vai explorar a junção entre tradição e desenvolvimento na narrativa da atuação do poder público na renovação do centro histórico de Salvador.

Nas duas primeiras décadas do século XXI, a cidade aparece como espaço em mutação. Cidades, com enorme crescimento desordenado de áreas periféricas, são polos de atração para diversos e diferentes atores ligados à ordem, mas principalmente aqueles ligados à desordem.

Se o crescimento urbano é quase global, ele não produz situações idênticas. O resultado, por exemplo, do que aconteceu com os centros urbanos também não é o mesmo em todas as cidades e muitos autores constroem categorias, conceitos e modelos para a avaliação dos resultados (Castriota, 2007; Del Rio, 2001). O centro de Londres manteve a "vida", valendo citar como exemplo a Trafalgar Square, já que os londrinos não abandonaram a cidade, deixando-a só para turistas e imigrantes vindos dos diferentes lugares do Império. A experiência de se mover para novas áreas tem mais a ver com o caso norte-americano e seus subúrbios.

No caso do Rio de Janeiro, talvez o abandono do centro da cidade e o crescimento da Barra se assemelhe mais a isto. E, mesmo depois das reformas que envolveram a região do Porto mencionadas no capítulo 11, com a pandemia e o trabalho em *home office*, o centro da cidade passa por momentos muito difíceis com lojas, escritórios e salas comerciais vazias, fechamento de restaurantes que atendiam aos funcionários que trabalhavam no centro. O crescimento do número de pessoas morando na rua, da insegurança, do abandono do patrimônio histórico serve para confirmar a classificação do Rio na categoria criada por Canclini de "cidade paranoica" ou "espaço-sucata". No momento, o Plano Reviver Centro, do prefeito Eduardo Paes, pretende recuperar o centro com a permissão de novos usos e assim fomentar a construção de moradias e do *retrofit* de prédios comerciais com uso múltiplo.

Os desafios que se colocam às cidades hoje são comuns a muitas metrópoles ao redor do globo. Globalização, transformações na percepção do tempo e do espaço e outras categorias são necessárias para viabilizar nossa compreensão sobre o mundo social contemporâneo.

Arquitetos, urbanistas, geógrafos, sociólogos estão se perguntando sobre os desafios e as oportunidades após a grave crise sanitária e econômica vivida pelo mundo a partir de 2020. Os otimistas acreditam que com novíssimas tecnologias será possível realizar experiências urbanas que possam fundir natureza e tecnologia no desenho de novas cidades com novos projetos habitacionais e novos meios de mobilidade urbana. Vale notar que a maioria de artigos neste sentido cita projetos inovadores na China, em Hong Kong.

O contexto vivenciado pelo mundo a partir da pandemia do coronavírus e o fechamento de atividades cotidianas nas cidades de quase todo o mundo criam situações inesperadas e difíceis de serem superadas.

Haja vista que houve Brasil o inesperado, o impensável, a suspensão do Carnaval de 2021, segundo o antropólogo Roberto DaMatta, que assim se manifesta em *O Globo* (17 fev. 2021).

"Um Brasil sem carnaval seria tão impensável quanto um purgatório sem almas. Ou um mundo pós-moderno sem turismo e sem as tais 'aglomerações' (sem o 'movimento') que nos tornam humanos da espécie cosmopolita. *Sapiens* turísticos em constante movimento."

P.S.: A literatura que aborda os temas aqui abordados cresce em volume a cada dia. Fiz minhas escolhas e os autores e textos aqui citados foram os que me ajudaram a refletir sobre os processos em curso nas cidades contemporâneas. Cada dia eu conheço mais um livro que teria sido importante citar aqui ou que reconheço que faltou mencionar. Tudo isso torna a finalização do livro extremamente difícil.

Referências

APPADURAI, Arjun. Soberania sem territorialidade; notas para uma geografia pós-nacional. *Novos Estudos Cebrap*, n. 49, nov. 1997, p. 33-46.

AUGÉ, Marc. *Os não lugares*: antropologia da supermodernidade. Campinas: Papirus, 1995.

CANCLINI. Nestor García. Imaginários culturais da cidade: conhecimento/espetáculo/desconhecimento In: COELHO, Teixeira (Org.). *A cultura pela cidade*. São Paulo: Iluminuras; Itaú Cultural, 2008, p. 15-31.

_____. O patrimônio cultural e a construção imaginária do nacional. *Revista do Patrimônio*, n. 23, 1994, p. 95-115.

CASTRIOTA, Leonardo. Intervenções sobre o patrimônio urbano: modelos e perspectivas. *Fórum Patrimônio*: Ambiente Construído e Patrimônio Sustentável, Belo Horizonte, v. 1, n. 1, set/dez. 2007.

CERTEAU, Michel de; GIARD, Luce. Os fantasmas da cidade. In: _____; _____; MAYOU, Pierre. *A invenção do cotidiano*. 9. ed. Petrópolis, RJ: Vozes, v. 2, 2003, p. 189-202.

COELHO, Teixeira (Org.). *A cultura pela cidade*. São Paulo: Iluminuras; Itaú Cultural, 2008, p. 15-31.

DEL RIO, Vicente. Voltando às origens: a revitalização de áreas portuárias nos centros urbanos. *Vitruvius*. Texto especial, 091, 2001.

DOSSE, François. O espaço habitado segundo Michel de Certeau. *ArtCultura*, Uberlândia, v. 15, n. 27, jul./dez. 2013, p. 85-96.

FARIAS, Edson. Quando inovar é apelar à tradição — a condição baiana frente à modernização turística. *Caderno CRH*, Salvador, v. 21, n. 54, set./dez. 2008, p. 571-594.

FORTUNA, Carlos. As cidades e as identidades. Narrativas, patrimônios e memórias. *Revista Brasileira de Ciências Sociais*, São Paulo, v. 12, n. 33, fev. 1997, p. 127-141.

_____; LEITE, Rogério Proença (Org.). *Plural de cidade*: novos léxicos urbanos. Coimbra: Edições Almedina, 2009.

FREIRE-MEDEIROS, Bianca. *Gringo na laje*: produção, circulação e consumo da favela. Rio de Janeiro: FGV, 2009.

FREHSE, Fraya. O espaço na vida social. *Estudos Avançados*, v. 27, 2013, p. 69-74.

JACQUES, Paola. Espetacularização do patrimônio cultural urbano. In: PORTO, Maria Stela Grossi; DWYER, Tom (Org.). *Sociologia em transformação*: pesquisa social no século XXI. Porto Alegre: Tomo Editorial, 2006, p. 57-61.

LEITE, Rogério Proença. A exaustão das cidades: antienobrecimento e intervenções urbanas em cidades brasileiras e portuguesas. *Revista Brasileira de Ciências Sociais*, v. 25, n. 72, 2010, p. 73-175.

_____. Modos insubmissos de viver; Barcelona aos passos de Michel de Certeau. *Revista de Antropologia*, v. 61, n. 2, 2018, p. 55-77.

MENEZES, Ulpiano Bezerra de. O campo do patrimônio: uma revisão de premissas. Conferência magna. In: FÓRUM NACIONAL DO PATRIMÔNIO CULTURAL, 1. v. 1, p. 25-39. Portal do Iphan.

O'DONNEL, Júlia; FREHSER, Fraya. Quando espaço e tempo revelam cidades. *Tempo Social*, v. 31, 2019, p. 1-9.

OLIVEN, Ruben George. Cidades, territórios e identidades. In: CARNEIRO, Sandra de Sá; SANT'ANNA, Maria Josefina Gabriel (Org.). *Cidade*: olhares e trajetórias. Rio de Janeiro: Garamond, 2009, p. 73-84.

REVISTA Latino-Americana de História, v. 9, n. 21, jan./jun. 2019. Dossiê "As cidades entre a memória, o imaginário e o patrimônio".

RIBEIRO, Rafael Winter. *Paisagem Cultural e patrimônio*. Rio de Janeiro: IPHAN/COPEDOC, 2007.

TAMASO, Izabela. Notas sobre o estatuto da noção de lugar na obra do antropólogo Antonio Arantes. In: _____ TAMASO, Izabela; GONÇALVES, Renata; VASSALLO, Simone (Orgs.). *Antropologia na esfera pública*: patrimônios culturais e museus. Goiânia: Editora Imprensa da Universidade Federal de Goiás; ABA, 2019, p. 282-298.

ZUKIN, Sharon. Paisagens do século XXI: notas sobre a mudança social e o espaço urbano. In: ARANTES, Antonio Augusto (Org.). *O espaço da diferença*. Campinas, SP: Papirus, 2000, p. 104-115.

ZUKIN, Sharon. Paisagens urbanas pós-modernas: mapeando cultura e poder. *Revista do Patrimônio*, n. 24, 1976, p. 80-103.

Este livro foi impresso nas oficinas gráficas da Editora Vozes Ltda.,
Rua Frei Luís, 100 – Petrópolis, RJ.